本书为江苏省高等学校重点教材

（编号：2021-2-219）

天津市重点出版扶持项目

省高等学校重点教材

理解中国

何畏　徐军 等——著

天津出版传媒集团

天津人民出版社

图书在版编目（CIP）数据

理解中国 / 何畏等著 . -- 天津：天津人民出版社，
2023.7（2025.5 重印）
　　ISBN 978-7-201-12586-2

Ⅰ . ①理… Ⅱ . ①何… Ⅲ . ①爱国主义教育—中国
Ⅳ . ①D616-49

中国国家版本馆 CIP 数据核字（2023）第 027050 号

理解中国
LIJIE ZHONGGUO

出　　版　天津人民出版社
出 版 人　刘锦泉
地　　址　天津市和平区西康路35号康岳大厦
邮政编码　300051
邮购电话　（022）23332469
电子信箱　reader@tjrmcbs.com

策划编辑　王　　康
责任编辑　郑　玥
特约编辑　王　　玮
装帧设计　李晶晶

印　　刷　天津海顺印业包装有限公司
经　　销　新华书店
开　　本　710毫米×1000毫米　1/16
插　　页　2
印　　张　15.75
字　　数　250千字
版次印次　2023年7月第1版　　2025年5月第3次印刷
定　　价　68.00元

代序

在提高社会思潮辨识力中固本培元 [①]

何畏

习近平强调:"我们党立志于中华民族千秋伟业,必须培养一代又一代拥护中国共产党领导和我国社会主义制度、立志为中国特色社会主义事业奋斗终身的有用人才。"[②]能否把学生培养成为社会主义建设者和接班人,关键在于能否让他们树立起正确的世界观、人生观、价值观,从而自觉地把实现个人价值同党和国家的前途命运联系在一起。马克思主义的世界观、人生观、价值观就是社会主义建设者和接班人成人、成才、成功之"本"与"元"。

要使学生有效实现固本培元,就要使其能够辨识最具迷惑性、干扰力的异质力量——各种错误社会思潮。这些思潮多是以零星的、个别的、分域的,或直接或间接,或似是而非的形式呈现,充满舆论陷阱和圈套。通常只有当某一社会思潮的主导操纵者认为到了发起冲锋的关键时刻,才会以尖锐的、毫不遮掩的、泾渭分明的姿态出现。由于社会思潮的表现形

---

① 本文原载于《马克思主义理论学科研究》,2020年第5期。
② 习近平:《思政课是落实立德树人根本任务的关键课程》,《求是》,2020年第17期。

式多种多样，既有论文论著的理论形态，也有影视大片、文学作品等艺术形式，还有只言片语的言论、嬉笑怒骂的段子、扭曲编造的"历史"、捕风捉影甚至无中生有的"现实"，从而大大增加了年轻学生辨识的难度。思想政治理论课（以下简称思政课）教师必须善于透过现象看本质，紧紧抓住那些本质性、规律性的东西，运用马克思主义立场观点方法进行深入分析，以提高学生辨识错误社会思潮的能力，从而在是与非的比较中提高他们的马克思主义理论水平，树立中国特色社会主义的信念并增强信心，点燃献身民族复兴大业的青春激情。

一、在辨识社会思潮中打牢学生的马克思主义根基

习近平在《思政课是落实立德树人根本任务的关键课程》一文中强调："马克思主义就是在同各种错误思潮的不断斗争中开辟前进道路的。思政课要在传播马克思主义立场、观点、方法的基础上用好批判的武器，直面各种错误观点和思潮，旗帜鲜明进行剖析和批判。"[1]形形色色的错误社会思潮，不管以什么形式、什么手法表现出来，也不论其意图多么隐蔽，其惯用伎俩仍是有规律可循的。例如历史虚无主义，一直是历史唯物主义世界观方法论教学入脑入心的干扰，必须下气力予以分析和批判。历史虚无主义通过歪曲和篡改历史，颠覆中国共产党的价值观，否定中国共产党的历史合法性，从而达到推翻中国共产党的领导、改变社会主义制度的目的。揭露其手段及阴谋是思政课增色强效的重要途径。

历史虚无主义者的惯用伎俩之一是针对党的领袖群体，利用人们对历史细节了解的有限性，或抓住日常生活细节的平凡一面而掩盖、否定中国共产党领袖人物的伟大，或通过捏造和曲解历史事实，丑化领袖形象，从而污损党的形象、抹黑党的历史、消解人们对党的信赖。中国共产党的历史合法性，是由中国共产党带领中国人民创造的光辉历史奠定的。党

---

① 习近平：《思政课是落实立德树人根本任务的关键课程》，《求是》，2020年第17期。

的光辉形象首先是与党的领袖们为了民族独立、人民解放，国家富强、人民富裕的无私奋斗联系在一起的。党的领袖的伟大就在于他们回应了中国人民的历史需要，顺应了中国社会发展的必然，把自己的人生奉献于人民幸福、民族复兴的伟大实践。马克思主义认为，伟大与平凡是统一的，领袖人物作为血肉之躯，同样具有平凡普通的一面，如果只见历史人物的伟大而神化领袖，就会陷入历史唯心主义的"英雄史观"，相反，如果只见平凡而不见伟大、夸大平凡而否定伟大，这就是德国哲学家黑格尔批判的"仆从史观"。黑格尔认为，有些接近历史人物的"小人物"，他们看不到，也理解不了伟人的伟大之处，他们看到的只是历史人物的某些细节。例如拿破仑的马夫看到拿破仑不高的个子，头上经常生满疥疮，所以对自己的主人滋生出"没什么了不起，甚至并不比自己强多少"的意识。在这个意义上，黑格尔说"仆从眼里无英雄"，正因为仆从只是仆从，而英雄毕竟是英雄。历史虚无主义在对待党的领袖问题上，表现出的就是这种"仆从史观"。"仆从史观"和"英雄史观"是唯心史观在对待历史人物上彼此相通的两极。

历史虚无主义者还常常针对践行了党的理想信仰和价值观的英雄群体，利用人们的常识思维进行"下限推理"，否定英雄人物的英勇壮举，进而从精神上否定党的理论和信仰。党的信仰、党的理想、党的价值观，始终与为了党的崇高理想牺牲奉献的无数英烈的不朽形象紧紧联系在一起。然而近些年来，历史虚无主义者极尽想象，挖空心思，来否定英雄人物，从民族英雄到革命英雄再到社会主义建设和改革开放中的先进模范，无不被他们奚落、抹黑和嘲弄。例如，牺牲在朝鲜战场上的邱少云，当美军的燃烧弹烧到他全身，为了避免暴露目标放弃自救的壮举，却被历史虚无主义者诟病违反生理本能，说任何人都不可能有这样的意志和毅力。再比如狼牙山五壮士，面对身后紧追不舍的日军，为了不让敌人发现部队主力，当与敌人拼杀到子弹打完之时，他们纵身跳下悬崖。历史虚无主义者断然认为，这同样违反人的求生本能。为此，他们进行"合理"推断，认为这五个战士是因为脱离了部队，饥饿难耐偷了老百姓的山芋，被当地群众追赶得走投无路而跳下悬崖的。这是多么阴暗的心理！马克思主义认为,英雄之所以为英雄,就在于他在某些时刻、某件事情上做出了超出常人极限的非凡壮举。我们学习英雄,就是学习英雄的这种精神。战斗英雄丁小兵曾道出英雄的真谛,他说:"我丁小兵也要学习丁小兵。"英雄为了民族、国家、人民而牺牲奉献,所以才会有"天地英雄气,千秋尚凛然"的历史记忆。只有尊崇英雄的民族、国家和政党才会英雄辈出。习近平说:"英雄是民族最闪亮的坐标。"英雄精神是一个国家民族力量的内生源泉,崇尚英雄、学习英雄是一个民族、一个国家、一个政党走向未来的强大动力。历史证明,心中装着英雄的民族才能永远自立于世界民族之林,大地上矗立着英雄丰碑的国度才能永远处于不败之地。

历史虚无主义者还善于针对党的历史功绩,利用普通人常常止于现象感性思维的局限,曲解党史国史军史重大历史事件的意义,消解党的历史合法性。透过现象看本质,是马克思主义认识论的基本要求。中国共产党与全国人民和世界爱好和平的力量一起,消灭了日本法西斯,取得了抗日战争的伟大胜利,实现国家独立和民族解放;中国共产党领导中国人民,推翻了国民党的腐朽统治,取得了新民主主义革命胜利,实现了人民的翻身解放;中国共产党领导中国人民建立了新中国,建立了社会主义制度,开创和发展了中国特色社会主义,使中国人民在站起来、富起来的基础上,昂首阔步迎来强起来的新征程。这就是中国共产党最根本的历史合法性。历史虚无主义者亦深知这一点,因此他们的火力也多集中在这些方面。为此,他们不动声色地制造起"民国热",暗示民国生活的优雅与自由;以看似纯学术般地谈论"民国学人",炫耀民国所谓的"学术繁荣";以看似纯粹的方式缅怀"民国军人",把他们标榜为中华民族的风骨……以此对比共产党人的"土"与"粗"。而这其中最容易混淆视听的就是否定中国共产党在抗日战争中的中流砥柱作用。

中国共产党在抗日战争中的中流砥柱作用体现在凝聚人心、团结力量、制定战略、指挥战争等方面。日本帝国主义侵略中国,国民党作为执政党丧权辱国,难逃罪责;民族大敌当前,蒋介石政府奉行"攘外必先安内"政策,把国家的人力、财力、物力和外国的军事经济援助不是用于抵抗日本侵略军,而是用于对体制内的异己军事力量发动内战,对体制外的共产党及红军进行军事"围剿";国民党消极抗战、积极反共不是共产党给它扣的帽子,张学良、杨虎城的"兵谏"就是历史的铁证。是中国共产党举起抗日民族统一战线的旗帜,凝聚抗击日寇的军心民力;是毛泽东提出持久战的政治战略、军事战略及其策略,从根本上转变了抗日战争的被动局面,成为抗日战争胜利的军事指导思想;是共产党及其领导的八路军、新四军,深入敌后,广泛发动群众,开创抗日根据地,造成犬牙交错的战争态势,使日本侵略者陷入人民战争的汪洋大海。正因为这一切,所以说"中国人民抗日战争胜利是中国共产党发挥中流砥柱作用的伟大胜利"①。

概言之,形形色色的错误社会思潮所体现的世界观方法论上存在的问题主要是:割裂客观世界和客观事物的联系与发展,割裂矛盾的对立统一性,割裂主要矛盾和次要矛盾、矛盾的主要方面和次要方面,抓住缺点,否定优点;抓住支流,掩盖主流;抓住局部,代替整体;抓住现象,歪曲本质。而他们"抓住的"都是他们所需要的,"无视的"都是他们的"反证"。毫无疑问,这是一种别有用心的"选择性失明"。这种论证方法是片面的、极端的、扭曲的和错误的。通过辨识社会思潮,才能让马克思主义世界观方法论在运用过程中深深扎下根来。

二、在辨识社会思潮中强化学生的中国特色社会主义信念

多年来,新自由主义、西方宪政民主、普世价值、公民社会以及军队非党化、非政治化和军队国家化,包括上述分析的历史虚无主义,无论如何变换形式,最终都聚焦到根本制度上:中国必须全面实行私有化、市场化和多党制,放弃社会主义原则、放弃中国特色社会主义道路。笔者以为,思政课教学不必过多纠缠于资产阶级政治制度的具体内容和形式,应当从总体上深入分析资本主义制度的矛盾、问题和界限,分析社会主义对资本主义的超越、中国特色社会主义对现代资本主义制度弊端的克服,认识

---

① 习近平:《在纪念中国人民抗日战争暨世界反法西斯战争胜利75周年座谈会上的讲话》,人民出版社,2020年,第5页。

中国特色社会主义的制度优势,强化对中国特色社会主义的信念和信心。

现代科学技术进步和现代生产力的发展,尤其是社会主义出现和中国特色社会主义的成功,已经证明并将持续证明:曾经推动社会进步的资本主义正在成为一种落后的文明形态,中国特色社会主义作为一种新的文明形态已经展示出无可比拟的优越性,为广大发展中国家实现现代化提供了全新选择。思政课教学必须在这一点上下足功夫。

欧美资本主义生产关系的发展,建立在两大因素上:一是科学技术的发展助推了工业革命,使资本主义很快站上物质生产的制高点;二是依靠先进的航海技术和军事力量,通过战争快速实现了大规模的殖民,偌大的世界几乎被几个帝国主义列强所瓜分,从而为新兴资产阶级提供了丰富的资源和世界市场,血腥的奴隶贸易成了"16、17、18世纪资产阶级致富的一个重要基础"[1]。资本主义国内资本与劳动关系的国际化,形成资本输出国与劳动力资源国的经济关系,当殖民地人民完成国家独立、民族解放任务后,资本主义国家依靠已经建立起来的世界治理体系及其规则,如世界银行、国际货币基金组织、世界卫生组织等,继续对世界行使霸权和经济剥削,将世界建构为"隐性殖民体系"的世界。

资产阶级的意识形态,是在新兴资产阶级反对腐朽没落的封建主的资产阶级革命中提出的,针对封建专制,资产阶级提出"自由";针对封建专制的人身依附,资产阶级提出"平等";针对封建社会阶级压迫,资产阶级提出"博爱"。然而随着资本主义私有制统治地位的确立,自由、平等、博爱的意识形态旗帜就越发苍白和虚伪。思政课教学必须深入分析其阶级实质及其片面性和虚伪性。资产阶级的自由以市场自由为核心,在市场上,只有大资本才有充分的自由,而雇佣劳动者只有选择雇主的自由,绝没有不出卖劳动力的自由,否则他就无法生存;资本主义宣称人人平等,理论上人有平等的生存权、发展权、言论自由权、选举权和被选举权等,而在现实中,所有这些权利在巨大的财富反差下,都将被过滤和扭曲。

---

① [法]米歇尔·波德:《资本主义的历史》,郑方磊、任轶译,上海辞书出版社,2011年,第43页。

所以法国经济学家皮凯蒂在《21世纪资本论》中把现代资本主义称之为"新型的世袭资本主义"。一个人看似有言论自由，但在资本控制的传媒帝国中，言论自由实质上被资本利益所控，尤其是在所谓的"后真相"时代，个人想要摆脱舆论场的控制几乎没有任何可能；个人虽然拥有选举和被选举的自由，但在分秒万金的竞选节目上、在极尽奢华的竞选游说中，如果没有资本财富的支持，个人的被选举权只是法律上的空头承诺。

资本主义的发展形成了它自己无法逾越的三个界限，注定了其必然灭亡的命运。一是经济界限。资产阶级生存和统治的根本条件，是资本的形成和增殖以及财富在私人手中的积累，贫富分化是资本主义的必然趋势。与资本积聚、生产力水平提高、生产扩大相伴随的是广大劳动者消费支付能力的下降，从而导致资本主义周期性的商品过剩危机。一次次为摆脱经济危机所采取的举措，不是积累为更严重的危机，就是"危机有力地促使了资本与国家对于生产条件实施更为有力的控制或更为有效的计划"[①]，这就是资本主义生产关系的量变。二是政治界限。不管资产阶级如何标榜政治民主，它都绝不可能是人民民主，只能是有产阶级的民主，几年一次的议员、总统（总理/首相）投票选举，也无非是选出更能反映资本利益和意志的代理人，而绝不可能代表无产阶级和广大劳动人民，否则他就无法在资产阶级政治舞台上立足。三是生态界限。贪婪是资本的本性，以追求利润为目的的生产无限性与自然资源有限性的矛盾，导致全球性气候恶化、环境污染、资源危机，这是资本主义无可辩驳的原罪，不改变资本主义生产方式，就无法破解人与自然的根本矛盾，无法摆脱"生态危机"的梦魇。这三大界限都是资本主义基因障碍，突破任何一个界限，都需要资本主义制度做出根本的改变。

社会主义是在克服资本主义基因缺陷的基础上建立起来的崭新制度，中国特色社会主义是社会主义制度的成功范例。在思政课上讲清楚这一点，是我们战胜反马克思主义社会思潮的又一个重点。

---

① [美]詹姆斯·奥康纳:《自然的理由——生态学马克思主义研究》，唐正东译，南京大学出版社，2003年，第270页。

在经济上,中国特色社会主义以人民需要至上,超越资本主义剩余价值至上的生产目的,以充分发挥市场在资源配置中的决定性作用与更好发挥政府作用相结合的模式,超越资产阶级经济学对市场的崇拜,既给经济主体以充分的调节自由,也为总体上防止市场失灵提供了制度基础。在政治上,中国特色社会主义以"人民至上"超越资本主义的"选民至上",把代表、保证、发展人民权利作为中国共产党的执政目的;以全过程的协商民主和决策时刻的票决民主相结合的模式,超越资本主义局限于选举周期的一次性票决民主,从而把人民的民主权利体现在治国理政的全过程和各方面;以中国共产党的领导与各民主党派、各人民团体、社会各界的政治协商模式,超越资本主义多党轮流执政模式,彻底避免了资本主义政党选举政治的相互掣肘甚至政治倾轧,中国共产党的领导成为中国特色社会主义的根本制度优势;以党的领导、人民当家作主和依法治国相统一的政治模式,以权力分立、制约与协调统一的政治理念,超越了资产阶级三权分立的权力制衡理念,将全部国家权力聚集并服务于国家、民族和人民的根本利益。

在生态文明建设上,确立以满足人民对美好生活的需要为根本目的的经济取向,树立"绿水青山就是金山银山"的现代生态理念,当生产与生态发生冲突时,坚持"宁要绿水青山,不要金山银山"的处理原则,加上科学的生态规划、严格的生态文明建设政绩考查,从根本上超越了由资本主义制度导致的生态界限,为构建生态文明建设奠定基础。

三、在辨识社会思潮中提高学生建设国家的使命感责任感

只有树立起马克思主义人生观,学生才能成为中国特色社会主义的建设者和接班人。瓦解马克思主义人生观,是形形色色的反马克思主义社会思潮的重要意图,特别是消费主义、享乐主义、泛娱乐主义等思潮,对青年学生的人生观影响极大。思政课教学必须引导学生从资本主义制度层面认识消费主义、享乐主义、泛娱乐主义的经济根源,从人生观上认识其错误和危害,才能打牢马克思主义人生观根基。

消费主义、享乐主义、泛娱乐主义是资本主义经济制度的必然产物。马克思指出："资产阶级在它已经取得了统治的地方把一切封建的、宗法的和田园诗般的关系都破坏了。它无情地斩断了把人们束缚于天然尊长的形形色色的封建羁绊，它使人和人之间除了赤裸裸的利害关系，除了冷酷无情的'现金交易'，就再也没有任何别的联系了。"①资本主义制度造就了人的"物化意识"或拜物教意识，使人成为"单向度的人"，使社会成为"单向度的社会"。被资本物化的人，一方面贪婪地占有物，"别人有的我都有，别人没有的我还有"；另一方面疯狂地消费物，以及时行乐的人生态度、奢侈浪费的消费格调来彰显个人的社会地位和人格尊严。奢侈成为资本主义生活方式的鲜明特征，所谓奢侈，就是"超出必要开支的花费"②，通过格调文化标识的攀比式消费，把人塑造成消费机器，将人的一生设计为"工作—赚钱—消费"的西西弗神话，从而为堆积如山的商品找到销路，实现资本增殖的周密谋划。制造需求是资本实现增殖的手段，为此，消费主义、泛娱乐主义意识形态崇尚当下，拒斥未来；崇尚世俗，嘲弄崇高；崇尚现存，消解理想，让每一个人都活在当下、消费在当下、享乐在当下，用消费、享乐的格调与水平标识人生的成败与高度，有钱消费，没钱借钱也消费，社会文化已经"不再与如何工作，如何取得成就有关，它关心的是如何花钱、如何享乐"③。资本主义社会是典型的"今朝有酒今朝醉"的酒徒–债务社会，"丰饶的贫困"是当代资本主义的生存形态。

在马克思主义看来，生产和消费是个一体化过程，一般说来，生产是为了消费，消费完成生产，"每一方表现为对方的手段；以对方为中介"④。"没有生产，就没有消费"，反过来看，"没有消费，也就没有生产"。⑤马克思反对把生产和消费等同起来，强调生产对消费的作用和消费对生产的

---

①《马克思恩格斯文集》(第二卷)，人民出版社，2009年，第33~34页。

②[德]维尔纳·桑巴特：《奢侈与资本主义》，王燕平、侯小河译，上海人民出版社，2005年，第86页。

③[美]丹尼尔·贝尔：《资本主义文化矛盾》，赵一凡、蒲隆、任晓晋译，生活·读书·新知三联书店，1989年，第118页。

④《马克思恩格斯文集》(第八卷)，人民出版社，2009年，第17页。

⑤同上，第15页。

作用的本质区别。"没有生产,就没有消费",说的是"生产为消费创造的不只是对象。它也给予消费以消费的规定性、消费的性质,使消费得以完成"。因而,"生产创造消费者","生产生产着消费"。①我们之所以能够消费,是因为有人生产出消费品,生产始终是消费的先在条件。关于"没有消费,也就没有生产",马克思强调的是,"消费是在把产品消灭的时候才使产品最后完成,因为产品之所以是产品,不在于它是物化了的活动,而只是在于它是活动着的主体的对象"。产品只有在消费中才能成为现实的产品,一件衣服只有当消费者穿了才现实地成为衣服。或者说消费创造出新的生产需要,是因为消费创造出"生产的观念上的内在动机",正是这种"观念"成为再生产的前提和动力。于是,当我们对生产和消费各自的地位和作用进行总体比较和分析时,就可以清楚地看到:"生产是实际的起点,因而也是起支配作用的要素。消费,作为必需,作为需要,本身就是生产活动的一个内在要素。但是生产活动是实现的起点,因而也是实现的起支配作用的要素,是整个过程借以重新进行的行为。"②消费主义、享乐主义、泛娱乐主义说到底是一种不劳而获、少劳多获的人生观和价值观。马克思主义者不是苦行僧,但是共产党人秉承的先人后己、大公无私的道德理念,全心全意为人民服务的根本宗旨,为的是让人民过上幸福生活。

马克思主义的生产和消费关系理论,与马克思主义分配理论是分不开的。对生产者来说,产品一经完成,就与它的生产者处于外在的关系中,生产者想获得产品,必须通过社会分配才能实现,"分配借社会规律决定生产者在产品世界中的份额"③。分配的公正性是社会合理性的基础。任何一个民族都不能把自己生产的产品全部消费掉,我们之所以能够进行国防建设、公共服务体系建设,之所以能够享有教育、医疗、养老、社会救助和安全,是因为有人产出多而消费少、贡献大而索取少;之所以有人能够奢侈消费,是因为还有人根本没有足够的消费实力。"马克思主义第

---

① 同上,第16页。
②③ 同上,第18页。

一次站在人民的立场探求人类自身解放的道路，以科学的理论为最终建立一个没有压迫、没有剥削、人人平等、人人自由的理想社会指明了方向。"在这样的社会里，人的社会价值，不是体现在个人的索取上，而是体现在他的贡献上。一部人类道德文明史，铭记的都是那些为社会的物质文明、精神文明和社会变革作出重大贡献的人。

马克思主义的人生观，是享乐与劳动的统一。马克思主义认为，劳动创造了世界，人必须首先劳动，才能消费，人也只有在劳动中才成为人自身，才能成就幸福人生。历史的真实是，"享"而不"乐"是司空见惯，"乐极生悲"也是人生的必然。享乐主义和悲观主义都只是仅仅看到人生过程整体的一面而将其推向极端。享乐主义企图摆脱一切艰苦和痛苦，追求极乐生活。悲观主义则把需求、劳作、满足的过程当作痛苦和无聊的生成过程。德国哲学家叔本华认为"一切生命的本质就是苦恼"，人的一生就像一个钟摆，总在痛苦和无聊之间循环运动。有需求不能满足会痛苦，为满足需求的奋斗也会痛苦，满足需求后的无聊是更莫名的痛苦。其实，劳动与消费、吃苦与享乐、过程之苦与结果之乐是联系在一起，只有建立在付出劳动、获得成功、作出贡献基础上的消费，才能自得其乐；即使没有获得预期的成功，我们努力了、奋斗了、尽力了，也可以获得问心无愧的心理平衡。

习近平说："奋斗本身就是一种幸福。只有奋斗的人生才称得上幸福的人生。"[1]有了这种奋斗观念，就能实现劳动过程的艰苦向幸福的转化，使奋斗本身成为一种幸福。正如马克思在他的中学毕业论文中所说："如果我们选择了最能为人类而工作的职业，那么，重担就不能把我们压倒，因为这是为大家作出的牺牲；那时我们所享受的就不是可怜的、有限的、自私的乐趣，我们的幸福将属于千百万人，我们的事业将悄然无声地存在下去，但是它会永远发挥作用，面对我们的骨灰，高尚的人们将洒下热泪。"[2]马克思主义为之奋斗的未来社会，消灭了私有制，消除了贫富分化，

① 习近平：《在2018年春节团拜会上的讲话》，《人民日报》，2018年2月14日。
②《马克思恩格斯全集》（第一卷），人民出版社，1995年，第459页。

人们成了"自己社会结合的主人",劳动将不再是一种受外在必然性所支配的活动,而成为自由自觉的活动,那时,劳动将成为人的"第一需要"。

总之,作为落实立德树人根本任务的关键课程,思政课教学要通过剖析形形色色社会思潮中的世界观和方法论、制度主张和人生观,提高学生的辨识能力,"引导学生增强中国特色社会主义道路自信、理论自信、制度自信、文化自信,厚植爱国主义情怀,把爱国情、强国志、报国行自觉融入坚持和发展中国特色社会主义、建设社会主义现代化强国、实现中华民族伟大复兴的奋斗之中"①。

---

① 习近平:《思政课是落实立德树人根本任务的关键课程》,《求是》,2020年第17期。

目录

理解中国共产党

我们要永远保持建党时中国共产党人的奋斗精神,永远保持对人民的赤子之心。一切向前走,都不能忘记走过的路;走得再远、走到再光辉的未来,也不能忘记走过的过去,不能忘记为什么出发。面向未来,面对挑战,全党同志一定要不忘初心、继续前进。

——习近平在庆祝中国共产党成立95周年大会上的讲话,2016年7月1日

疑问与理解一

　　一个大党诞生于一条小船之中，引领一个内忧外患的古老民族劈波斩浪，开天辟地，走向世界舞台中央，成就民族伟大复兴之梦，可谓人类历史之奇迹。中国共产党为什么能？百年大党，何以永葆青春活力？这其中蕴含着让历史无尽思量的成功之道。理解中国，必先了解中国共产党；理解中国共产党，方能读懂中国。

什么是中国共产党,中国共产党要干什么?《中国共产党章程》开宗明义指出:中国共产党是中国工人阶级的先锋队,同时是中国人民和中华民族的先锋队,是中国特色社会主义事业的领导核心。

中国共产党诞生于民族危亡之时,成长在国民党的白色恐怖之中,淬火于抗日战争的苦难卓绝岁月,历万劫而愈立,经百战而巍然。截至2022年底,我们党已经成为拥有9804.1万名党员、506.5万个基层党组织的世界第一大执政党,实现了从小到大、由弱到强的历史性跨越。她所领导的中国,从积贫积弱到日益富强,取得了一系列举世瞩目的伟大成就,创造了世所罕见的经济快速发展奇迹和社会长期稳定奇迹,中华民族迎来了从站起来、富起来到强起来的伟大飞跃。一百年来,党领导人民浴血奋战、百折不挠,创造了新民主主义革命的伟大成就;自力更生、发愤图强,创造了社会主义革命和建设的伟大成就;解放思想、锐意进取,创造了改革开放和社会主义现代化建设的伟大成就;自信自强、守正创新,创造了新时代中国特色社会主义的伟大成就。党和人民百年奋斗,书写了中华民族几千年历史上最恢宏的史诗。[1]

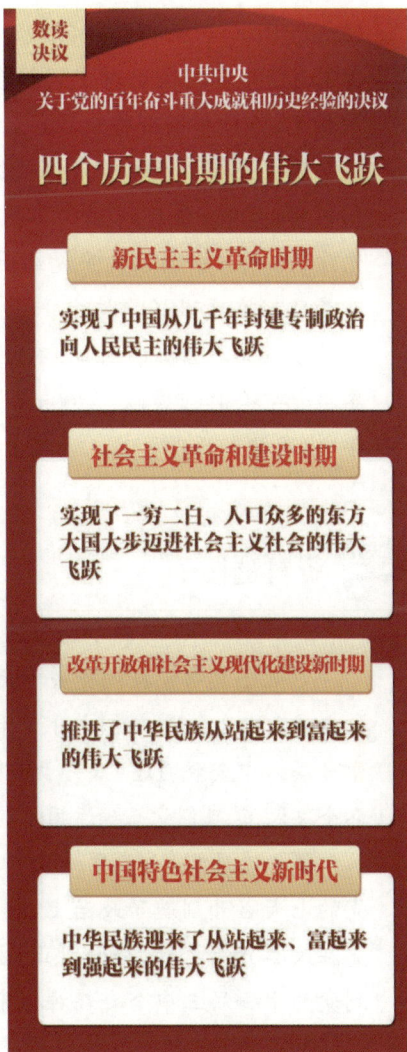

数读决议

中共中央关于党的百年奋斗重大成就和历史经验的决议

四个历史时期的伟大飞跃

新民主主义革命时期
实现了中国从几千年封建专制政治向人民民主的伟大飞跃

社会主义革命和建设时期
实现了一穷二白、人口众多的东方大国大步迈进社会主义社会的伟大飞跃

改革开放和社会主义现代化建设新时期
推进了中华民族从站起来到富起来的伟大飞跃

中国特色社会主义新时代
中华民族迎来了从站起来、富起来到强起来的伟大飞跃

---

[1]《中共中央关于党的百年奋斗重大成就和历史经验的决议》,人民出版社,2021年,第1~2页。

阅读延伸

从"谁来养活中国"到"中国特色反贫困理论"

1995年，美国学者莱斯特·布朗（Lester Brown）在其著作《谁来养活中国？》中，再度表达了对中国粮食供给的担忧，声称中国必将出现粮食短缺，进而造成世界性的粮食危机。然而从1949年的2264亿斤到2019年的13277亿斤，70年来中国粮食产量连上新台阶，2010年，中国人均粮食占有量已经高于世界平均水平。事实证明，中国用世界9%的耕地，养活了世界近20%的人口，不仅将饭碗牢牢端在自己手上，还为世界粮食安全作出贡献。2005年，在停止接受联合国粮食援助的当年，中国就成为世界第三大粮食捐助方，仅次于美国和欧盟。

资料链接

两个历史决议的历史启示

习近平总书记提到党关于历史问题的两个决议：1945年4月党的六届七中全会通过的《关于若干历史问题的决议》，1981年6月党的十一届六中全会通过的《关于建国以来党的若干历史问题的决议》。两个决议，是我们党正确运用唯物史观总结运用历史的光辉典范。

第一个决议，是党第一次对自身历史经验作出的系统总结，为党的七大召开创造了政治上、思想上的充分条件。第二个决议，是党在改革开放之后，全面纠正"左"和右的错误，将全党的思想统一到党的十一届三中全会精神上来的重要决策。

两个决议，有一个共同的特点，都是在对历史的深刻总结中，起到统一思想认识、凝聚党心民心的作用，为党的事业继续前进提供强大思想和精神力量。

——新华社：《第一观察：习近平在动员大会上首提"党史观"有深意》，2021年2月21日百年大党，如何永葆先进性和纯洁性、永葆青春活力？不忘初心、牢记使命，推进自我革命，实现自我净化、自我完善、自我革新、自我提高，这是我们党对这个问题作出的响亮回答。初心和使命的激励，给了我们党面对风雨无所畏惧的勇气、开辟适合我国国情发展道路的胆识，也给了我们党刀刃向内进行自我革命的气魄。

在庆祝中国共产党成立95周年大会上，习近平向全党郑重发出"不忘初心、继续前进"的号召；党的十九大将"不忘初心、牢记使命"作为大会主题的关键词。在庆祝中国共产党成立100周年大会上，习近平强调，"我们要用历史映照现实、远观未来，从中国共产党的百年奋斗中看清楚过去我们为什么能够成功、弄明白未来我们怎样才能继续成功，从而在新的征程上更加坚定、更加自觉地牢记初心使命、开创美好未来"。在党的二十大报告中，习近平强调，"全党同志务必不忘初心、牢记使命，务必谦虚谨慎、艰苦奋斗，务必敢于斗争、善于斗争，坚定历史自信，增强历史主动，谱写新时代中国特色社会主义更加绚丽的华章"。习近平关于"不忘初心"的系列重要论述既是党在新的历史条件下进行具有许多新的历史特点伟大斗争的政治宣言，也是对中国共产党为什么能的深刻回答。

★ 学习金句 ★

我们党的一百年，是矢志践行初心使命的一百年，是筚路蓝缕奠基立业的一百年，是创造辉煌开辟未来的一百年。回望过往的奋斗路，眺望前方的奋进路，必须把党的历史学习好、总结好，把党的成功经验传承好、发扬好。在全党开展党史学习教育，是牢记初心使命、推进中华民族伟大复兴历史伟业的必然要求，是坚定信仰信念、在新时代坚持和发展中国特色社会主义的必然要求，是推进党的自我革命、永葆党的生机活力的必然要求。

——习近平在党史学习教育动员大会上的讲话，2021年2月20日

一、不忘来路：在中华民族伟大复兴的历史坐标中定位初心使命

何谓初心？初心，即起点之心。它是社会实践主体进行重大历史活动或重大社会选择时的信仰选择、理想设定、政治承诺和立业之志，是这个实践主体创造历史的根据和本体。一个政党的"初心"，就是建党时对自身理论信仰、性质宗旨、历史使命、奋斗目标的选择、定位和承诺。初心，是理解一个政党最关键的钥匙。中国共产党从诞生之日起，就积极投入到谋求民族独立、人民解放和国家富强、人民幸福的伟大斗争中。为中国人民谋幸福、为中华民族谋复兴是中国共产党的初心和使命。一百多年峥嵘岁月，我们党所进行的一切奋斗，从根本上说都是为了让人民过上好日子，无论顺境还是逆境，我们党始终坚守初心和使命。

历史是一个民族安身立命的基础，亦是一个政党定位初心使命的源头。习近平反复强调，一个政党走得再远，都不能忘记"我"是谁，不能忘记来时的路。中国共产党从中华民族的历史中走来，在中华民族伟大复兴的历史坐标中定位初心使命，从而自觉肩负起民族独立、人民解放和国家富强、人民富裕的历史任务。

2015年11月3日，习近平在会见第二届"读懂中国"国际会议外方代表时强调："我们从哪里来？我们走向何方？中国到了今天，我无时无刻不提醒自己，要有这样一种历史感。"当时他从人民英雄纪念碑上一组反映中国近代史的浮雕讲起，指出我们提出中国梦，"它的最大公约数就是中华民族伟大复兴"。只有了解中国近代以来落后挨打的悲惨命运，才能理解中华民族为何孜孜以求将实现民族复兴作为百年梦想；只有了解中国近代以来一代代人的探索、奋斗和抉择，才能理解中国人民为何选择马克思主义，为何选择中国共产党，为何选择走社会主义道路。

中华民族是个有着5000多年璀璨历史的伟大民族，我们曾以世界头号富强大国独领风骚1500年之久。然而就像英国学者麦迪森在《世界经济千年史》中所说，中国从公元1000年开始，国内生产总值一直占到世界的五分之一以上。这样的"老大帝国"，却是以一种屈辱的姿态进入近代

史的。[①]1840年,英国侵略者凭借坚船利炮,对中国发动第一次鸦片战争,中国从此陷入被列强欺凌的屈辱境地,被迫签订了一个又一个不平等条约。彼时的中国发生了两个根本性的变化:一是从独立的中国变成了半殖民地的中国,二是从封建的中国变成半封建的中国。自那时起,追求中华民族复兴自然而然就成为一代代爱国者矢志不移的奋斗目标。面对这一历史重任,中国的各阶级从各自立场出发,提出了不同的主张。

阅读延伸

《时局图》是中国近代时事漫画的杰作。它把19世纪末(中日甲午战争后)中国面临的被帝国主义列强瓜分豆剖的严重危机,及时地、深刻地、形象地展示在人们面前,起到了警示钟的作用。图中熊代表俄罗斯,犬代表英国,蛤蟆代表法国,鹰(即鹫)代表美国,太阳代表日本,香肠代表德国。生动形象地反映了封建帝国已沦为半殖民地半封建国家的历史现实。

时间	名称	交战方
1840—1842	第一次鸦片战争	英国 vs. 中国
1856—1860	第二次鸦片战争	英国 vs. 中国
1883—1885	中法战争	法国 vs. 中国
1894—1895	甲午战争	日本 vs. 中国
1900—1901	八国联军侵华战争	英美法德俄日意奥 vs. 中国

---

① 转引自任仲平:《筑就民族复兴的"中国梦"》,《人民日报》,2013年4月1日。

　　民族矛盾的加剧促进了国内阶级矛盾的激化,广大农民困苦不堪,纷纷揭竿而起,反抗运动此起彼伏。1851年,由洪秀全领导的太平天国农民起义爆发,历时14年,达到了旧式农民运动的最高峰,也成为世界历史上规模空前的一次农民战争。虽然起义最终失败,但它沉重地打击了腐朽的清王朝和外国侵略者,加速了封建社会的崩溃,在一定程度上阻止了中国殖民化的进程,在中国历史上留下极其重要的一笔。

　　19世纪60年代到90年代,晚清地主阶级中的洋务派发起洋务运动。在他们看来,中国的落后挨打源于器物上的落后,因此主张"师夷长技以制夷",提出"中学为体,西学为用",创工厂、修铁路、建海军、办学校,企图在维护腐朽封建统治的前提下引进西方先进的军事和科学技术,以实现"自强""求富"的目标。直到1894年甲午战争惨败,彻底宣告了洋务运动的失败。

　　19世纪末兴起的义和团运动,是继太平天国农民起义之后最有影响的农民运动,他们提出"扶清灭洋"的口号,与外国侵略者英勇斗争,但由

北洋水师,又称北洋舰队、北洋海军,成立于1888年,系中国建立的一支近代化海军舰队。主要军舰大小共有25艘,辅助军舰50艘,运输船30艘,官兵4000余人。清政府每年拨出400万两白银建设海军,根据《美国海军年鉴》排名,舰队实力曾是亚洲第一,世界第九。1894—1895年的中日甲午战争中,北洋水师全军覆没,标志着洋务运动的破产。

于其阶级局限性,这场旧式农民运动最终仍无法逃脱失败的宿命。

随着中国民族资产阶级的逐渐发展,出现了以康有为、梁启超、谭嗣同等为代表的一批资产阶级改良派人物。在他们看来,改制度比造器物更重要,因而主张效仿西法,在中国建立君主立宪制。1898年(农历戊戌年),他们掀起一场轰轰烈烈的维新变法运动,结果短短百天就告以失败,史称百日维新。中国人就这样带着八国联军侵占首都北京、在紫禁城内阅兵的民族耻辱进入了20世纪。1903年,在日本留学的鲁迅满腔悲愤地写下:"灵台无计逃神矢,风雨如磐暗故园。寄意寒星荃不察,我以我血荐轩辕。"这无疑是当时中国无数爱国者内心的呐喊。正如金冲及在《二十世纪中国史纲》中所写的那样:"实现中华民族的伟大复兴,在整个二十世纪一直是中国无数志士仁人顽强追求的目标,一直是时代潮流中的突出主题。中国的革命也好,建设也好,改革也好,归根到底都是为了实现这个目标。这可以说是贯穿二十世纪中国历史的基本线索。"[1]历史无情地证明,在半殖民地半封建的中国,不触动腐朽封建根基的改良主义,是根本行不通的。

1911年,资产阶级革命党人发动了辛亥革命,结束了统治中国几千年的君主专制制度,但他们却没有完成民族独立、人民解放的任务。革命果实很快就被北洋军阀首领袁世凯窃取,新生的资产阶级共和国在中国只存在了短短数月,中国依然没有摆脱衰颓的命运。孙中山曾沉痛地写道:"政治上、社会上种种黑暗腐败比前清更甚,人民困苦日甚一日。"[2]辛亥革命的失败,宣判了资产阶级共和国方案在中国的失败。马克思深刻地揭示出,在资本主义进入帝国主义的时代,中国沦为半殖民地半封建的条件下,旧式农民起义已经落在了世界进程的后面,资产阶级革命的社会理想也注定为列强所不容。发生在1914年至1918年间的第一次世界大战,进一步暴露了资本主义的固有矛盾和西方列强的侵略本质,也让很多正苦苦向西方学习的中国人产生了怀疑。中国的出路到底在哪里?很多

---

① 金冲及:《二十世纪中国史纲》(第四卷),社会科学文献出版社,2009年,第1353页。

②《孙中山全集》(第九卷),中华书局,1986年,第99页。

人感到迷茫和无助。

　　直到 1917 年 11 月 7 日,俄国的一艘巡洋舰上传来一声炮响,震撼了世人,由此改写了人类历史。这艘巡洋舰就是著名的阿芙乐尔号,阿芙乐尔是罗马神话中司晨女神的名字,她掌管曙光,负责唤醒沉睡中的人们。十月革命的这声炮响,不仅唤醒了俄国人民,也给正艰辛探寻国家出路的中国人民带来了曙光和希望。十月革命为什么能够在中国产生如此强烈的反响?除了十月革命本身的胜利以及中国社会内部结构的深刻变动,还与新生政权的主张和表现有关。列宁领导的新生政权颁布《和平法令》,反对并退出正在进行的帝国主义战争,号召各国人民掌握自己的命运,支持被压迫民族独立和民族解放;颁布《土地法令》,废除旧的土地私有制。这对于长期饱受资本主义列强欺凌的中国人来说,无疑是备受鼓舞的。在回忆起那段历史时,邓颖超的一番话道出了那个年代很多人最朴素的想法:"我们受十月革命的影响,当时也只听说苏联是没有阶级、没

⚙ 资料链接

　　《和平法令》是 1917 年 11 月 8 日由全俄工农兵苏维埃第二次代表大会通过并同时颁布的法令。它在人类历史上第一次公布了社会主义国家对外政策的基本原则,反对并退出正在进行的帝国主义战争,号召各国人民掌握自己的命运,支持被压迫民族独立和民族解放,表明了社会主义国家与资本主义国家的根本区别,掀开了国际关系史上的新篇章。

　　《土地法令》是十月革命胜利后苏维埃政府关于土地问题的第一个立法文件。该法令由列宁起草,全俄苏维埃第二次代表大会于 1917 年 11 月 8 日通过。土地法令宣布废除土地私有制,确定土地、矿藏、森林、水流等为国家所有,没收地主、皇室、寺院、教堂的土地,连同一切附属物,一律交给乡土地委员会和县农民代表苏维埃支配。它的颁行使刚成立的苏维埃国家奠定了土地国有化的基础。

有人剥削人的社会。我们很向往这种光明的社会,同情广大劳苦大众,厌恶中国社会的黑暗。"①

中国的很多知识分子,就是从那时开始接受马克思主义的。林伯渠,一位追随孙中山从事民主革命的先驱,在切身的实践比较中选择信仰马克思主义并至死不渝。他在自述中写道:"从同盟会起到民国成立后十年中,自己亲自参加了每个阶段的民族民主的革命斗争,经过了多少的挫折失败,也流尽无数志士的鲜血,然而反动势力仍然是此起彼伏地统治着中国,政局的澄清总是那样遥遥无期。虽然对于造成这种形势的真正原因还不完全了解,但总觉得不能再重复过去所走过的道路,应该从痛苦的经验中摸索出一条新路。""在俄国的十月革命中我得到一些新的启示,知道了劳苦大众要得到解放只有推翻资本主义,知道了无产阶级是革命的基本动力,这个阶级的解放事业是与全人类的命运血肉相关的。"②

林伯渠(1886—1960),原名林祖涵,字邃园,号伯渠,湖南安福(今临澧县)修梅镇凉水井村人。著名的无产阶级革命家、教育家,党和国家重要领导人之一,与董必武、徐特立、谢觉哉、吴玉章并称"延安五老"。早年加入同盟会,1921年加入中国共产党。曾参加南昌起义、长征等重要革命活动,任陕甘宁边区政府主席。新中国成立后,任中央人民政府委员会秘书长,第一、二届全国人民代表大会常务委员会副委员长。

1919年五四运动爆发,促进了马克思主义在中国进一步传播,人们对社会主义的认识从开始"隔着纱窗看晓雾"的朦胧向往逐渐变得清晰坚定,越来越多的先进知识分子自觉汇聚到马克思主义的伟大旗帜下。

---

① 中国社会科学院现代史研究室、中国革命博物馆党史研究室选编:《"一大"前后——中国共产党第一次代表大会前后资料选编(二)》,人民出版社,1980年,第232~233页。

②《林伯渠传》编写组:《林伯渠传》,红旗出版社,1986年,第59页。

1921年7月，中国共产党第一次全国代表大会在上海法租界望志路106号（今兴业路76号）开幕，随后，由于外国巡捕的搜查，辗转嘉兴南湖上风雨飘摇的小船，艰难宣告了中国共产党的正式成立。马克思主义是中国共产党初心的理论之源，正是马克思主义使党站在了真理的制高点上，从而有了正确认识世界改造世界的思想武器，也使中国共产党得以摆脱以往一切政治力量追求自身特殊利益的局限，从而爆发出原子核裂变般的巨大威力。

为什么人、靠什么人的问题，是检验一个政党、一个政权性质的试金石。中国共产党是由马克思主义武装起来的政党，人民性是马克思主义的根本立场。中国共产党自成立之日起就把为谁奋斗的问题放在第一位考虑，这是一个根本问题，也是一个原则性问题。什么是共产党？习近平讲过一个故事。1934年11月湖南汝城县沙洲村，三名女红军借宿徐解秀老人家，临走时，把自己仅有的一床被子剪下一半留给老人。老人说："什么是共产党？共产党就是自己有一条被子也要剪下半条给老百姓的人。"全心全意为人民服务的宗旨使党赢得人民的拥护，从而有了战无不胜的力量源泉。

毛泽东曾指出："战争的伟力之最深厚的根源，存在于民众之中。"[①]大革命失败后，三十多万牺牲的革命者中大部分是跟随我们党闹革命的人民群众；红军时期，人民群众就是党和人民军队的铜墙铁壁；抗日战争时期，我们党广泛发动群众，使侵略者陷入了人民战争的汪洋大海；淮海战役胜利是靠老百姓用小车推出来的，渡江战役胜利是靠老百姓用小船划出来的；社会主义革命和建设的成就是人民群众干出来的；改革开放的历史伟剧是亿万人民群众主演的。历史充分证明，江山就是人民，人民就是江山。

在抗美援朝中牺牲的19万多名烈士，平均年龄只有28岁。有些人的生命虽然短暂，但他们如流星划过夜空，曾为黑夜投下光明；他们的事迹、姓名或许鲜为人知，但他们的精神将永世长存。然而近些年来，历史虚无主义者极尽想象，挖空心思，抹黑我们的人民英雄。英雄已逝，历史虚无

① 《毛泽东选集》（第二卷），人民出版社，1991年，第511页。

主义者为何还要抹黑他们？因为党的信仰、党的理想，始终是与那些为了党的崇高理想奉献、牺牲的无数英烈的不朽形象紧紧联系在一起。抹黑英雄，其实是为了污损党的形象、消解崇高理想、离散英雄精神。2020年10月23日，习近平在中国人民志愿军抗美援朝出国作战70周年纪念大会上指出，我们"以'钢少气多'力克'钢多气少'，谱写了惊天地、泣鬼神的雄壮史诗"。"钢"与"气"的比喻蕴含着战争伟力的深厚根源，也寄寓着历史对今天的深刻启迪。

人民英雄永垂不朽！只有尊崇英雄的民族才能英雄辈出！1949年9月30日，中华人民共和国举行开国大典前夜，毛泽东、朱德等党和国家领导人在天安门广场为人民英雄纪念碑奠基。毛泽东为人民英雄纪念碑起草碑文，短短的一百多字包括了对"三年以来""三十年以来""由此上溯到一千八百四十年以来"所有人民英雄的缅怀。历史证明，只有心中装着英雄的民族才能永远自立于世界民族之林，只有大地上矗立着英雄丰碑的国度才能永远处于不败之地。中国共产党始终把人民立场作为根本立场，这是马克思主义政党的根本要求，也是尊重历史规律的必然选择。

知识链接

人民英雄纪念碑位于北京天安门广场中心，是中华人民共和国政府为纪念中国近现代史上的革命烈士而修建的纪念碑。

纪念碑通高37.94米，正面（北面）碑心是一整块花岗岩，长14.7米、宽2.9米、厚1米、重60.23吨，镌刻着毛泽东1955年6月9日题写的"人民英雄永垂不朽"8个金箔大字。背面碑心由7块石材构成，内容为毛泽东起草、周恩来书写的150字小楷字体碑文。

"与天下同利者,天下持之;擅天下之利者,天下谋之。"始终坚守为民初心的中国共产党,得到的是亿万人民发自内心、付诸行动的拥护与支持。我们党一路走来,爬坡过坎、披荆斩棘,不断从胜利走向胜利,关键在于始终紧紧依靠人民,人民群众的无穷智慧和力量是党和国家事业发展的坚实根基。

二、接续赶考:在践行初心使命的接力奋斗中保持战略定力

初心易得,始终难守。党的一大的13名代表的平均年龄只有28岁,他们是中国当时最进步的青年,因志同道合走到一起,最终却命运迥异。他们中有人领导革命走向胜利,有人矢志不渝为革命牺牲性命,有人一度彷徨又迷途知返,也有人背叛革命成为叛徒。究其原因,就在能否坚守初心,保持战略定力。人是目的性存在物,只有时刻牢记既定目标,始终理性地把握和校准目标,行动才能坚定而执着。所谓战略定力,就是实践主体兑现既定目的、目标的决心、意志和耐力,即实现初心的定力。中国共产党对初心使命的坚守就表现在其坚定不移推进社会主义事业的战略定力中。

中国共产党人的初心在历史中生成,在实践中得到检验。"从石库门到天安门,从兴业路到复兴路,我们党近百年来所付出的一切努力、进行的一切斗争、作出的一切牺牲,都是为了人民幸福和民族复兴。"[1]回顾党的百年奋斗历程,中国共产党人始终保持"功成不必在我"的精神境界和"功成必定有我"的历史担当,"一任接着一任干,一张蓝图干到底",在推进社会主义事业中表现出惊人的战略定力。

1949年3月,新中国成立前夕,中共七届二中全会在河北平山县西柏坡村举行,毛泽东指出,夺取全国胜利,这只是万里长征走完了第一步。中国的革命是伟大的,但革命以后的路程更长,工作更伟大,更艰苦。为

①《习近平谈治国理政》(第三卷),外文出版社,2020年,第538页。

了克服党内可能产生的"四种情绪",他告诫全党要保持"两个务必"。在从西柏坡起程前往北平时,毛泽东一夜未眠,周恩来关切地问:"主席,休息好了没有?"毛泽东意味深长地说道:"今天是进京赶考的日子,不睡觉也高兴啊!进京赶考去,精神不好怎么行?"周恩来答道:"我们都应当考及格,不要退回来。"毛泽东坚定地说:"退回来就失败了。我们决不当李自成!我们都希望考个好成绩。""进京"意味着执政,"赶考"是要接受考验,这其中既包含着对我国几千年历史治乱规律的深刻借鉴,也包含着对即将诞生的人民政权实现长治久安的深刻忧思。2013年7月,习近平赴西柏坡,再次提出"进京赶考"这一历史课题,告诫全党"赶考"远未结束,"赶考"永远在路上,这就是让全党正视新时期执政的严峻挑战,以"赶考的决心""赶考的态度""赶考的勇气"锻造党的执政能力和执政水平,继续"进京赶考"的接力奋斗。

创业难,守业更难。回顾共产国际的历史,俄国布尔什维克领导俄国人民在马克思列宁主义指导下,建立了世界上第一个社会主义国家。然而苏联共产党人在扩大马克思主义影响、建设科学社会主义事业的同时,也窒息了马克思主义的生机,抑制了社会主义的多样化,最终给马克思主义事业造成了空前灾难:曾与资本主义世界一较高低的社会主义阵营,以苏联解体为标志遭遇重大挫折。一时间"历史终结论"甚嚣尘上,"马克思主义过时论"不绝于耳。如何科学对待马克思主义,是对任何一个马克思主义政党的重大考验。

习近平在党的二十大报告中指出:"中国共产党为什么能,中国特色社会主义为什么好,归根到底是马克思主义行,是中国化时代化的马克思主义行。"在这百年的接续奋斗中,中国共产党始终把马克思主义作为自己的行动指南,不断推进马克思主义中国化,无论是处于顺境还是逆境,都从未动摇过对马克思主义的信仰。马克思主义及其在中国的发展,为党和人民的事业发展提供了既一脉相承又与时俱进的科学理论指导,为增进全党全国各族人民团结统一提供了坚实的思想基础。习近平指出:"中国共产党之所以能够完成近代以来各种政治力量不可能完成的艰巨任务,就在于始终把马克思主义这一科学理论作为自己的行动指南,并坚持在实践中不断丰富和发展马克思主义。"[1]"实事求是,是马克思主义的根本观点,是中国共产党人认识世界、改造世界的根本要求,是我们党的基本思想方法、工作方法、领导方法。"[2]正是由于掌握了这一根本方法,面对各个历史时期的重大现实课题,中国共产党人陆续回答了"什么是社会主义、怎样建设社会主义""建设什么样的党、怎样建设党""实现什么样的发展、怎样发展""新时代坚持和发展什么样的中国特色社会主义、怎样坚持和发展中国特色社会主义,建设什么样的社会主义现代化强国、怎样建设社会主义现代化强国,建设什么样的长期执政的马克思主义政党、怎样建设长期执政的马克思主义政党"等一系列问题,创立或形成了毛泽东思想、邓小平理论、"三个代表"重要思想、科学发展观、习近平新时代中国特色社会主义思想。也正是由于掌握了这一根本方法,党才能在学习借鉴苏联共产党人的经验时坚持走自己的路,成功探索出中国特色的革命道路、建设道路、改革道路。

当苏联东欧放弃社会主义,中国孤兀地面对分化、西化的狂风骤雨时,黑云翻墨未遮山,中国共产党人既不走改旗易帜的邪路,也不眷恋封闭僵化的老路,坚定不移地推进中国特色社会主义事业,使中国这个世界上最大的发展中国家逐步摆脱贫困并跃升为世界第二大经济体,让科学社会主义在21世纪焕发出新的生机活力。

但在社会主义与资本主义并存且处于劣势的这个世界上,社会主义还必须在与资本主义的相处中保持战略定力。习近平告诫全党:"要深刻认识资本主义社会的自我调节能力,充分估计到西方发达国家在经济科技军事方面长期占据优势的客观现实,认真做好两种社会制度长期合作和斗争的各方面准备。在相当长时期内,初级阶段的社会主义还必须同生产力更发达的资本主义长期合作和斗争,还必须认真学习和借鉴资本主义创造的有益文明成果,甚至必须面对被人们用西方发达国家的长处

---

[1]《习近平谈治国理政》(第二卷),外文出版社,2017年,第33页。
[2]《习近平谈治国理政》(第一卷),外文出版社,2018年,第25页。

来比较我国社会主义发展中的不足并加以指责的现实。"①在这个战略问题上，"我们必须有很强大的战略定力"。在这一漫长的历史过程中，既要坚决抵制抛弃社会主义的各种错误主张，也要自觉纠正超阶段的错误观念，集中精力干好自己的事情，不断壮大我国的综合国力，不断改善我国人民的生活，"不断建设对资本主义具有优越性的社会主义"，为赢得主动、赢得优势、赢得未来打下更加坚实的基础。

正如恩格斯所说："一个知道自己的目的，也知道怎样达到这个目的的政党，一个真正想达到这个目的并且具有达到这个目的所必不可缺的顽强精神的政党，——这样的政党将是不可战胜的。"②中国共产党就是这样伟大的政党！

★ 学习金句 ★

一百年来，我们党坚持解放思想和实事求是相统一、培元固本和守正创新相统一，不断开辟马克思主义新境界，产生了毛泽东思想、邓小平理论、"三个代表"重要思想、科学发展观，产生了新时代中国特色社会主义思想，为党和人民事业发展提供了科学理论指导。我们党的历史，就是一部不断推进马克思主义中国化的历史，就是一部不断推进理论创新、进行理论创造的历史。

——习近平在党史学习教育动员大会上的讲话，2021年2月20日

三、勇毅前行：在为共同理想的奋力拼搏中坚定远大理想

中国共产党是为人民谋幸福、为民族谋复兴的党，也是为人类谋进步、为世界谋大同的党。中国共产党之所以叫共产党，就在于她信仰共产

---

① 习近平：《关于坚持和发展中国特色社会主义的几个问题》，《求是》，2019年第7期。
②《马克思恩格斯全集》（第三十九卷），人民出版社，1974年，第139页。

主义,把实现共产主义确立为最高理想,把为实现共产主义而奋斗确定为自己的纲领。中国共产党人对初心使命的坚守还表现在她始终不忘最高理想,在坚持中国特色社会主义共同理想的奋力拼搏中追求共产主义远大理想。

★ **学习金句** ★

坚定的理想信念,永远是激励我们奋勇向前、克难制胜不竭的力量源泉。全党同志特别是各级领导干部要不忘初心、牢记使命,始终保持清醒头脑和政治定力,坚持和加强党的领导不动摇,坚持和发展中国特色社会主义不动摇,坚持实现中华民族伟大复兴的宏伟目标不动摇,锲而不舍把革命先辈为之奋斗的伟大事业推向前进。

——习近平在宁夏考察时的讲话,2020年6月8日至10日

中国特色社会主义体现了当代中国共产党人的卓越智慧。从1516年托马斯·莫尔发表《乌托邦》一书至今,社会主义已经存在了五百多年,它从空想到科学、从理论到现实、从一国到多国,创造过高歌猛进的黄金时期,也遭遇了折戟沉沙的蹉跎岁月。中国共产党从未动摇过为共产主义、社会主义奋斗的初心。中国共产党人坚定共产主义信仰,从建党之初就明确提出最高纲领与最低纲领的统一;中国共产党人坚持科学社会主义原则,始终探索科学社会主义理论逻辑与中国社会发展历史逻辑相统一,使之成为根植于中国大地、反映中国人民意愿、适应中国和时代发展要求的科学社会主义。"当代中国的伟大社会变革,不是简单延续我国历史文化的母版,不是简单套用马克思主义经典作家设想的模板,不是其他国家社会主义实践的再版,也不是国外现代化发展的翻版。"[1]

---

[1]《习近平谈治国理政》(第二卷),外文出版社,2017年,第344页。

阅读延伸

"历史终结论"最早出现在福山1988年所作的题为"历史的终点"的讲座中。1989年,美国新保守主义期刊《国家利益》刊载福山在讲座基础上扩充的论文《历史的终结?》。福山认为,苏联解体、东欧剧变和冷战结束标志着共产主义的终结,历史的发展只有一条路,即西方的市场经济和民主政治,自由民主制度是"人类意识形态发展的终点"和"人类最后一种统治形式"。然而过去数十年的政治实践表明,西方国家特别是美国在全世界多个地区和国家推销"民主"均遭遇水土不服,以失败告终。席卷西方社会的金融危机、民粹主义潮流和选举乱象使得包括福山本人在内的西方政界学界开始广泛反思西式民主的种种弊端。

中国特色社会主义要到哪里去?习近平反复强调:中国特色社会主义的未来方向是共产主义,"中国特色社会主义是社会主义而不是其他什么主义,科学社会主义基本原则不能丢,丢了就不是社会主义"。[①]这一论断包括两个方面:一方面,指出中国特色社会主义是社会主义,我们要对这个社会性质自信;另一方面,中国特色社会主义必须始终坚持科学社会主义基本原则,我们必须坚持这份科学社会主义的初心,我们要有这个社会价值自信。"我们现在坚持和发展中国特色社会主义,就是向着最高理想所进行的实实在在努力。"[②]邓小平也曾指出:"一定要让我们的人民,包括我们的孩子们知道,我们是坚持社会主义和共产主义的,我们采取的各方面的政策,都是为了发展社会主义,为了将来实现共产主义。"[③]

共产主义以"人类命运共同体"的博大心胸,顺应社会发展的必然和人类进步的方向,将一国一地的解放发展与全人类的解放发展统一起来,成为人类历史上最崇高的理想。理想因其远大而为理想,信念因其执着

①《习近平谈治国理政》(第一卷),外文出版社,2018年,第22页。
②《习近平谈治国理政》(第二卷),外文出版社,2017年,第143页。
③《邓小平文选》(第三卷),人民出版社,1993年,第112页。

而为信念。正是共产主义这一远大理想使党在实践上实现了真理制高点与道义制高点的统一,从而有了强大精神支柱。共产主义远大理想激励了一代又一代共产党人英勇奋斗,成千上万的先烈为了这个理想献出了宝贵生命。革命烈士方志敏在牢狱里写下《死——共产主义的殉道者的记述》:"为着阶级和民族的解放,为着党的事业的成功,我不稀罕美味的西餐大菜,宁愿吞嚼刺口的苞粟和菜根;不稀罕舒服柔软的钢丝床,宁愿睡在猪栏狗窠似的住所!……一切难于忍受的生活,我都能忍受下去!这些都不能丝毫动摇我的决心,相反地,是更加磨炼我的意志!我能舍弃一切,但是不能舍弃党,舍弃阶级,舍弃革命事业。"这表明,无论遇到什么困难,真正的共产党人从来没有动摇过对共产主义的信仰,没有忘记要为绝大多数人谋幸福。中国共产党人之所以能够历经挫折而又一次次奋起,归根到底是因为有远大理想和崇高追求。习近平指出:"对马克思主义的信仰,对社会主义和共产主义的信念,是共产党人的政治灵魂,是共产党人经受住任何考验的精神支柱。"①

在对待共产主义的问题上,我们既不能急于求成,犯急躁病,也不能因为过程漫长,就认为那是虚无缥缈的海市蜃楼,放弃信仰追求,而应该认识到我们现在取得的每一点进步都是为共产主义奋斗的历史环节。历史没有终结! 马克思主义没有过时! 共产主义也不虚无缥缈! 马克思主义的生命力,就体现在世界上广大马克思主义者为共产主义事业的不息奋斗上。"马克思的整个世界观不是教义,而是方法。它提供的不是现成的教条,而是进一步研究的出发点和供这种研究使用的方法。"②马克思主义既没有结束真理,也没有穷尽真理,而是开辟了通向真理的道路,指明了获得真理的方法。马克思主义的生机活力既表现在中国共产党人对马克思主义的理论创新上,更表现在中国革命、建设和改革所取得的举世瞩目的成就上。在党的十九届五中全会公报中,有组数字值得我们关注——"十三五"规划时期,5575万农村贫困人口实现脱贫,城镇新增就

---

①《习近平谈治国理政》(第一卷),外文出版社,2018年,第15页。
②《马克思恩格斯全集》(第三十九卷),人民出版社,1974年,第406页。

业超过6千万人，基本医疗保险覆盖超过13亿人，基本养老保险覆盖近10亿人。这就是过去5年里我们取得的实实在在的成就。这次全会对未来5年和到2035年的社会主义现代化远景目标进行了规划，首次把"全体人民共同富裕取得更为明显的实质性进展"作为远景目标提出来，从"先富带动后富"到今天的"共富"，主题的变迁深刻反映了党在"以人民为中心"的接续奋斗中的历史思维和战略定力。正如习近平反复强调的那样："我们要永远保持建党时中国共产党人的奋斗精神，永远保持对人民的赤子之心。一切向前走，都不能忘记走过的路；走得再远、走到再光辉的未来，也不能忘记走过的过去，不能忘记为什么出发。"①

> ★ 学习金句 ★
>
> 在全面建设社会主义现代化国家新征程中，我们必须把促进全体人民共同富裕摆在更加重要的位置，脚踏实地、久久为功，向着这个目标更加积极有为地进行努力，促进人的全面发展和社会全面进步，让广大人民群众获得感、幸福感、安全感更加充实、更有保障、更可持续。
>
> ——习近平在全国脱贫攻坚总结表彰大会上的讲话，2021年2月25日

船到中流浪更急，人到半山路更陡。当中华民族伟大复兴的曙光初照，当中国成为霸权主义的强大障碍，一些昔日的殖民主义者焦躁不安，贸易霸凌、科技围堵、军事挑衅纷至沓来，来势汹汹。越是乱云飞渡、风吹浪打，越要增强战略定力。近代的深重苦难磨炼了中国人与一切强敌顽强斗争的不屈性格和胆略，任何惊涛骇浪都无法阻挡红船的开启，从此中华民族的巍巍巨轮一往无前。

---

① 《习近平谈治国理政》（第二卷），外文出版社，2017年，第32~33页。

拓展阅读

1. 中共中央党史研究室编：《历史是最好的教科书——学习习近平同志关于党的历史的重要论述》，中共党史出版社，2014年。

2.《中共中央关于党的百年奋斗重大成就和历史经验的决议》，人民出版社，2021年。

理解马克思主义

马克思主义是我们立党立国、兴党兴国的根本指导思想。实践告诉我们，中国共产党为什么能，中国特色社会主义为什么好，归根到底是马克思主义行，是中国化时代化的马克思主义行。拥有马克思主义科学理论指导是我们党坚定信仰信念、把握历史主动的根本所在。

——习近平在中国共产党第二十次全国代表大会上的报告，2022年10月16日

疑问与理解二

　　马克思主义是我们立党立国、兴党兴国的根本指导思想。我们党的初心和使命是建立在马克思主义科学理论基础之上的。可有人说，马克思主义是马克思30岁、恩格斯28岁时创造的理论，两个年轻人提出的设想能指导一个有着5000多年文明历史、十几亿人口的大国走向光辉的未来吗？理解马克思主义，才能坚定信仰信念，把握历史主动。

理解我们身处其中、生活其间的当代中国社会,说起来很容易,因为我们每天都要参与、感受她的变化发展,我们自身就是其中的一个分子;换个角度看,真正理解又有相当的难度,我们每个人都生活在一个相对狭小、有一定局限性的个体和社会时空之中,所见所闻、亲身感受和认知理解都难免存在偏狭,更何况作为一种关系存在的社会,本质上是无形的、变化发展的。因此,掌握尽可能多的现象(历史的、现实的甚至可能是未来的),努力透视现象背后的本质、核心,真正站在人民的立场上实现这种理解的辩证统一,才能更好地认识现实中国、思想中国和实践之中国,也必将对我们展望未来之中国提供更为清晰的图景。

理解当代中国,一个作为基本前提而不能被跨越的话题,就是要理解马克思主义与当代中国社会在历史、现实和未来的时空维度中的本质关系,理解在思想中国的视野中为什么马克思主义必不可少、不可或缺:全球化语境下马克思主义的思想伟力在哪里? 马克思主义的历史合理性是什么? 马克思主义的实践合理性是怎样在开放性中被建构起来的? 我们应当如何进一步确立对当代中国马克思主义、21世纪马克思主义的理论自信? 这些都是在思想的意义上理解当代中国的马克思主义的核心要点。

一、全球化语境中的当代马克思主义

习近平指出:"在人类思想史上,没有一种思想理论像马克思主义那样对人类产生了如此广泛而深刻的影响。"[1]众所周知,在人类灿若群星、人才辈出的思想史上,马克思恩格斯因为创立马克思主义,是与苏格拉底、柏拉图、亚里士多德、孔子、牛顿、爱因斯坦等思想巨人一样彪炳青史的;而马克思恩格斯对人类所产生的影响与上述众多思想家截然不同的一点就在于,他们不仅带来了思想革命、深刻地解释了世界,

---

[1] 习近平:《在纪念马克思诞辰200周年大会上的讲话》,《人民日报》,2018年5月5日。

而且他们践行了"改造世界"的诺言,进而全面地影响了20世纪以来的世界历史进程。

习近平在党的二十大报告中指出:"中国共产党为什么能,中国特色社会主义为什么好,归根到底是马克思主义行,是中国化时代化的马克思主义行。"①这一重要论述中的"马克思主义行",是指马克思恩格斯创立的经典马克思主义"行",也就是马克思主义"自身"行。对此,我们可以从以下几个方面来理解:

从深刻解释世界看,马克思主义在科学世界观、解构资本主义和指明人类未来共产主义发展方向等主要方面建立起一座难以超越的思想高峰。马克思主义博大精深、思想深邃,但又始终聚焦在人类思想和现实的关注点和重大时代课题上,一方面,在探索锐利思想武器上,马克思恩格斯实现了唯物论与辩证法的辩证统一,确立起人类认识世界的科学世界观;实现了历史观与辩证法的统一,历史唯物主义、历史辩证法成为认识人类社会、探索社会发展规律的指导理论和科学方法,实现了人类历史观领域的全面深刻变革,将历史科学推进到一个崭新的发展阶段。另一方面,从对资本主义的解构来看,从微观商品机制分析到剩余价值理论,再到宏观资本主义社会根本矛盾和物象化理论中的"拜物教批判",精深的资本主义批判引导出人类对未来共产主义的憧憬和向往,更让全世界无产阶级和人民群众看到了跨越"卡夫丁峡谷"迈向新社会的现实道路和可靠力量。

总的说来,马克思主义对人类思想的杰出贡献聚焦为两点,那就是"唯物史观和剩余价值学说",这也正是实现社会主义从空想到科学历史性转变的根本原因和全新理论地平。对于这样伟大的理论贡献,恩格斯曾指出:"一生中能有这样两个发现,该是很够了。即使只能作出一个这样的发现,也已经是幸福了。但是马克思在他所研究的每一个领域,甚至在数学领域,都有独到的发现,这样的领域是很多的,而且其中任何一个领域他都不是浅尝辄止。"②这是恩格斯对马克思的赞誉,我

---

① 习近平:《高举中国特色社会主义伟大旗帜 为全面建设社会主义现代化国家而团结奋斗》,人民出版社,2022年,第16页。

②《马克思恩格斯选集》(第三卷),人民出版社,2012年,第1003页。

们更可以将它看作是对马克思主义自身理论贡献的一种描述。在《共产党宣言》发表后的170多年中，几乎每一位严肃负责的社会科学家、思想家和科学家都会深刻地体会到马克思主义的思想威力，"无论人类历史发生了怎样的风云变幻，马克思主义始终是全球思想理论界难以回避、难以抵挡的强大'磁场'"①。

知识链接

"卡夫丁峡谷"（Caudine Valley）典故出自古罗马史。公元前321年，萨姆尼特人在古罗马卡夫丁城附近的卡夫丁峡谷击败了罗马军队，并迫使罗马战俘从峡谷中用长矛架起的形似城门的"牛轭"（fork）下通过，借以羞辱战败军队。后来，人们就以"卡夫丁峡谷"来比喻灾难性的历史经历，卡夫丁峡谷成为"耻辱之谷"的代名词，并可以引申为人们在谋求发展时所遇到的极大的困难和挑战。

从全面改造世界看，科学社会主义从理论变为现实的社会制度，开启人类社会发展的新纪元、新境界。马克思曾指出："批判的武器当然不能代替武器的批判，物质力量只能用物质力量来摧毁；但是理论一经掌握群众，也会变成物质力量。"②从磨砺出锐利的思想武器，到科学思想完全为无产阶级和人民群众所掌握，使之能真正地变革世界、创造新社会，马克思主义的发展进程就是从科学理论到深刻改变世界的过程，这个重大的实践突破是列宁实现的。1917年，列宁带领布尔什维克党，领导俄国工农群众通过十月革命建立了世界上第一个社会主义国家，实现了科学社会主义从理论到实践、从制度设计到现实社会主义制度的伟大变革；第二次世界大战之后，世界各国共产党人纷纷建立起社会主义国家，尤其是中国共产党带领中国人民成立新中国、建立起新生的社会主义制度。一方

---

① 顾海良主编：《马克思主义如何改变世界》，中国人民大学出版社，2013年，第12页。

② 《马克思恩格斯选集》（第一卷），人民出版社，2012年，第9页。

面,以马克思主义、科学社会主义为指导的社会主义国家的建立,在整体上建立起20世纪以来世界发展的新格局,那就是资本主义和社会主义两极对立的国际经济政治新格局;另一方面,在资本主义与社会主义竞争的两极格局中,社会主义对资本主义世界同样产生了深刻全面的影响,资本主义的经济发展、政治建设、文化发展等方面都不同程度地受到社会主义的影响,表现出一些社会主义的因素,这也是无可争议的事实。

20世纪90年代以来,在经历短暂挫折和低谷之后,社会主义制度在中国的重大理论创新、丰硕实践成果展现出前所未有的优越性、吸引力和向心力。在经历2008年金融危机等世界性危机后,社会主义作为人类未来社会理想方案的可能性进一步增强,中国特色社会主义的世界历史性价值更加重大。2008年12月10日,在马克思纪念图书馆成立75周年的纪念活动上,英国伦敦大学戈德史密斯学院政治学教授戴维·麦克莱伦致辞说:"随着冷战的结束和人民对经济和环境问题的关注度不断提高,人们对马克思和马克思主义的理解也随之更为客观。大家已经越来越清楚地意识到,传统的马克思主义理论对资本主义作出了最为有力和深刻的分析。"[1]

---

① 转引自顾海良主编:《马克思主义如何改变世界》,中国人民大学出版社,2013年,第13页。

从引领人类解放看，马克思主义实现了社会主义运动史的伟大变革，推动了全人类解放运动的新发展。习近平曾指出："我们看世界，不能被乱花迷眼，也不能被浮云遮眼，而要端起历史规律的望远镜去细心观望。"①从历史上看，第二次世界大战结束后，一大批获得独立和解放的民族国家建立起来，彻底瓦解了帝国主义的殖民体系，世界各民族平等交往、共同发展展现出光明前景，马克思主义极大推进了人类文明的进程。而20世纪90年代苏东剧变之后，"历史终结论"的最大代表日裔美国政治家弗朗西斯·福山，在《历史的终结与最后的人》中提出，在以美国为代表的自由民主政体阶段，资本主义的"基本原则和机制将不会再进一步发展了，因为所有的现实性的重大问题都被解决了"，人类社会进入了一种理想的境界。

然而随着21世纪初的"9·11"事件、反恐战争，特别是2008年世界性金融危机的爆发，人们发现欢呼资本主义的胜利完全是幼稚的、经不起历史检验的。而与福山的"终结论"针锋相对的则是法国当代哲学家德里达的深刻认识，他在《马克思的幽灵》中指出："地球上所有的人，所有的男人和女人，不管他们愿意与否，知道与否，他们今天在某种程度上说都是马克思和马克思主义的继承人。"②这里的核心问题是这样一条根本的线索，即资本主义—马克思主义—人类解放，而这样的线索标识出一条更加宏大的人类解放的主题。当代资本主义世界"在苏联垮台和资本主义扩大到全球新地区之后，它已经成为全球体系，正在入侵和改变人类生活的方方面面"③。正是在这种情况下，只有马克思主义才是唯一可以解构当代资本主义、推动人类解放的真正选择：要深入挖掘马克思主义的当代价值，要全面地将马克思主义与当代世界发展的实际紧密结合，才能探索出一条符合这个时代、特定实践的新思想，也就是"使这种马克思主义的批判适应新的条件，不论是新的生产方式、经济和科学技术的力量与知识的

①《习近平谈治国理政》（第二卷），外文出版社，2017年，第442页。
②[法]德里达：《马克思的幽灵》，何一译，中国人民大学出版社，1999年，第127页。
③转引顾海良主编：《马克思主义如何改变世界》，中国人民大学出版社，2013年，第12页。

占有,还是国内法或国际法的话语与实践的司法程序,或公民资格和国籍的种种新问题,那么这种马克思主义的批判就仍然能够结出硕果"①。这可以被称为马克思的回归和世界性存在。客观地讲,只要资本主义存在,那么马克思主义就会必然存在。当今世界还有很多国家和人民从形式上并没有接纳马克思主义、社会主义,但这并不影响马克思主义对各国人民解放、社会进步所发挥的潜在和直接的重大影响力。因此,我们要始终抱有一种自信,那就是"世界上赞成马克思主义的人会多起来的,因为马克思主义是科学"②。

可以预见的是,21世纪马克思主义、科学社会主义必将以其鲜明的思想和实践,不断彰显出独特的制度优势和思想魅力,在改变世界历史进程、推动人类解放的事业中发挥越来越大的作用,这也对从世界历史视野中全面理解当代中国的马克思主义提供重要借鉴。必须承认,自从把马克思主义写到自己的旗帜上,中国共产党及其所代表的中国人民,就一直坚持不懈地探索、追问和践行这样三个大问题,即怎样理解马克思主义、怎样对待马克思主义、怎样运用马克思主义。上述问题分别从"历史选择""一贯坚持"和"创造性运用"三个方面深刻揭示了"中国化时代化的马克思主义行"的内在机理。而这正是马克思主义为什么在中国"行"、为什么在中国特色社会主义及其新时代"行"的秘密。这三个方面既相互依存、高度融合,又各有侧重、相对独立,统一于百余年来中国革命、建设、改革的伟大历史进程和实现中华民族伟大复兴的实践。

二、科学属性为中国共产党所认同

"马克思主义不仅深刻改变了世界,也深刻改变了中国。"③众所周知,中国有着五千多年的文明史,并在这一历史进程中创造了灿烂的中华文

---

① [法]德里达:《马克思的幽灵》,何一译,中国人民大学出版社,1999年,第122页。
② 《邓小平文选》(第三卷),人民出版社,1993年,第382页。
③ 习近平:《在纪念马克思诞辰200周年大会上的讲话》,人民出版社,2018年,第11页。

明,为人类的文明进步作出过重大贡献。然而1840年鸦片战争以后,西方列强凭着坚船利炮野蛮轰开了中国的大门,中华民族陷入了内忧外患的悲惨境地。面对千年未有之大变局,近代以来,无数志士仁人、先进知识分子和革命者前赴后继、救亡图存,书写了一部可歌可泣、惊天动地的斗争史、革命史:从太平天国起义、义和团运动等旧式农民起义,到洋务运动、戊戌变法;从孙中山先生领导的资产阶级革命到辛亥革命胜利,掀开了中国旧民主主义革命的新篇章,然而资产阶级革命后的中国并未改变近代以来半殖民地半封建的社会性质,苦难的中国人民和革命者仍然在探索救亡图存的道路上苦苦寻找,到底哪种道路、哪种主义才是拯救中国人民、引导中华民族实现民族振兴的真理呢?

孕育着拯救中华民族和中国社会的重大历史事变终于在1919年五四运动中发生了根本性变化。习近平在2019年4月19日中央政治局第十四次集体学习中曾指出,历史地认识五四运动,一定要深入、系统、全面挖掘五四运动对当代中国的重大历史价值和深远意义,要讲清楚这样四个重要方面:"讲清楚为什么五四运动对当代中国发展进步具有如此重大而深远的影响,讲清楚为什么马克思主义能够成为中国革命、建设、改革事业的指导思想,讲清楚为什么中国共产党能够担负起领导人民实现民族独立、人民解放和国家富强、人民幸福的历史重任,讲清楚为什么社会主义能够在中国落地生根并不断完善发展。"①这就要求我们,必须要到五四运动中去寻根溯源,找到马克思主义、社会主义和中国共产党在中国落地生根的源头,在这场以全民族的行动激发追求真理、追求进步的伟大觉醒中,科学准确地探寻中国社会、中国人民和中国先进知识分子选择马克思主义的特定时代语境和深刻的历史必然性。

---

① 习近平:《加强对五四运动和五四精神的研究 激励广大青年为民族复兴不懈奋斗》,《人民日报》,2019年4月21日。

五四运动以全民族的行动激发了追求真理、追求进步的伟大觉醒。五四运动前后，我国一批先进知识分子和革命青年，在追求真理中传播新思想新文化，勇于打破封建思想的桎梏，猛烈冲击了几千年来的封建旧礼教、旧道德、旧思想、旧文化。五四运动改变了以往只有觉悟的革命者而缺少觉醒的人民大众的斗争状况，实现了中国人民和中华民族自鸦片战争以来第一次全面觉醒。经过五四运动洗礼，越来越多中国先进分子集合在马克思主义旗帜下，1921年中国共产党宣告正式成立，中国历史掀开了崭新一页。

——习近平在纪念五四运动100周年大会上的讲话，2019年4月30日

第一，中国先进知识分子和中国人民正是被马克思主义的理论属性所吸引，中国革命和中国社会进程从此掀开了崭新的一页。

从实际的历史进程看，马克思主义正式登上中国思想文化、中国社会的历史舞台，源自中国近代以来特定的复杂因素，源自中国先进知识分子、中国人民在革命实践中的历史沉思和郑重选择。

一方面，五四运动前，中国社会自身的社会实践并未找到适合自身发展道路的指导理论。辛亥革命并未从根本上让中国社会摆脱半殖民地半封建社会的性质，中国人民寻求救国之路的任务十分艰巨。从思想层面看，1911年辛亥革命以后，中国社会仍然充斥着各种社会理论主张，是一个思想意识形态竞争的场所，从大的方面看主要有四种：一是君主立宪（康有为、梁启超、袁世凯、张勋复辟），二是北洋政府的军阀统治，三是孙中山先生领导的资产阶级民主革命，四是各种无政府主义、社会主义思潮遍布中国。在上述思潮中，马克思主义刚刚传入中国就被"社会主义思潮"包裹着夹杂其中，几乎是默默无闻的。当时的中国政治，在孙中山领导的资产阶级革命胜利成果被窃取后，从袁世凯到北洋政府就像走马灯一样深陷于内部的动荡，而各帝国主义国家在中国扶持各地军阀、支持

军阀混战，中国人民处在水深火热、民不聊生的悲惨境地，不同主义所代表的中国社会各种政治力量和志士仁人却无能为力、焦虑万分。

鲁迅先生曾说："人生最苦痛的是梦醒了无路可以走。做梦的人是幸福的；倘没有看出可走的路，最要紧的是不要去惊醒他。"①对于当时的中国人，尤其是怀揣救国抱负的知识分子来讲，倘若还有美梦也就算了，毕竟有梦或在梦里还是幸福的，但即使有梦也是"噩梦"，不用别人惊醒他就已经醒了，是被噩梦惊醒，甚至是因为残酷的现实而无法入睡、无梦可做。在这些众多忧国忧民、为国家民族殚精竭虑的仁人志士中，梁启超就是其中一个典型的代表。

梁启超是中国近代的大学问家，学术造诣和革命影响力甚大。他一生中有两次最重要的游历，即远赴美国和欧洲游学：记载前者而有《新大陆游记》，记载后者而有《欧游心影录》。1903年2月，梁启超自日本横滨起航，开始他的美洲之行，其沿途日记——《新大陆游记》是"一部全面介绍19世纪末20世纪初的美国政治、经济、文化、社会等情况的综合性著作"，是国内秘密传播的维新立宪名著，被视为梁启超告别孙中山的宣言。1917年底，梁启超辞段阁财长职，决心脱离官场。1918年10月，他对《申报》记者表示"毅然中止政治生涯、决不更为政治活动"。1918年底巴黎和会前后，梁启超与研究同人筹划欧游，目的在"想拿私人资格将我们的冤苦向世界舆论伸诉伸诉，也算尽一二分国民责任"②。1919年1月，梁启超一行抵达伦敦，开始为期一年的欧游，以巴黎为大本营，足迹遍及大部分欧洲国家。《欧游心影录》则是他告别"科学万能"并从而倡导"中国不能效法欧洲"的告白。简而言之，梁启超通过对第一次世界大战后欧洲的考察得出一个重要的结论，这就是：不能效法欧洲的社会制度，资产阶级的那套制度和主张在欧洲几乎已经破产，在中国也是让人失望透顶，必须另寻他路。梁启超的心声，表达了当时很多先进知识分子的焦虑和迫切心情：中国的出路在何方，路应该怎么走，谁能解救中华民族于水深火热之中。

---

① 《鲁迅全集》（第一卷），同心出版社，2014年，第80页。
② 梁启超：《梁启超游记：欧游心影录 新大陆游记》，东方出版社，2012年，第49页。

另一方面，俄国十月革命与中国社会内部的思想和革命运动之间的关系。一般来讲，当我们追索马克思主义是如何从近代中国社会众多思想和主义中脱颖而出这个问题的时候，都会认为：十月革命一声炮响，给中国送来了马克思列宁主义。可以说，这是中国社会在20世纪20年代发生历史性变革的一种形象说法，但十月革命的炮声给我们送来的并不是马克思主义这个"理论"，而是马克思主义、科学社会主义在俄国取得重大实践突破、夺取社会主义革命胜利的消息，而这个惊天动地的大事件唤起的是中国人对马克思主义的理性认知和实践上的信心。马克思主义是一种科学理论，更重要的是，在这一理论指导下的革命运动使俄国这个类似的东方国家取得了巨大的成功，中国社会是完全可以学习和借鉴的。从内外因辩证关系的角度看，积聚在中国社会内部的思想和革命运动才是真正推动中国人民、先进知识分子最终选择马克思主义的决定性原因。

20世纪20年代的新文化运动特别是五四运动的爆发，真正推动了马克思主义在中国大地、在广大知识分子和革命者中的广泛传播。"其实地上本没有路，走的人多了，也便成了路。"中国人民和先进知识分子对救亡道路的探索从未放弃：就在1915年，以陈独秀、李大钊和鲁迅等受过西方教育（当时称为新式教育）的人发起的一次"反传统、反孔教、反文言"的思想解放运动，这就是我们称之为的"新文化运动"（1915—1923年）。1915年，陈独秀在其主编的《新青年》上刊载文章，提倡"民主"与"科学"的思想，揭开了新文化运动的序幕，而这场思想解放运动沉重打击了统治中国两千多年的传统礼教，倡导"德先生"

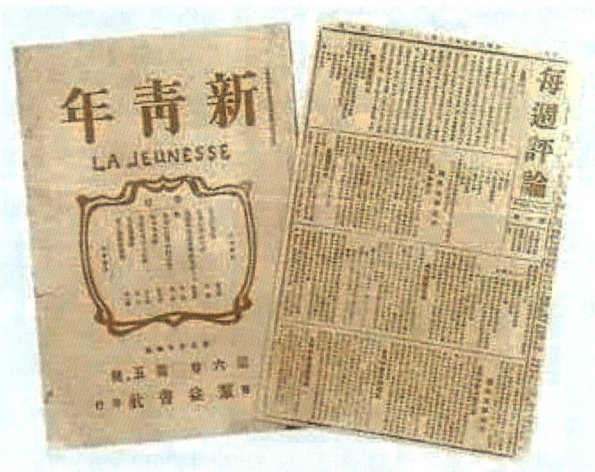

和"赛先生"的先进理念从知识分子迅速向广大民众传播,极大地启发了人们的民主觉悟、推动了现代科学在中国的发展,更为马克思主义在中国的传播和五四爱国运动的爆发奠定了思想基础。

就在新文化运动蓬勃发展的同时,被裹挟进第一次世界大战的中国北洋政府,作为战胜国在1919年召开的巴黎和会上丧权辱国,直接引发了五四运动,也将正在开展的新文化运动引导到新的发展阶段——马克思主义的广泛传播。1917年俄国十月革命爆发后,李大钊、陈独秀等人开始在新的思想和革命形势下传播马克思主义,特别是李大钊先后发表《法俄革命之比较观》《庶民的胜利》《布尔什维主义的胜利》《我的马克思主义观》等一系列文章,极大地促进了中国知识分子对马克思主义先进理论的深入理解。随着五四运动的爆发和深入展开,广大知识分子、青年学生和工农群众逐渐认识到,先进理论与中国社会革命实践相结合的时机已经到来,因此中国社会内部长期积聚的革命潜力终于到了爆发的临界点。

从思想上看,五四运动后期爆发了一场围绕中国应该选择何种理论的"问题与主义"的争论。1919年7月20日,新文化的主将胡适在《每周评论》第31号发表《多研究些问题,少谈些"主义"!》一文,劝说人们"多多研究这个问题如何解决,不要高谈这种主义如何新奇",因为"主义"的危险是"自以为寻着包医百病的'根本解决',从此用不着费心力去研究这个那个具体问题的解决法了"。对于这种论调,李大钊在《每周评论》第35号上发表《再论问题与主义》,主要指出两点:一是马克思主义在世界、在俄国的广泛传播,是世界文化史上的大事件、"大变动",我们要接受、反映这一科学理论,"把他的实象昭布在人类社会"[1];二是问题和主义本身是并行不悖的,但对于时下的中国社会和中国人民来讲确实更需要一种"真正"为之奋斗的主义,而马克思主义作为一种"理想、主义",倡导的是社会上多数人的运动,对这种新思想的宣传是必要的,"多数人"不参加,中国的社会问题就永远也没有解决的希望。这场"问题与主义"之争虽然很快

---

①《李大钊文集》(第三卷),人民出版社,1999年,第5页。

就结束了,但它表明了当时中国先进知识分子内部对"主义"问题认识的分歧和公开化,而李大钊、陈独秀、毛泽东等选择马克思主义的这些先进分子开始了新的实践道路。

在马克思列宁主义的指引下,陈独秀、李大钊等一批接受马克思主义的知识分子和革命者开始在各地建立中国共产党的早期组织——共产主义小组;从1920年秋到1921年春,李大钊等人在北京、武汉、长沙、济南、广州及日本和法国巴黎先后建立早期组织,极大地促进了马克思主义的研究和宣传,更为中国共产党的成立奠定了基本的组织条件。这样,在共产国际的指导帮助下,中国共产党于1921年成立,标志着近代以来中国人民选择新的社会发展道路、探索救国道路上进入新时代、新纪元,马克思主义以独特的方式从此改变了中国社会的思想文化发展,历史性地、决定性地改变了中国社会的面貌。

众所周知,马克思、恩格斯身处欧洲,主要是在发达资本主义国家经济社会的基础上创立了马克思主义,而他们对资本主义和帝国主义批判的视角一直是关注东方落后国家和被殖民地社会的,特别是帝国主义的野蛮侵略和中国人民的深重苦难曾经引起了马克思的高度关注。第二次鸦片战争期间,马克思曾撰写十多篇关于中国的通讯,向世界揭露西方列强侵略中国的真相,为中国人民伸张正义;更为重要的是,马克思恩格斯不仅高度肯定中华文明对人类文明进步的贡献,更在中国农民起义、中国人民反抗侵略的斗争中,看到了其中孕育的社会主义的因素,并科学预见了"中国社会主义"的出现,甚至为他们心中的新中国取了亮丽的名字——"中华共和国"。可以说,马克思主义与中国社会在"素未谋面"的情况下,已具有一种历史机缘和天然的亲和力。而在中国近代社会复杂情况下,在那个时代滚动的历史大潮中,一个以马克思主义为指导、勇担民族复兴历史大任、必将带领中国人民创造人间奇迹的马克思主义政党——中国共产党应运而生。中国共产党的诞生,是中国人民接受、选择马克思主义的标志性和具有重大历史意义的事件,更说明了一个隐藏的道理:马克思主义是近代以来中国人民经过千辛万苦的探索才最终找到的科学真理,这是由它自身内在的本质和科学精神所决定的,这是马克思主义"行"的内在气质和精神基因。

第二，中国人民在决定当代中国历史命运的关键时刻坚定地选择了马克思主义、社会主义制度。

毛泽东在1940年撰写的《新民主主义论》中指出，从1840年鸦片战争到1919年，是中国近代以来的民主主义革命时期，也可以称为旧民主主义革命。从1919年开始，中国革命的历史进程随着十月革命的爆发和中国共产党的建立，发生了根本变化。从此以后，中国的历史进程要分成两步走：一是完成新民主主义革命的任务；二是在完成作为社会主义过渡形态的新民主主义革命任务后，完成社会主义革命任务，在中国建立社会主义制度，这一历史时期的领导阶级是中国共产党及其代表的中国无产阶级。在此基础上，毛泽东坚定地指出，未来中国的发展道路是"建设一个中华民族的新社会和新国家"[1]，一个社会主义新中国。与此相对的是，作为当时中国反动势力代表的蒋介石在1943年发表《中国之命运》一书，鼓吹中国只能有"一个政府、一个领袖、一个主义"。为了进一步回应这种错误论调，统一全党和全国人民的思想，毛泽东在1945年召开的党的七大上作了《两个中国之命运》的开幕词，他指出，在抗日战争即将胜利的时节，摆在中国人民面前有"光明的"和"黑暗的"两个中国之命运，前者是"独立、自由、民主、统一、富强的中国"，而后者仍然是"半殖民地半封建的、分裂的、贫弱的"[2]旧中国，中国共产党和中国人民应该为光明的前途和命运去奋斗。

面对两个主义、两条道路和两种命运，中国人民最终用实际行动选择了中国共产党，选择了指导中国人民走向光明的社会主义中国。我们知道，抗日战争后蒋介石不顾双方在1945年10月10日签订的"双十协定"和全国人民要求和平的强烈呼声，在美国的支持下悍然对解放区发动进攻，公然挑起全面内战。在开战之前，国共两党在硬实力上对比还是非常悬殊的：国民党总兵力为430万，占据着当时几乎所有大城市

---

①《毛泽东选集》（第二卷），人民出版社，1991年，第663页。
②《毛泽东选集》（第三卷），人民出版社，1991年，第1026页。

和大多数国土;共产党方面有127万部队(没有海空军),解放区的人口为9000多万。当时,几乎所有民主党派、中间力量都认为胜利的天平是倾斜的。然而战争的进程证明了一点,那就是"得民心者得天下",特别是在马克思主义科学理论的武装和指导下,在中国共产党的领导下,解放战争在经过两年多的防御阶段之后,从1948年下半年开始国共双方走到了决战决胜的关键时刻。从1948年9月到12月,辽沈战役、淮海战役和平津战役相继爆发;三大战役之后,解放战争的形势、中国革命的形势基本明朗,三大战役的胜利充分反映了中国广大人民群众的人心所向,充分反映革命战争中人民群众的"伟力"。正如陈毅元帅在总结淮海战役胜利原因时深情地说:淮海战役的胜利,是人民群众用小推车推出来的。这是中国人民的胜利,是他们所拥护的中国共产党的胜利,是马克思主义真理的力量、实践的力量。

三、指导地位为中国共产党所坚持

选择是一种坚持,但在相对和平的环境中不为任何风吹雨打所动摇,是对信仰、意志、决心的考验,是一种铁一般的坚持。从新中国成立到今天,中国共产党和中国人民始终坚持马克思主义,经受住了重要关头的考验。

第一,从新中国成立到1956年,中国经历了经济社会重建和战争的重大考验,巩固了新生的政权,建立起了社会主义制度,坚定不移地坚持了马克思主义。

一方面,打赢了"经济战",稳定了局势,增强了建设社会主义的信心和决心。"一穷二白"是对新中国成立后国家现状的真实写照:在1840年到1949年的100多年间,中国经历了鸦片战争、八国联军侵略、军阀混战、抗日战争和解放战争的战火,天灾肆虐、民生凋敝,中国共产党接手的是一个满目疮痍的烂摊子,摆在新生政权面前的是极为艰巨的社会建设任务。对此,有些人怀着不同的心情,公开宣称:中国共产党人打赢了战争、进得了城市,却管不了城市。他们打天下能得90分,搞政治得 50 分,治理经济却只能得 0 分。更为严重的是,在境内外反动势力的勾结下,一些不法商人在上海、北京等大城市囤积货物抬高价格,买空卖空搞乱金融市场,各地的粮食问题尤为突出。这些情况不仅严重影响了百姓的日常生活,更对新生政权稳定经济社会秩序造成了严重的威胁。

对此,党和人民政府采取了必要的行政手段和经济措施,同投机资本家和不法商人进行了两场"战役":

一是"银元之战"。新中国成立以后,人民政府将人民币定为唯一合法货币,金条、银元、法币、外币一律由政府收购。但个别金融投机商对此却置若罔闻,还扬言"解放军进得了上海,人民币进不了上海!"[1]1949 年 6 月 10 日,上海市军管会果断查封证券大楼,逮捕破坏金融秩序的不法分子两百多人;同时,武汉、广州等地查封地下钱庄,坚决打击不法投机,一举稳定了全国的金融形势和社会商品的价格形势。

二是"米粮之战"。1949 年 10 月,少数投机商人大量囤积粮食、棉纱等物资,各地物价持续猛涨四十多天。中央政府在陈云的领导下沉着应对、精心部署:1949 年 11 月 15 日至 30 日,中央每天从东北运粮 500 万千克至 600 万千克入关,供应京津地区;同时,将华中的棉花东运,把陇海铁路沿线的积压纱布运到西安。通过这次大调配,全国各大城市都补充了充足的物资。11 月 25 日,当物价上涨到高峰时,全国各大城市统一行动,由政府集中平抑。经过这两场战役的较量,国家经济逐渐实现了稳定,坚定了全国人民的信心,展示了社会主义政权治理经济的能力,彰显了社会主义制度的优势和优越性。毛泽东高度评价经济战的胜利,认为这场胜利"不下于淮海战役"。事实证明,以马克思主义为指导的中国共产党和新中国,不仅在军事上、政治上坚强有力,而且在经济上也是完全有能力、有办法的。

另一方面,打赢了抗美援朝战争,捍卫了社会主义制度,赢得了发展

---

[1] 本书编写组:《中国共产党简史》,人民出版社、中共党史出版社,2021 年,第 151 页。

的外部环境。改革开放以后，曾经有人提出过这样的疑问：为什么新中国成立以后没有进行改革开放呢？这样的疑问，仅仅看到了事情的表面现象，只是从局部思考问题。真实的情况是，新中国成立后除了极少数几个西方国家和社会主义国家与我国建交外，中国总体上处于被美国西方阵营、资本主义阵营封堵的局面之中，而且美国千方百计地希望颠覆新生的社会主义政权。1950年6月25日，朝鲜半岛爆发战争，以美国为首的所谓联合国军直接武装干涉，并将第七舰队开进台湾海峡，公然干涉我国内政，"阻止对台湾地区的任何进攻"。很快，美国的"联合国军"在朝鲜半岛的仁川登陆，直接把战火烧到了鸭绿江边。

当时的美国是世界上经济实力第一、军事实力最强大的国家，还拥有原子弹等最先进的武器。在悬殊的实力面前，是出兵还是视而不见，是"引火烧身"还是"闭门不出"，军情紧急，决策异常艰难。毛泽东指出："我们采取上述积极政策，对中国、对朝鲜、对东方、对世界都极为有利；而我们不出兵让敌人压至鸭绿江边，国内国际反动气焰增高……对东北更不利，整个东北边防军将被吸住，南满电力将被控制。"[①]从当时的局势看，美国在台湾和朝鲜半岛分别从一南一北对我国造成夹击之势，已经对国家安全形势造成了极大的威胁。最终，中央政治局作出"应当参战，必须参战。参战利益极大，不参战损害极大"的结论，形成"抗美援朝、保家卫国"的决策部署，并成立了以彭德怀为总司令的中国人民志愿军。历时两年零九个月的战争，中朝人民取得了重大胜利，雄辩地证明，以往西方国家"只要在东方一个海岸上架起几尊大炮就可霸占一个国家的时代是一去不复返了"[②]。抗美援朝战争的胜利绝不是一场战争的胜利这么简单：从国际看，它为我们打出了勇气、决心和自信，中国的国际地位空前提升，更为我们赢得放手搞建设的相对和平环境；从国内看，从1953年我国第一个五年计划开始实施，东北工业基地和国内经济社会建设得到巩固和空前发展。正是在马克思主义战争观、群

---

①《毛泽东文集》(第六卷)，人民出版社，1999年，第103页。
② 彭德怀在中央人民政府委员会第二十四次会议所作报告，1953年9月12日。

众史观的指导下，中国共产党作出了正确的决策，社会主义政权和制度真正在中国走向了光明的未来。

1959年，毛泽东在《七律·到韶山》中发出了这样的感慨："为有牺牲多壮志，敢教日月换新天。"事实证明，共产党人不仅能够打破一个旧世界，而且善于建设一个新世界，只要有科学的理论武器，有人民的支持，有坚如磐石的意志和决心。

第二，面对伟大历史转折和苏东剧变等复杂局面，以邓小平同志为主要代表的中国共产党人坚定马克思主义根本指导地位不动摇，走活了中国特色社会主义发展的大棋局。

从党的十一届三中全会至今，中国共产党实现了伟大历史转折，中国社会发生了天翻地覆的变化，但这一过程并不是一帆风顺、波澜不惊的，而是重大矛盾问题层出、复杂局势不断，对能够坚持马克思主义有过重大风险和挑战的。一方面，改革开放之初，科学评价毛泽东和毛泽东思想，赢得了党心、军心和民心。在历史的关键时刻，人心是最关键的，要在坚持运用马克思主义中引导人民取得正确认识、统一思想。邓小平曾指出，没有毛泽东同志，中国人民还将在黑暗中摸索很长一段时间。以邓小平同志为主要代表的中国共产党人科学界定毛泽东思想，准确评价毛泽东同志，旗帜鲜明地坚持马克思主义和社会主义，进一步凝聚了全国人民投身改革、对外开放的信心和勇气。另一方面，在坚持改革开放中正确对待国际社会主义运动的挫折。当东欧社会主义国家纷纷"改旗易帜"、苏联解体的时候，中国人民和中国共产党牢牢坚持马克思主义指导，坚持社会主义，坚持四项基本原则。面对"马克思主义过时论""社会主义失败论"等论调，邓小平指出，根本就没有那回事，必须看到"一些国家出现严重曲折，社会主义好像被削弱了，但人民经受锻炼，从中吸收教训，将促使社会主义向着更加健康的方向发展"；他坚信"世界上赞成马克思主义的人会多起来的，因为马克思主义是科学"。[①]三十多年过去了，历史证明了邓小平这位马克思主义政治家、战略家的宏阔视野、准确判断、科学眼光；正是

---

① 《邓小平文选》（第三卷），人民出版社，1993年，第382页。

因为坚定不移地坚持马克思主义、社会主义,中国特色社会主义才在当今世界、21世纪全球化发展的大背景下取得了举世瞩目、世所罕见的发展成就。相比之下,在苏联解体后的三十多年间,原苏联、东欧国家的政党、社会有识之士看到中国的发展,很多人都反思说:中国有一个坚持马克思主义的政党——中国共产党,中国人民没有被"自由、人道、民主"冲昏头脑,而是在一心一意、脚踏实地发展自己,这种历史智慧、政治头脑和理性精神,是被他们所羡慕不已的。

马克思主义之所以"行",是因为中国共产党始终坚持将其作为指导思想,是因为中国人民坚定不移的支持和拥护,是因为它在实践中被证明确实符合中国实际,能够让人民过上好日子,走上幸福路,过上安居乐业的幸福的全面小康生活。生在一个以马克思主义为指导的社会主义中国,生在一个有中国共产党坚强领导的中国,不动摇、不懈怠、不折腾,让人民不仅能安享太平,而且能乐享生活、憧憬未来。

四、精髓要义为中国共产党所运用

从学习理解到坚持马克思主义,只是中国共产党和中国人民科学对待马克思主义的一个侧面,更重要的是,始终创造性发展和运用马克思主义,才是百年来马克思主义在中国不断实践中取得成功的秘诀,这个秘诀就是坚持不懈地推进马克思主义中国化、时代化。应该说,相比世界各国而言,中国共产党和中国人民对创造性运用马克思主义这个科学理论有着自己独特的心路历程和经验,这就是必须善于结合,必须把马克思主义基本原理同中国具体实际相结合、同中华优秀传统文化相结合,从而在结合中不断实现理论创新、实践突破。

第一,从山沟沟里迈出中国化马克思主义创新发展的新步伐。

因为有曾经在井冈山、延安战斗工作的经历,有些人把毛泽东和中国革命中的马克思主义称为山沟沟里的马克思主义,并预言"山沟沟里是走不出马克思主义的"。然而身在山沟沟的毛泽东创造性地发展了马克思主义,他提出的解决中国革命一系列重大思想认识和斗争难题的光辉思想都是从这里迸发出来的：比如，"谁是我们的敌人？谁是我们的朋友？这个问题是革命的首要问题"。这句话一针见血地指出了中国革命的关键所在。这一著名论断出自1925年12月毛泽东发表的《中国社会各阶级的分析》；再比如，从1927年10月到1929年2月，在茅坪村八角楼，毛泽东借着微弱的油灯，先后写下了《中国的红色政权为什么能够存在？》《井冈山的斗争》等光辉著作，指出了适合中国革命实际的革命道路和斗争方式。这些创造性的思想至少包括：工农联盟是中国革命的主要力量和核心；中国必须走农村包围城市的道路；实行武装割据，逐渐从小到大、由弱到强，才能战胜中外反动势力。此外，在新民主主义革命与社会主义革命的关系上，在政权建设、党的建设、社会基本矛盾和主要任务等问题上，中国共产党人都结合中国社会实际和革命实践，给予了科学回答，并极大地推进了中国革命的进程。

第二，"学马列要精要管用"式的创造性发展与运用。

改革开放以来，人们都记住了"黑猫白猫论""过河论"的形象说法，而邓小平在方法论上的理解是，共产党人"学马列要精要管用"，这里的辩证思维艺术极为精到。为了深刻理解这种创造性，可以选择其中最重要、最精彩的几个关键点加以理解和把握。

理解中国社会从20世纪70年代末到八九十年代发生的深刻变革，要从"社会主义初级阶段""改革开放""以经济建设为中心"和"社会主义本质"这几个关键词入手。面对"文化大革命"之后留下的拨乱反正繁重任务，以邓小平同志为主要代表的中国共产党人坚持马克思主义科学指导，在真理标准问题大讨论中澄清认识，通过召开党的十一届三中全会统一全党和全国人民的思想，推动中国社会进一步发展，使中国特色社会主义启航扬帆。当重新确立了"解放思想、实事求是，一切从实际出发"的党的思想路线后，我们面临的国内外形势就明确了：从国际看，总体来讲和平发展已经成为当代世界的主题；从国内看，党要把工作重心调整到社会主义现代化建设上来，而当时我国的国情是社会发展仍处在社会主义初级阶段，现代化建设的任务十分繁重。既然以往关起门来搞建设难以完成现代化任务，唯一的出路就是通过实施对内改革、对外开放来加快现代化建设。从中国社会发展的整体形势看,"以经济建设为中心"是必须长期坚持的。邓小平曾指出,从马克思主义来看,社会主义应该是建立在生产力高度发达基础上的,贫穷不是社会主义;反之,如果中国不能在一定时期内迅速改变贫穷落后的局面,我们的社会主义、我们的国家就有"被开除球籍的危险"。

为了创新认识、统一全党和全国人民思想,邓小平在1992年的南方谈话中创造性地提出了社会主义本质论,即"社会主义的本质,是解放生产力,发展生产力,消灭剥削,消除两极分化,最终达到共同富裕"[①],回应了人们的思想关切和心中疑虑,对马克思主义、科学社会主义作出了创造性理论贡献,并再一次对中国特色社会主义实践发展作出历史性贡献。通过上述过程,我们能深切地体会到,中国共产党始终坚持马克思主义世界观方法论,坚持辩证唯物主义和历史唯物主义,同时始终在破解问题中发展中国化的马克思主义,始终用马克思主义中国化最新成果、创造性成果开拓理论新境界,推动实践新发展,理论与实践的统一已经逐渐融入当代中国社会,全面落实到广大人民群众的幸福生活之中。

第三,以高度的理论自信不断推进马克思主义理论创新。

习近平指出,中国特色社会主义这条道路"不是简单延续我国历史文化的母版,不是简单套用马克思主义经典作家设想的模板,不是其他国家社会主义实践的再版,也不是国外现代化发展的翻版"[②]。这样的社会主义历史上没有,现实中没有参照,我们建设新时代中国特色社会主义的道路自信来自于理论自信,来自于中国化马克思主义的不断创新发展。

---

① 《邓小平文选》(第三卷),人民出版社,1993年,第373页。
② 《习近平谈治国理政》(第三卷),外文出版社,2020年,第76页。

专家观点

历史和实践正面事实表明,马克思主义成功开创了人类历史风起云涌的工人运动和社会主义运动,马克思主义真理成就了俄国十月社会主义革命的新纪元,成就了第一个社会主义国家苏联的诞生,成就了一系列落后国家社会主义革命和建设的成功,成就了中国特色社会主义的巨大成功。历史和实践的反面教训也充分证明,背离马克思主义终将招致失败,东欧剧变就是最惨痛的教训。历史、实践和时间生动诠释了"马克思主义为什么行"。

——王伟光:《马克思主义为什么行》,《中国纪检监察报》,
2019 年 10 月 17 日

从 1992 年开始,中国特色社会主义发展进入了一个新阶段,中国共产党和中国人民对马克思主义的创造性更加自信、更加彰显活力:

一是社会主义市场经济的建立和完善。曾经被认为是资本主义象征的市场经济,在中国大地上产生了社会主义市场经济。特别是党的十八届三中全会以来,我们进一步强调要发挥市场在资源配置中的决定性作用,全面激发社会主体的能动性;社会主义的宏观调控更加凸显为"集中力量办大事",将社会主义的优势发挥出来;人的自由全面发展的价值导向要更加鲜明地体现出来,要更加注重公平、共享,广大人民群众要真正有获得感、幸福感。

二是中国经济社会发展进入新时代,供给侧结构性改革助力中国经济高质量、高水平发展。人的需求是多元化、多层次、多方位、小众化的,中国经济发展再也不能采用环境污染型、资源消耗型的粗放式模式。因此,从科学发展观开始,尤其是党的十八大以来的经济发展,对马克思主义政治经济学作出重大创新,创造性提出了"供给侧结构性改革""新发展理念",中国经济发展的新方位、新时空全面展现。

三是党的十八大以来军事指导理论创新发展,新军事革命背景下中国军队改革成果显著。在习近平和中央军委的统一领导下,从2015年开始的中国军队改革,实现了人民军队历史上的革命性重塑:在指挥领导体制上,形成了军委管总、战区主战、军种主建的格局,建立起军委、战区、部队的作战指挥体系和军委、军种、部队的领导管理体系;在军种发展上,建立起更为健全完备的五大军种;在作战样式上,信息化条件下的联合指挥作战编成模式已经付诸建设和训练实践;在作战装备上,海军的航母、大型驱逐舰,空军的歼-20、轰-20,火箭军的战略导弹,战略支援部队的信息化建

阅读延伸

改革开放以来,中国经济持续高速增长,成功步入中等收入国家行列,已成为名副其实的经济大国。但随着人口红利衰减、"中等收入陷阱"风险累积、国际经济格局深刻调整等一系列内因与外因的作用,经济发展正进入"新常态"。2015年以来,我国经济进入了一个新阶段,主要经济指标之间的联动性出现背离,经济增长持续下行与消费者物价指数(CPI)持续低位运行,居民收入有所增加而企业利润率下降,消费上升而投资下降,等等。对照经典经济学理论,当前我国出现的这种情况既不是传统意义上的滞胀,也非标准形态的通缩。与此同时,宏观调控层面货币政策力度持续加大而效果不彰,投资拉动上急而下徐,旧经济疲态显露而以"互联网+"为依托的新经济生机勃勃,东北经济危机加重而一些原来缺乏优势的西部省区异军突起……可谓是"几家欢乐几家愁"。简言之,中国经济的结构性分化正趋于明显。为适应这种变化,在正视传统的需求管理还有一定优化提升空间的同时,迫切需要改善供给侧环境、优化供给侧机制,通过改革制度供给,大力激发微观经济主体活力,增强我国经济长期稳定发展的新动力。

——国家行政学院经济学教研室编著:《中国供给侧结构性改革》,人民出版社,2016年,第29页

设水平都得到长足发展。全军上下在习近平强军思想指引下，正向着党的十九大提出的"把人民军队全面建成世界一流军队"目标阔步前行。

事实胜于雄辩，历史必将照亮未来。马克思主义从近代中国走来，指引中国人民和中华民族成立了新中国，建成了社会主义，开启了中国特色社会主义新时代，迎来了从站起来、富起来到强起来的历史性飞越，这是发生在有着960多万平方千米国土、14亿多人口大国身上的人间奇迹。

历史和现实告诉我们，马克思主义的命运已经同中国共产党的命运、中国人民的命运、中华民族的命运紧紧连在了一起，其科学性和真理性在中国得到了充分检验，它的人民性和实践性在中国得到了充分贯彻，它的开放性和时代性在中国得到了充分彰显。因此，历史和人民选择马克思主义是完全正确的，中国共产党把马克思主义写在自己的旗帜上是完全正确的，坚持马克思主义基本原理同中国具体实际相结合、同中华优秀传统文化相结合，不断推进马克思主义中国化时代化是完全正确的。中国共产党成立一百多年、新中国成立七十多年、改革开放四十多年来，中国共产党始终把马克思主义作为立党立国之本，但从不把它当作教条、本本，更不怕没有本本，在革命、建设和改革的不同历史时期，无论时代条件如何变化，无论遇到何种艰难险阻，始终在结合中不断实现"创新"和创造性的使用，推动实践的发展。"为中国人民谋幸福，为中华民族谋复兴"是中国共产党人的初心和使命，更是源自于马克思主义科学世界观、历史观的本质诉求。

★ **学习金句** ★

可以告慰马克思的是，马克思主义指引中国成功走上了全面建设社会主义现代化强国的康庄大道，中国共产党人作为马克思主义的忠诚信奉者、坚定实践者，正在为坚持和发展马克思主义而执着努力！

——习近平在纪念马克思诞辰200周年大会上的讲话，2018年5月4日

拓展阅读

1. 习近平：《在纪念马克思诞辰200周年大会上的讲话》，《人民日报》，2018年5月5日。

2. 习近平：《在纪念五四运动100周年大会上的讲话》，《人民日报》，2019年5月1日。

3. 《习近平新时代中国特色社会主义思想学习纲要（2023年版）》，学习出版社、人民出版社，2023年。

4. 顾海良主编：《马克思主义如何改变世界》，中国人民大学出版社，2013年。

理解中国特色社会主义

当代中国的伟大社会变革,不是简单延续我国历史文化的母版,不是简单套用马克思主义经典作家设想的模板,不是其他国家社会主义实践的再版,也不是国外现代化发展的翻版。社会主义并没有定于一尊、一成不变的套路,只有把科学社会主义基本原则同本国具体实际、历史文化传统、时代要求紧密结合起来,在实践中不断探索总结,才能把蓝图变为美好现实。

——习近平在纪念马克思诞辰200周年大会上的讲话,2018年5月4日

　　20世纪80年代末、90年代初的苏东剧变，让世界社会主义发展遭遇重大曲折。然而历史并未"终结"，世界上信仰马克思主义、追求社会主义的人们从未停下奋斗的脚步，科学社会主义在21世纪的中国焕发出新的蓬勃生机，彰显出前所未有的优势和吸引力。那么社会主义在中国"长青"的秘密是什么？中国特色社会主义的强大活力和生命力之源何在呢？

一、人类近代史中的社会主义和科学社会主义

习近平曾指出："历史、现实、未来是相通的。历史是过去的现实，现实是未来的历史。"①具有宽广的大历史观和深厚的历史思维是帮助我们认识一切事物、解决一切问题所必不可少的，对中国特色社会主义的认识、理解和把握也必然如此。中国特色社会主义从思想源头、社会运动和社会制度来讲，是人类自近代以来产生的一种社会主义，准确讲是来自由马克思恩格斯创立的科学社会主义。

知识链接

科学社会主义是科学社会主义理论体系的简称，它有广义和狭义两种含义。狭义的含义专指马克思主义三个组成部分（哲学、政治经济学、科学社会主义）之一的科学社会主义学说。广义的含义，泛指马克思恩格斯创立的一种社会主义理论形态。这里的"科学"二字，是相对于"空想"而言的，正如马克思在1874年所指出的那样："'科学社会主义'也只是为了与空想社会主义相对应时才使用。"这是因为，在科学社会主义诞生之前，空想社会主义已经存在，并且在欧洲社会有较大影响。马克思恩格斯把空想社会主义者称之为"第一批社会主义者""社会主义的创始人"、社会主义的先驱。科学社会主义就是在批判地继承了空想社会主义思想成果的基础上产生的。恩格斯说："德国的理论上的社会主义永远不会忘记，它是站在圣西门、傅立叶和欧文这三个智者肩上的。"

2013年初，习近平在新进中央委员会的委员、候补委员学习贯彻党

① 习近平：《以更大的政治勇气和智慧深化改革 朝着十八大指引的改革开放方向前进》，《中国青年报》，2013年1月2日。

的十八大精神研讨班开班式上的讲话中,将500多年来社会主义思想的产生和发展概括为六个阶段,并分析了社会主义思想发展至今的历史过程。从思想性质上看,500多年来的社会主义思潮、运动的发展,大致可以区分为前300年和后200年:前300年,社会主义思想在近代西方经历的是空想发展的阶段,从1516年莫尔发表《乌托邦》一直到马克思恩格斯科学社会主义的创立;中间经历了以莫尔为代表的16、17世纪早期空想社会主义,以18世纪法国的摩莱利和马布利为代表的空想平均共产主义,以19世纪上半叶法国的圣西门、傅立叶和英国的欧文为代表的空想社会主义这样三个阶段。而以《共产党宣言》的发表为标志,马克思恩格斯创立的科学社会主义开启了人类近代以来社会主义发展的新阶段,引领了人类社会发展的新纪元。那么社会主义500多年的发展史到底昭示了什么,我们应该从中汲取怎样的思想启示和实践方向呢?

一方面,社会主义在近代史的发端上与资本主义是同路人。时至今日,人们在人类近代史的认识上还有一些约定俗成的定论,比如"近代史"就是告别农业文明的工业化的历史,就是资本主义的发展史、资产阶级的历史,尤其是把工业化、现代化等同于资本主义化、资产阶级化。事实上,这种认识是非历史的,更在一定程度上是被特定意识形态观念"歪曲"了的。真实的情况是,在东西方各个国家、民族和各种文明能共同接受的近代史开端和初步发展的特定时期,早期社会主义与资本主义同源、同根,并长期作为开创人类新道路、新历史的同路人。

让我们把时间回溯到14、15世纪,这个时期的中国大致处于元末明初,此时的中国和东方社会发生了两件具有世界性意义的大事件:一是明朝初发生的郑和七次下西洋,时间从1405年一直持续到1433年,这是明永乐年间、宣德年间由郑和担任正使率领船队进行的海上远航活动。二是明朝在中国江南(江浙闽皖等地)一带已经出现的工商业的发展。而同时期的欧洲(西方社会)也发生了一些为后人反复研究的标志性历史事件,比如:13世纪末到14世纪初,出现在意大利佛罗伦萨、热那亚、威尼斯等地的地中海贸易的繁荣;15世纪末期以哥伦布、达伽马和麦哲伦等为代表的航海探险活动,其足迹遍布现在南北美洲、亚洲和非洲等地。这样两个原本偶然发生的事件和因素在欧洲历史地引发了一场翻天覆地的人类近代的革命。从思想上说，与地中海地区商业发展相伴随的是以意大利为核心发生的文艺复兴运动，影响更为广泛的是1517年由马丁·路德引导的宗教改革运动，此后就是发生在英法的启蒙运动，等等；而社会经济的变革就更加剧烈，从工场手工业代替封建行会，进而机器大工业又代替了工场手工业。

马丁·路德（1483—1546），16世纪欧洲宗教改革倡导者，基督教新教路德宗创始人

几乎同时发生在东西方的标志性事件由于后来的欧洲和世界历史而备受瞩目，其重大意义和价值在于它事实上已经为人类经济、社会的重大转型拉开了序幕、指明了方向，正如马克思恩格斯在《共产党宣言》中所指出的："美洲的发现、绕过非洲的航行，给新兴的资产阶级开辟了新天地"，而空前广大的市场与刚刚兴起的商业的发展以及之后的工业的空前高涨，"使正在崩溃的封建社会内部的革命因素迅速发

伏尔泰（1694—1778），18世纪法国资产阶级启蒙运动的旗手，被誉为"思想之王"

展"。①这种巨大的社会转型带来了前所未有的冲击，形成了社会所有人都要共同面对的一种客观事实："它无情地斩断了把人们束缚于天然尊长的形形色色的封建羁绊，它使人和人之间除了赤裸裸的利害关系，除了冷酷无情的'现金交易'，就再也没有任何别的联系了。它把宗教虔诚、骑士热忱、小市民伤感这些情感的神圣发作，淹没在利己主义打算的冰水之中。它把人的尊严变成了交换价值，用一种没有良心的贸易自由代替了无数特许的和自力挣得的自由。"②在上述客观情形中，大

①《马克思恩格斯选集》（第一卷），人民出版社，2012年，第401页。
②《马克思恩格斯选集》（第一卷），人民出版社，2012年，第403页。

致列举了这样四种情况：一是人与自然的天然关系不存在了，取而代之的是人与人之间的社会关系；二是在人的社会关系中最凸显的是以利己主义为核心的经济关系；三是人的存在和价值是无足轻重的，人类正在远离原本属于他的意义和文化世界；四是以自由为核心的人的权利被简化为一种经济本质。

这是人类特别是西方社会进入近代以来共同面对的一种特定社会事实、社会存在（定在），也必将对生活于其中的所有人特别是思想家产生根本的影响，奠定共同的问题域，即人类应该怎么办，人类社会应该如何发展？对于这样的问题，基于不同社会等级、阶级和阶层的人就会体现出明显的差异，总的说来出现了两种社会潮流：一是以维护有产者、财富占有者和社会权力拥有者的利益所产生的资产阶级思想文化体系及其社会运动；二是以维护被压迫（政治上）、被剥削（经济上）和被奴役钳制（思想上）的社会广大底层民众利益所产生的社会主义（共产主义）思想体系和社会运动。这两种潮流之间还有着非常复杂的关系，比如它们都在事关"人类"的问题上表现出惊人的相似性，共同发展着人（性）的学说、人文主义、人道主义和人本主义，人的价值尊严和自然（社会）权利在思想体系中都被置于至高无上地位，这是源于它们都产生于近代以来反对宗教神学的共同运动之中；更为奇特的是，广大群众在资产阶级的各种社会革命中充当着主力军的角色，然而革命后他们的社会地位被更加牢固地束缚在被动的角色上。总之，从源头上看，社会主义思潮及其运动在人类近代社会的发展中，在探索人类未来发展走向的过程中，始终与资产阶级思想家、思想体系和社会运动结伴而行，反映特定人群和思想家对近代社会发展走向的深切关注与思考，也反映了人类曾经的梦想与主张，留下了不可磨灭的思想印记。

另一方面，社会主义始终代表着近代以来人类进步发展的正途。现在世界上只有少数几个社会主义国家，这种情况有时候会被人拿来作为话题。事实上，社会主义并不孤单，它的过去、现在和将来都不是孤单的：从历史上看，从莫尔的《乌托邦》问世到圣西门、傅里叶和欧文的一系列社会主义试验，那么多的有识之士、社会精英和广大群众都在向着社会主义的核心价值理念、向着人类美好的未来不断奋斗。因而时至今日,我们仍然要感佩于邓小平的远见卓识,当苏联解体发生时他掷地有声地说:"不要惊慌失措,不要认为马克思主义就消失了,没用了,失败了。哪有这回事!"[1]他的底气来自于对人类社会发展规律的认识,来自于对20世纪以来世界局势、中国发展实际的准确把握和科学判断。

西方学者弗朗西斯·福山曾经提出"历史终结论",即随着社会主义的失败,人类的历史将终结于资本主义这个"千年王国"。这个论点曾经影响很大,让很多人都对社会主义、科学社会主义和马克思主义产生了疑虑甚至是悲观失望。如果我们回顾人类自14世纪以来的社会主义思想史、发展史和科学社会主义运动史就会发现,社会主义思想产生于社会现实,并始终在思想上、运动上和制度上与资本主义进行着比较和竞争,从矛盾的观点看这也是符合规律的。这也说明社会主义从小到大、从弱到强不断发展壮大,它始终是人类走向进步解放事业的正途,而且这种本质和优势会体现得越来越显著。社会主义的价值理念、科学社会主义运动和中国特色社会主义制度真正代表了沧桑正道,这也是一种源自于对社会主义和科学社会主义思想史、运动史的自信。

二、体现历史大势与人民选择的辩证统一

也许有的人会思考,为什么一个有着5000多年文明历史、创造了灿烂辉煌文化的国家,有着两千多年独特儒家文化治世的中国,在近代以后要选择社会主义?也许还有的人会提出,从世界范围看摆在中国社会和中国人民面前是有很多道路可以选择的,特别是资本主义制度为什么在中国就没能走通呢?理解这样的问题,不仅要清楚地了解、掌握近代以来的中国历史、中国革命史、中国共产党的历史,更重要的是要深入理解和把握社会革命和社会道路选择的基本规律和原则要求,在科学规律的尺度上切实理解这样一个道理:对于近代以来的中国社会

---

①《邓小平文选》(第三卷),人民出版社,1993年,第383页。

和中国人民来讲,社会主义为人类社会发展指出了光明的未来,真正代表了未来的发展趋势、康庄大道。中国人民坚定地选择社会主义,因为历史和现实一再说明,只有社会主义才能救中国,只有社会主义才能真正地发展中国,只有中国特色社会主义才能更好地引领现代中国走向繁荣富强的光明前景,才能走向实现中华民族伟大复兴的中国梦、强国梦、强军梦。

★ 学习金句 ★

中国特色社会主义理论体系是对马克思列宁主义、毛泽东思想的坚持和发展。在当代中国,坚持中国特色社会主义理论体系,就是真正坚持马克思主义。

——习近平在党的十八届一中全会上的讲话,2012 年 11 月 15 日

社会道路的选择是事关国家发展民族兴亡的大事,关乎国家、民族和每个人的前途命运。对此,习近平曾明确指出:"一个国家的发展道路合不合适,只有这个国家的人民才最有发言权","鞋子合不合脚,自己穿了才知道"。[①]这段重要论述寓意深刻、内涵丰富,至少包含了这样两个辩证统一的要求:

第一,尊重社会发展规律是任何国家选择社会发展道路的基本前提。

《三国演义》开篇有这样一句话:"天下大势,分久必合,合久必分。"这代表了中国古人对历史大势的一种认识,是中国古人典型的历史观。这样的历史观既没有完整概括社会历史发展的趋势,分分合合只是历史发展的表面现象,更没有科学把握历史发展的深层规律,王朝兴衰更替的真正原因不是权力的兴亡过手,也不是统治者与被压迫阶级的血腥斗争,隐藏背后更深层的原因,需要在更长的历史时段、更宏阔的视

---

① 习近平:《顺应时代前进潮流 促进世界和平发展——在莫斯科国际关系学院的演讲》,《人民日报》,2013 年 3 月 24 日。

野中才能看清楚。当西方的坚船利炮打破了中国社会的宁静，当侵略者揭开了天朝大国的神秘面纱之后，近代中国人才开始了"睁眼看世界"的历程，才有了孙中山的清醒认识：世界潮流，浩浩荡荡，顺之则昌，逆之则亡。那么人类进入近代之后，究竟哪些可以作为世界发展的大势、社会发展的重大规律让世界各国人民必须敬畏和遵守呢？至少有这样三个方面是能够达成共识的：

一是物质发展原则。人来自于自然界，身上有着先天的自然性，作为第一属性的自然性原则就是生存发展，即在一般情况下都要把生存作为第一要务，把维持生存的基本生活条件作为首要法则。中国古人早就明白"仓廪实而知礼节"的道理。但近代社会的物质发展原则，有着鲜明的时代内涵和特定的实践特征。近代的发端源自从欧洲文艺复兴到启蒙运动以来开启的工业文明，这种文明是在古代农业文明、手工业发展的基础上兴起的，借助于机器、工具极大地提高了人类改造自然的能力（生产力），极大地推动了生产力的发展，社会财富像被人施了法术一样涌流而出，让人难以想象。对此，马克思恩格斯在《共产党宣言》中也指出："资产阶级在它的不到一百年的阶级统治中所创造的生产力，比过去一切世代创造的全部生产力还要多，还要大。"[1]这是马克思恩格斯对资产阶级和资本主义这个特定阶级和时代所给予的极高评价，是对其历史进步性的充分肯定，是对物质原则、生产力原则的正面评价，因为它在进步性上充分反映了一种规律性。同时，从实践特征看，这是从农业文明向工业文明的转型发展，是生产的所有环节逐渐被机

---

① 《马克思恩格斯选集》（第一卷），人民出版社，2012年，第405页。

器、工具所取代的过程，人类几千年来未曾发生的实践方式正在经历着天翻地覆的变化，因为"一切生产工具的迅速改进，由于交通的极其便利，把一切民族甚至最野蛮的民族都卷到文明中来了"①，具象化的表现就是从18世纪正式开始的工业革命，也就是由"蒸汽和机器引起了工业生产的革命"。这种革命不但引起生产力的变革，同时将人们对社会的认识提高到了一个新的水平，即特定生产方式与一定的社会阶段是直接对应的。因而，物质发展原则作为一种重大社会发展规律，被赋予了现代内涵，成为任何国家、民族和社会都必须接受的基本原则，这也是现代化的最初源头和基本内涵之一，尤其是其中的工业文明内涵和工业化的实践方式是近代以来社会发展的显著特征，这是我们必须深刻理解和把握的一点。

二是科技发展原则。人类社会成功跨越农业文明的秘诀是什么，其背后的真正动力是什么呢？翻开最早实现工业化、进入工业文明的西方的历史看，最显著的动力来自科学和技术的伟大革命，这也是当代的一大共识。英国科学家、哲学家弗朗西斯·培根有一句名言：知识就是力量。他所说的知识事实上特指近代以来得到突破性发展的科学和技术，尤其是近代以来突飞猛进发展的经验科学和技术。从最初的近代数学、物理、化学、天文学，再到科技图景在近代西方工业化发展中的全面爆发，科技的发展为工业的发展、经济的发展和社会生产力的发展注入最为强大的动力，掀开了人类认识自然、利用自然和改造自然的新篇章。到马克思恩

---

① 《马克思恩格斯选集》（第一卷），人民出版社，2012年，第404页。

格斯生活的19世纪中后期,科学技术已经从社会的一个领域转变为一种根本的社会发展原则,融入社会发展的方方面面。因而马克思恩格斯及其同时代的科学家和思想家们,都对这种重大的社会现象给予高度的关注,深入地分析这种科技原则的全面社会作用,分析其中带来的人与自然、人与人、人与社会,乃至整个世界关系的深刻影响和变化。更为重要的是,从英国率先完成第一次工业革命至今的两百多年间,每一次工业革命总是与科技革命相伴而生,科技已经从一种社会局部领域上升为一种社会原则——得科技者得天下,这已经成为21世纪各国竞争的共识。科技立国、科技强国,谁能掌握未来科技发展的主动权、制高点,谁就拥有推动未来社会发展核心竞争力。归结到一点,现代社会的基本底色就是科技社会和信息化社会。

三是进步发展原则。在东西方古代社会的发展中,在其各种知识、文化、地域等因素中,都有一种唯心主义循环论历史观。比如在《三国演义》中提出的"天下大势,分久必合、合久必分"的历史观念就是一个典型代表。在西方文化中,各种循环论历史观、文明观更是比比皆是,这种历史观最大的特点就是把历史和社会的发展看作一种循环往复的过程,而人的命运和发展就只能是一种寄希望于神灵的宿命论。这种唯心主义宿命论、历史观的最终破产,正是来自于近代社会的兴起。人类自进入近代以来逐渐确立的观念就是,社会是不断进步发展的,这个过程只可能存在一定波折和高低起伏,却不会存在循环往复的可能。社会的发展是开放的,不断进步的。虽然即使到今天,还有不少思想家对这种进步主义的历史观持怀疑态度,但人类自近代以来的发展图景总体上消除了绝大多数人对进步发展观念的疑虑,进步发展原则作为一种基本社会发展规律在绝大多数社会科学家、思想家的认识中被接受,也为人类社会所普遍接受。俄国著名文学家、哲学家车尔尼雪夫斯基曾经写道:历史的道路不是涅瓦大街上的人行道,它完全是在田野中前进的,有时穿过尘埃,有时穿过泥泞,有时横渡沼泽,有时行经丛林。这说明,人类社会发展的历史证明,无论遇到什么样的曲折,历史都是按照自己的规律向前发展,没有任何力量能够阻挡历史前进的车轮。

这种不可阻遏的历史力量,就是一种进步发展的力量,也是深深扎根在人们心中对进步发展的追求。

总的说来,小到一个人、大到一个民族和国家,作选择的前提是必须要知道选什么,什么应该选、值得选。对社会发展道路的科学选择必须首先认识到社会发展的规律,并尊重规律、按照社会发展规律办事,进而才能慎重地作出选择、抉择;而近代以来中国人民最终选择马克思主义、社会主义,正是走过了这样一个从认识规律、运用规律再到最终选择的历史过程。

第二,人民群众是社会道路选择的最终依据和决定力量。

一直以来,在历史进步特别是社会道路的选择问题上,有一种英雄史观,就是把社会制度的选择和国家政权的建立归结到英雄人物或者极少数人身上。美国前总统尼克松在《领导者》一书中开篇说道:"在伟大领袖们的脚步声中,我们可以听到历史的滚滚雷声",因为"当一位领袖的生涯结束、降下帷幕时观众自己的生活也就起了变化,同时历史的进程也可能会随之发生深刻的变化"。[1]这是一种典型的英雄史观,是那种对历史人物、政治领袖作用的过分夸大导致的一种错误认识;而这种历史观另外的一个特点,就是极力地贬低广大人民群众的作用。必须指出的是,这样的历史观念是逆潮流而动的,是一种违背人类近代以来人和社会发展趋势和规律的。

从近代社会发展进程看,欧洲的文艺复兴反对的是神学历史观,倡导人文主义复兴,人本主义、人道主义和人学自此发端;资产阶级的兴起特别是法国的启蒙运动,更是以倡导天赋人权,强调人和人类共有的"自由、民主、人权";洛克、孟德斯鸠、托克维尔等一大批资产阶级思想家,将这种法权理念转化为一种"三权分立"的制度设计,并最终成为资产阶级夺取政权后的社会制度现实。然而问题就出在资本主义社会发展的现实并未能真正按照这种思想所标榜的样子发展,现实中出现的恰恰是对"人"或"人类"自身的反转、异化。如果用西方马克思主义的法兰克福学派霍克

---

① [美]理查德·尼克松:《领导者》,尤皺等译,世界知识出版社,1983年,第1页。

海默、阿多诺的认识来看，启蒙的辩证法把"启蒙"变成了神话，启蒙在其现实的发展中被资产阶级、资本主义重新变成了漠视、反对绝大多数人的制度和思想。在发现这种从"类意识"出发而实质上反对"类"的情况后，西方人学思想出现新的变化，那就是从施蒂纳的《唯一者及其所有物》开始，一直到叔本华、尼采、克尔凯郭尔等，发展出一种个体本位的新人学；但个人主义（包括各种极端形式）在工业化社会发展的进程中根本解决不了绝大多数人的生存和发展的实际需求，最终只能变成一种价值悬设和心灵（理）的呐喊。正是在这种背景下，奠基于工人阶级、无产阶级和广大人民群众之上、源于社会主义思想脉络中的马克思主义，真正将个体（群

知识链接

　　法兰克福学派是当代西方的一个社会哲学流派，也是"西方马克思主义"的一个流派。严格说来，法兰克福学派并不是一个系统的学术实体，而是围绕着一个研究机构（德国法兰克福大学社会研究所）、一份宣言（1931年霍克海默的就职演说《社会哲学的现状和摆在社会研究所面前的任务》）、一种范式（将哲学与社会科学结合起来、将历史唯物主义与理性批判和形而上学结合起来的"批判理论"）、一份杂志（《社会研究杂志》）及数个思想领军人物如霍克海默、阿多诺等人形成的学派。该学派以批判的社会理论著称，如工具理性批判、意识形态批判、极权主义分析等，其社会政治观点集中反映在霍克海默、阿多诺、马尔库塞、哈贝马斯等人的著作中。该学派的理论来源主要是马克思关于分析批判资本主义的理论，更直接是"西方马克思主义"卢卡奇等人的理论；同时，还受到了黑格尔、康德、弗洛伊德和浪漫主义等众多西方哲学思潮的影响。

　　——[德]罗尔夫·魏格豪斯：《法兰克福学派：历史、理论及政治影响》，孟登迎、赵文、刘凯译，上海人民出版社，2010年，第5、50页

体)的生存发展作为社会发展的核心和本质追求,并最终落实到思想和社会制度的实现中,因此科学社会主义才是维护绝大多数人利益诉求的最好的社会理想和社会制度。

正如马克思恩格斯在《共产党宣言》中明确指出的,包括资产阶级在内的"过去一切阶级在争得统治之后,总是使整个社会服从于它们发财致富的条件,企图以此来巩固它们已经获得的生活地位",也就是说"过去的一切运动都是少数人的,或者为少数人谋利益的运动",而只有"无产阶级的运动是绝大多数人的,为绝大多数人谋利益的独立的运动",这样的运动才是符合近代以来人的解放和社会发展趋势的,所以"资产阶级的灭亡和无产阶级的胜利是同样不可避免的"。[1]因此,作为社会绝大多数人的人民群众是决定社会制度选择、社会发展道路的根本依据,也是起决定性作用的主体力量,这也成为马克思主义根本立场,成为历史唯物主义最核心的理论支点,也成为20世纪以来社会主义革命、建立社会主义制度最显著的特征。

列宁领导十月革命胜利后,中国共产党的早期代表李大钊就曾写过《庶民的胜利》一文,在称赞革命的同时,他敏锐地抓住了俄国革命的显著特点,那就是革命领导阶级、革命主体和革命后的目标都是为了"庶民",那些几千年来只是普通人和社会大众的人,是一直以来难登大雅之堂、难以进入"正史"的"民",这也与中国现代新史学的代表梁启超先生倡导的"助成国民性"发展的理念是一致的。在五四运动、中国共产党成立之后开启的新民主主义革命进程中,在抗日战争的国家民族危亡之刻,是中国共产党倡导建立的统一战线挽救了中国、挽救了中华民族;在决定中国未来命运、社会发展道路的解放战争的关键时刻,是人民群众用"小推车"支持了决定胜负的战役,把人民解放军推过长江、推向了全中国。这就是中国人民用实际行动表达的态度和决心,从根本上决定了中国社会进步发展的走向,这才是只有社会主义才能救中国、只有社会主义才能发展中国的答案,这答案就蕴藏在人民的身上。

①《马克思恩格斯选集》(第一卷),人民出版社,2012年,第411、413页。

经过五四运动洗礼，越来越多中国先进分子集合在马克思主义旗帜下，1921年中国共产党宣告正式成立，中国历史掀开了崭新一页。历史深刻表明，有了马克思主义，有了中国共产党领导，有了中国人民和中华民族的伟大觉醒，中国人民和中华民族追求真理、追求进步的潮流从此就是任何人都阻挡不了的！

——习近平在纪念五四运动100周年大会上的讲话，2019年4月30日

三、凝结中国共产党和中国人民智慧的独特创造

习近平反复强调："一个国家的发展道路合不合适，只有这个国家的人民才最有发言权"，"鞋子合不合脚，自己穿了才知道"。这其中不仅蕴含着对群众史观的尊重、对人民群众伟力的颂扬，更强调了社会实践是检验马克思主义真理的标准；更为重要的一点是，马克思主义、科学社会主义在中国的100多年，绝不仅仅是中国共产党和中国人民继承和坚持的过程，更是一个结合中国特殊国情实际、结合时代实践和人民要求，创造性发展的过程。中国特色社会主义从其历史和现实看，始终是实现马克思主义中国化、实现马克思主义和科学社会主义创造性转化并落地生根的过程，是博采众长、融合创新的过程，是对马克思主义经典、苏联等社会主义国家建设经验、中国传统社会历史经验、其他国家发展经验的借鉴吸收与创新发展，走的是一条独特的创新之路。可以说，中国特色社会主义中的"特色"，就"特"在其创新发展中的"独特"，是走了一条前人从未走过的路：它开辟了一条社会主义国家建设发展的实践之路，开辟了一条东方落后国家建设社会主义的道路，开辟了中国历史上没有任何经验的现代化发展之路，开辟了一条把实现中华民族伟大复兴与携手共建人类命运共同体相结合的新型文明发展之路。从以上方面，我们可以进一步深入

地理解中国特色社会主义的"特"与"优"。

第一,中国特色社会主义开辟了一条建设社会主义的独特实践路径。

习近平曾强调指出,过去,我们照搬过本本,也模仿过别人,有过迷茫,也有过挫折,一次次碰壁、一次次觉醒,一次次实践、一次次突破,最终走出了一条中国特色社会主义成功之路。这就是说,对于如何建设社会主义、建设什么样的社会主义等重大问题,马克思恩格斯没有给我们提供现成的、成熟的框架,苏联和其他社会主义国家的探索和发展之路也被历史证明是无法直接照搬照抄的,甚至我们自身在社会主义建设发展过程中也走过弯路、有过教训;一条成功的社会主义发展道路,必须把马克思主义基本原理、科学社会主义基本原则同中国具体实际和实践结合起来,在理论与实践的重大突破中实现创新,在不断创新创造中总结规律,进一步推进实践发展。

总的说来,中国特色社会主义不断开创科学社会主义的理论和实践发展的新阶段、新境界。马克思主义基本原理、科学社会主义的基本原则始终是我们认识、理解中国特色社会主义的基本出发点和根本前提。从大的方面来看,社会发展规律、群众史观、社会主义在政治经济文化等方面的基本制度原则是我们在建设社会主义过程中必须要遵守的,这是毋庸置疑的。同时,我们更应该按照恩格斯反复教导我们的,要把马克思主义基本原理和科学社会主义基本原则作为科学方法。

一方面,从社会主义、共产主义与社会现实、具体国情实际的关系来看,马克思恩格斯曾明确指出:"共产主义对我们来说不是应当确立的状况,不是现实应当与之相适应的理想。我们所称为共产主义的是那种消灭现存状况的现实的运动。这个运动的条件是由现有的前提产生的。"①这段出自《德意志意识形态》中的经典论述,明确告诉我们,不能用自身的现实与社会主义进行简单的对照,不能让现实去简单地适应、符合"理想",正确的做法是从现有的条件中开拓和完成社会主义革命、建设和发展的任务。实现社会主义是一个具体的、历史的、现实的长期过程。翻开

①《马克思恩格斯选集》(第一卷),人民出版社,2012年,第166页。

以往社会主义国家建设实践的历史,我们曾经走过的一些弯路、经历的挫折和得到的教训,就是犯了削足适履、急于冒进的错误,在方法上违背了实事求是、一切从实际出发的要求。改革开放以来,中国特色社会主义的创造性发展之一,就是把我们的社会主义定位在初级阶段,坚持发展了科学的历史观和唯物论原则,把我们对社会主义的认识提高到了一个全新的境界和阶段。

另一方面,坚持对社会主义经典设计的"守正与创新"的辩证统一。马克思恩格斯主要生活在自由资本主义时代,对资本主义在20世纪的发展尤其是社会主义革命取得胜利后的建设发展有过探索,但这种理论探索是规律与具体经验的统一,更是基本原则与时代实践特点的统一,需要我们科学地把握其中的辩证统一。在发表于19世纪80年代的《哥达纲领批判》中,马克思恩格斯围绕共产主义的发展阶段、社会主义社会的公有制、计划经济、分配制度等核心问题都做过较为全面的阐述,是指导现实社会主义进行建设的重要文献。其中,我们也可以发现一些关于社会主义建设发展的指导性、原则性的论述。比如,在社会主义与资本主义的关系上,马克思指出:"我们这里所说的是这样的共产主义社会,它不是在它自身基础上已经发展了的,恰好相反,是刚刚从资本主义社会中产生出来的,因此它在各方面,在经济、道德和精神方面都还带着它脱胎出来的那个旧社会的痕迹。"[1]也就是说,在社会主义建立乃至发展的很长一段时间,新生的社会制度要在逐步摆脱旧社会痕迹、逐步确立自身特质上进行持续的建设,这甚至是一段漫长的历史发展时期。

按照这种要求,在政权建设上社会主义国家必须采取无产阶级的革命专政;在公有制和经济制度上也不能完全按照共产主义的要求做教条主义的理解,在分配制度上只能采取按劳分配而不是按需分配,在社会主义建设的其他一切方面都应该适应这种"转变时期"的历史性特征和要求等。从20世纪以来社会主义国家的实践经验看,社会主义苏联东欧模式的核心就是较为严格地执行上述要点中某些方面,没能与时俱进地反映

---

①《马克思恩格斯选集》(第三卷),人民出版社,2012年,第363页。

时代的发展、实践的变化和人民需求的实际。

改革开放之初，既毫不动摇地坚持四项基本原则，又在结合实际上大胆创新，比如在巩固和发展公有制经济的同时支持、引导非公有制经济发展，不断完善社会主义基本经济制度和分配制度；提出并建设独特的"社会主义市场经济"，"要使市场在社会主义国家宏观调控下对资源配置起基础性作用"等。可以说，中国特色社会主义在坚持社会主义方面是世界社会主义运动中的旗帜，是社会主义走出20世纪90年代低谷挫折的伟大旗帜，更是面向21世纪创新发展的科学社会主义。对此，我们有一种源自理论和实践的道路自信、制度自信和理论自信。

第二，中国特色社会主义开辟了一条建设现代化国家的独特道路。

理解当代中国特色社会主义，还必须从中国社会历史发展脉络、中国传统文化发展和东方社会等特殊性的视角理解其独特性、创造性，也要从辩证统一的角度把握传统与现代的科学关系。习近平指出，中国特色社会主义制度和国家治理体系具有"深厚的历史底蕴"，它"是以马克思主义为指导、植根中国大地、具有深厚中华文化根基、深得人民拥护的制度和治理体系"。[①]这段重要论述，从传统与现代、中国与社会主义这两个方面为我们提供了理解中国特色社会主义独特性的基本视角。

一方面，中华优秀传统文化为社会主义提供了宝贵的思想文化和实践资源。自马克思主义、社会主义传入中国以来，它就与中国社会、中国人民有了天然的亲和力、融合度，为什么会出现这样的情况呢？这与我国五千多年优秀传统文化中的先天因素有着直接的关系。在中华民族几千年的优秀文化中，我们有"大道之行、天下为公的大同理想"，这代表了中华民族古已有之的对美好社会的向往与价值追求；有"德主刑辅、以德化人的德治主张，民贵君轻、政在养民的民本思想，等贵贱均贫富、损有余补不足的平等观念，法不阿贵、绳不挠曲的正义追求"，这些都与唯物主义历史观、群众史观有着天然的亲缘关系；有"周虽旧邦、

---

① 习近平：《坚持和完善中国特色社会主义制度 推进国家治理体系和治理能力现代化》，《求是》，2020年第1期。

其命维新的改革精神，亲仁善邻、协和万邦的外交之道，以和为贵、好战必亡的和平理念"，这种改革精神、伦理之道、和平理念与马克思主义的特征、社会主义的价值理念在本质上是相契合的。因此，马克思主义传入中国后，这种社会主义的主张很快就受到了人民的欢迎，这不是偶然的，原因在于它是"同我国传承了几千年的优秀历史文化和广大人民日用而不觉的价值观念融通的"①。

另一方面，中国特色社会主义开辟了东方落后国家（社会）迈向现代化的新道路。在中国建设社会主义，必须充分考虑中国国情、东方社会甚至是落后国家的独特性和特殊性，必须走一条实现现代化的新道路。马克思就曾针对19世纪中期的中国社会

黑格尔（1770—1831），德国哲学家，其思想标志着19世纪德国唯心主义哲学运动的顶峰

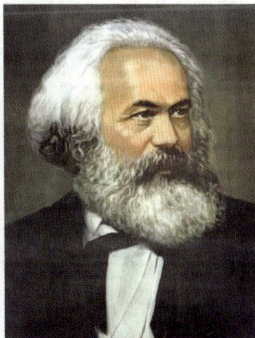

卡尔·马克思（1818—1883），马克思主义的创始人之一，国际共产主义运动的开创者

指出："中国社会主义之于欧洲社会主义，也许就像中国哲学与黑格尔哲学一样"②，这说明经典作家已经充分考虑到中国历史传统、国情实际、革命条件等因素的特殊性，因而在中国、俄国进行社会主义革命、建设发展社会主义，必须有创新的认识和符合实际的道路。在这方面，中国特色社会主义极具独特性和创造性：一是始终坚持以经济建设为中心，把解决落后生产力与先进生产关系、先进社会制度之间的矛盾作为中心任务；二是把推动经济社会全面发展，作为实现社会主义现代化的根本内容，在推动经济发展的同时，不断推动政治、文化、社会、生态文明等各方面的全面发

① 习近平：《坚持和完善中国特色社会主义制度 推进国家治理体系和治理能力现代化》，《求是》，2020年第1期。
②《马克思恩格斯论中国》，人民出版社，2015年，第134页。

展,努力实现人的自由全面发展与社会发展的协调统一;三是把推动社会全面发展与推动社会主义建设新阶段新发展结合起来,党的十九大正式提出"新时代中国特色社会主义",这个"新时代"的一个突出特点就是当代中国社会主要矛盾发生了历史性的转化,必须解决"人民日益增长的美好生活需要和不平衡不充分的发展之间的矛盾"。它标志着中国特色社会主义建设发展进入到一个崭新的阶段,表明我们对科学社会主义的认识和实践发展进入到一个新的历史阶段。

四、面向21世纪的科学社会主义

制度优势是一个国家的最大优势,制度竞争是国家间最根本的竞争。制度稳则国家稳。中国特色社会主义"好",很重要的就是体现在它已经彰显出来的根本制度优势,这种优势源自科学社会主义的本质,更源自中国特色社会主义自身的伟大社会实践,也必将对未来中国的发展提供基本遵循和重要指导。怎样去总结和评判这种社会主义的制度优势、制度优越性呢? 1980年邓小平在《党和国家领导制度的改革》中曾指出:"我们进行社会主义现代化建设,是要在经济上赶上发达的资本主义国家,在政治上创造比资本主义国家的民主更高更切实的民主,并且造就比这些国家更多更优秀的人才","党和国家的各种制度究竟好不好,完善不完善,必须用是否有利于实现这三条来检验"。[1]习近平指出:"看一个制度好不好、优越不优越,要从政治上、大的方面去评判和把握。"[2]因此,从政治方面、大的方面衡量中国特色社会主义制度和国家治理体系,应该注重把握以下四个方面:

一是中国特色社会主义的制度优势,很重要一点就在于"我们党在长期实践探索中,坚持把马克思主义基本原理同中国具体实际相结合,把开拓正确道路、发展科学理论、建设有效制度有机统一起来,用中国化的马

---

①《邓小平文选》(第二卷),人民出版社,1994年,第322、323页。
②《习近平谈治国理政》(第三卷),外文出版社,2020年,第122页。

克思主义、发展着的马克思主义指导国家制度和国家治理体系建设"[1]，使我们能够在不断深化认识的同时及时将实践成果转化为制度建设的成果，进而体现出鲜明的中国特色、民族特色、时代特色。因此，中国特色社会主义的制度优势，是始终坚持党的领导、坚持马克思主义的指导、坚持社会主义根本制度和坚持理论与实践的有机统一。

二是中国特色社会主义的制度优势源自人民性这一本质属性。坚持以人民为中心是马克思主义的基本立场，是马克思主义观察、分析和解决问题的根本立足点和出发点；因而，以无产阶级解放和全人类解放为己任，以人的自由全面发展为美好目标，是科学社会主义的根本目标和价值追求。中国共产党始终代表最广大人民根本利益，中国特色社会主义通过根本制度法律设计确保人民当家作主的地位，体现和反映人民共同意志，这是我国国家制度和治理体系的本质属性，也是它有效运行、充满活力的根本原因。在中国特色社会主义伟大实践中，这一制度体系从维护广大人民群众根本利益出发，努力改善和保障民生，确保改革成果惠及全体人民，有效避免"党派纷争、利益集团偏私、少数'政治精英'操弄"等现象，体现出无可比拟的优越性、先进性。

三是中国特色社会主义的制度优势与自身开放性发展性特征密不可分。中国特色社会主义不是其他什么主义，不是对任何已有的、现成的模式和道路的简单模仿，但社会主义从来都是在继承中坚持、在借鉴中发展的，是对所有文明成果的吸收借鉴和创新，始终保持着自身的开放性。具体来说，我们从来不排斥任何有利于中国发展进步的他国国家治理经验，但是坚持以我为主、为我所用，去其糟粕、取其精华。比如，在社会主义建设时期，我国国家制度和国家治理体系就借鉴吸收了苏联的许多有益经验。改革开放以来，我们不断扩大对外开放，把社会主义制度和市场经济有机结合起来，既充分发挥市场在资源配置中的决定性作用，又更好发挥政府作用，极大解放和发展了社会生产力，极大解放和增强了社会活力。这些都是中国特色社会主义自身保持开放性发展创新的显著例证，更是

---

[1]《习近平谈治国理政》（第三卷），外文出版社，2020年，第122页。

它自身优势的表现和证明,有优势才会更加有自信,有自信才会更加开放包容、兼收并蓄。同时,中国特色社会主义始终将自身看作是一个变化发展的历史过程,看作是一个不断完善发展的实践过程,而这种理论认识和实践态度,本身就是一种优势和自信的鲜明体现。四十多年的改革开放实践已经证明,中国特色社会主义制度和国家治理体系在革除自身弊端的过程中不断走向成熟,特别是党的十八大以来,我们全面深化改革,充分显示出我国国家制度和国家治理体系的强大自我完善能力;着眼未来发展,我们也完全有理由相信,中国特色社会主义制度和国家治理体系必将展现出更为旺盛的生机活力。

四是中国特色社会主义的制度优势源自已经建立起来的丰富的实践自信。习近平指出:"我国国家制度和国家治理体系管不管用、有没有效,实践是最好的试金石。"[①]大规模的社会实践对社会理论的先进性、科学性和社会制度的优越性的检验是独一无二的,是最让人信服的证明。

中国特色社会主义付诸于实践的过程中,从国家视野看创造了两大奇迹:一是经济快速发展奇迹。我国大踏步赶上时代,用几十年时间走完了发达国家几百年走过的工业化进程,跃升为世界第二大经济体,综合国力、科技实力、国防实力、文化影响力、国际影响力显著提升,人民生活显著改善,中华民族以崭新姿态屹立于世界的东方。二是社会长期稳定奇迹。我国长期保持社会和谐稳定、人民安居乐业,成为国际社会公认的最有安全感的国家之一。从社会主义发展史上看,我们树立起科学社会主义实践的新旗帜、新高度,彰显出科学社会主义制度自身的内在优势和实践优越性,甚至对世界各国建设发展也提供了成功的重要经验和范例。可以说,在人类文明发展史上,除了中国特色社会主义制度和国家治理体系外,没有任何一种国家制度和国家治理体系能够在这样短的历史时期内创造出我国取得的经济快速发展、社会长期稳定这样的奇迹。

---

① 习近平:《坚持和完善中国特色社会主义制度　推进国家治理体系和治理能力现代化》,《求是》,2020年第1期。

★ 学习金句 ★

一个国家选择什么样的国家制度和国家治理体系，是由这个国家的历史文化、社会性质、经济发展水平决定的。中国特色社会主义制度和国家治理体系不是从天上掉下来的，而是在中国的社会土壤中生长起来的，是经过革命、建设、改革长期实践形成的，是马克思主义基本原理同中国具体实际相结合的产物，是理论创新、实践创新、制度创新相统一的成果，凝结着党和人民的智慧，具有深刻的历史逻辑、理论逻辑、实践逻辑。

——习近平在党的十九届四中全会上的讲话，2019 年 10 月 28 日

中国特色社会主义在历史上"好"，这是历史发展的必然和中国人民的坚定选择；中国特色社会主义在当代中国"好"，其社会实践的独特创造性和丰硕成果已经无可辩驳地证明了这一点。更重要的是，中国特色社会主义在未来将会更"好"，我们要有这种道路自信、理论自信、制度自信和文化自信，更要有实践上的自信和定力，坚持把中国特色社会主义巩固好、完善好，积极投身到实现第二个百年奋斗目标和中华民族伟大复兴的中国梦的伟大实践中，奋力开创21世纪科学社会主义发展的新境界、新阶段。

拓展阅读

1.《中国共产党第十九次全国代表大会文件汇编》,人民出版社,2017年。

2.中共中央宣传部:《习近平新时代中国特色社会主义思想学习纲要(2023年版)》,学习出版社、人民出版社,2023年。

3.《中共中央关于坚持和完善中国特色社会主义制度 推进国家治理体系和治理能力现代化若干重大问题的决定》,人民出版社,2019年。

4.习近平:《坚持和完善中国特色社会主义制度推进国家治理体系和治理能力现代化》,《求是》,2020年第1期。

5.《开辟当代马克思主义哲学新境界》(习近平新时代中国特色社会主义思想学习丛书),中国社会科学出版社,2019年。

自觉抵制新自由主义的渗透侵蚀

　　我们讲的供给侧结构性改革同西方经济学的供给学派不是一回事，不能把供给侧结构性改革看成是西方供给学派的翻版，更要防止有些人用他们的解释来宣扬"新自由主义"，借机制造负面舆论。

　　——习近平在省部级主要领导干部学习贯彻党的十八届五中全会精神专题研讨班上的讲话，2016年1月18日新自由主义从其产生之日起，就是一种逆历史潮流而动的社会思潮，它的价值指向是资本，根本归宿是剩余价值。新自由主义在当今西方推行"和平演变"中又扮演何种意识形态功能和角色？拨开历史迷雾，新自由主义何以产生？理论本质是什么？分析和把握上述问题，对于理解当今世界中的中国极为重要。

作为西方资产阶级最主要的社会思潮之一，传统自由主义始终发挥着重要的意识形态功能。本质上讲，自由主义是"资本"的意识形态，而不是"人"的意识形态。新自由主义便是"自由主义"这一资本主义意识形态的当代变种之一。资产阶级理论界因其固有的引以为荣的传统，在理论命名上习惯于借尸还魂，导致其迭次翻新的理论在其定义上呈现出典型的命名混乱，在其理论阐述上呈现出典型的逻辑混乱，为我们准确理解这一理论制造了障碍和困难，导致我们对其理解出现偏差。这种偏差不仅造成理论批判上的混乱，更造成了思想认识上的分歧。新自由主义就充分利用了这一理论狡计。

"我们今天讨论的新自由主义……从其诞生之日起，就是一种逆历史潮流而动的思潮，同政治层面的自由主义思潮有着巨大的差别。"①只有深刻认清这一巨大差别，才能准确把握这一思潮的价值指向和根本归宿——新自由主义的价值指向是资本，根本归宿是剩余价值，它是企图将经济理论转嫁为社会思潮进而操纵政治权力、破坏社会安定、攫取巨额利润的经济思潮。这一手段是资本主义国家"和平演变"的主要手段。当前，新自由主义依然有着显著的影响力，在世界各地制造冲突和混乱。因此，我们需要不断地全面深入认识什么是新自由主义，认识它的历史根源、理论本质、消极影响和解决之道。

一、新自由主义的历史根源

古语有云："百足之虫，死而不僵"，更遑论一个西方世界发展数百年的思潮。这一思潮就是自由主义及其变种新自由主义。自由主义在西方学术界和思想界历史久远，这一思潮从产生至今，按照西方和我国学界的主流观点，大致经历了三个阶段：自由主义、新型自由主义和新自由主义。这三个阶段分别对应了自由主义思潮发展的三种理论形态。自由主义对

① 何秉孟：《新自由主义：通向灾难之路——兼论新自由主义与自由主义的渊源和区别》，《马克思主义研究》，2014年第11期。

应"文艺复兴时期的人文主义"①,新型自由主义对应"一种比较成熟的资产阶级政治理论和政治纲领"②,而新自由主义对应"扬弃 New Liberalism(新型自由主义)的国家理论,创造性地复兴古典自由主义关于经济自由的理论"③。新自由主义这一清晰的理论发展脉络表现出,自由主义从产生到发展逐渐远离了它以人为本的初衷,成为彻底的经济至上主义——即资本意识形态。这实质上表明了作为资本主义意识形态的自由主义从启蒙到自觉的复归,只是这一复归是指向资本主义,指向资本,也即最早催生这一自由主义精神的资本主义意识形态,这是自由主义的"原罪"。可以说,新自由主义只是完成了自由主义启蒙的终结。自由主义因资本主义而兴起,借以人为本的外衣而发展,进而逐步实现对人的全面否定,最终实现资本宰制一切的理论使命,并试图通过新自由主义将自己形塑

知识链接

　　自由,源出于拉丁文"Libertas",意指从被束缚中解脱出来。在政治上,自由的内涵有一个发生、发展的过程。资产阶级最初提出的自由,仅指"个性自由""政治自由""贸易自由",目的是为了推翻封建专制统治,建立有利于资本主义生产关系发展的政治制度。在法律上,自由指在社会关系中受到宪法和法律保护或得到认可的可以按照自己的意志进行活动的权利。资产阶级在取得政权以后,将自由作为一切权利的前提在宪法中予以确认并逐步地扩大它的范围。但自由不是无限制的,没有限制就没有自由。1789年法国《人权宣言》第四条规定:"自由就是指有权从事一切无害于他人的行为。因此,各人的自然权利的行使,只以保证社会上其他成员能享有同样权利为限制。此等限制仅得由法律规定之。"

---

　　①② 何秉孟:《新自由主义:通向灾难之路——兼论新自由主义与自由主义的渊源和区别》,《马克思主义研究》,2014年第11期。
　　③ 李强:《自由主义》,东方出版社,2015年,第103页。

成黑格尔理论中的"绝对精神"。

肇始于14世纪的自由主义,至今走过了600多年的历程。国内外学界主流观点认为,自由主义诞生于黑暗的中世纪末期所逐渐兴起的文艺复兴运动。文艺复兴是反映新兴资产阶级要求,并为资产阶级所力推的反封建思潮。众所周知,文艺复兴推崇的是人文主义精神,而人文主义精神的核心是提出"以人为中心"而不是以神为中心,肯定人的价值和尊严;主张人生的目的是追求现实生活中的幸福,倡导个性解放,反对愚昧迷信的神学思想,认为人是现实生活的创造者和主人。很显然,自由主义在诞生之初,其根本立场是肯定人的价值、承认人的欲望、高扬人性,以关注人从封建神权专制中解放出来为核心,强调人的自由的重要价值和意义。历史也已经证明,早期资产阶级自由主义思潮诞生以后,包括随后很长一段历史时期,确实是朝着这个方向发展的,这是毋庸置疑的历史事实。

但是随着新兴资产阶级推翻封建专制,确立自身为统治阶级之后,自由主义思潮便开始面临严峻的考验。首先,曾经是被统治阶级的资产阶级,他们在反对封建主义的时候,只需要考虑自身阶级的利益和福祉,并力图寻求一切被压迫阶级的支持和联合,因此他们需要包括资产阶级在内的一切被压迫者,这就是天赋人权。其次,在处于被统治阶级地位的资产阶级尚未承担统治阶级所需要承担的义务——即除了追求剩余价值,资产阶级并不需要考虑分配其他阶级的利益的时候,资产阶级没有资格也没有权力管理整个社会的利益。而一旦资产阶级成为统治阶级,作为统治阶级公正管理社会利益的属性与资产阶级追求尽可能多的利润和剩余价值的根本目的就产生了尖锐的冲突和对立。资产阶级自私自利的根本属性再也不允许为统治阶级所拥有的自由成为一切人的自由了,更多的利润成为资产阶级统治和管理整个社会的根本目的。这就意味着,提出"天赋人权"、自由主义的资产阶级,在肯定"人"(这个"人"从资本主义中产生以来,过去、现在和将来都只限定为资产阶级)的思潮下发动社会被压迫者反对封建专制取得政权以后,不再承认除资产阶级以外的人为"人",而只承认资产阶级为"人"。因此,在资产阶级成为统治阶级掌握了国家机器之后,自由主义面临的第一个历史性危机是如何处理"不加限定的人"的自由,更加通俗地讲是如何处理"多余的人"的自由。

这时候,自由主义在其理论转轨中的主要议题就体现为以马基雅维利、霍布斯、洛克、卢梭、穆勒等阐述的思想,他们讨论的问题在肯定了"人的自由"这一资产阶级革命意识形态的理论大旗已然树立起来之后,转变为"国家机器",用穆勒的话讲,叫"群己权界"论自由。自由再也不是共同所有的浪漫口号,它变成实实在在的政治活动中心议题——平权、废奴、反对殖民等。这一活动引致的阶级斗争是社会性的,是广泛的,甚至是全球性的,最后是革命性的。为了维持资产阶级自由的正当性,自由不能再被解释为是所有人的自由,是可获致的自由,而是资产阶级的自由。自由话题开始演变为保护神圣的私有财产的自由,它不可侵犯,它成为一种制度——私有制。至此,自由主义完成了第二阶段的使命,它赋予资本主义以血肉——私有财产神圣不可侵犯及其对应的私有制。这是一种不可被暴力侵犯的私有制,因为资本家获得私有财产,凭借的是他们的勤劳、节俭和高尚的品德。这一阶段自由主义将它包装为自由人的私有财产,侵犯封建统治阶级的财产叫革命,但侵犯"自由人"的私有财产是不可饶恕的,并

📖 阅读延伸

所以,宪法经常提到未来的基本法律;这些基本法律应当详细地解释这些附带条件并且调整这些无限制的自由权利的享用,使它们既不致互相抵触,也不致同公共安全相抵触。后来,这些基本法律由秩序之友制定出来了,所有这些自由都得到调整,结果,资产阶级可以不受其他阶级的同等权利的任何妨碍而享受这些自由。至于资产阶级完全禁止"他人"享受这些自由,或是允许"他人"在某些条件(这些条件都是警察的陷阱)下享受这些自由,那么这都是仅仅为了保证"公共安全",也就是为了保证资产阶级的安全,宪法就是这样写的。

——《路易·波拿巴的雾月十八日》,载《马克思恩格斯选集》(第一卷),人民出版社,2012年,第681~682页

将受到上帝的惩罚。而这些讨论内容,构成了新型自由主义的讨论主题。

但是生产资料的私有制和生产的社会化,必然导致资本主义制度规律性的经济危机。在资本主义制度下,随着生产的扩大化,商品越来越多,劳动者的购买力却越来越低,被生产力发展所淘汰的劳动者人数同样越来越多,"社会商品价值=工人工资+剩余价值"的资本主义生产公式并没有改变。因此,随着剩余价值积累的不断高企,商品的过剩越来越严重,"朱门酒肉臭,路有冻死骨"何尝不是资本主义制度下社会的真实写照,恩格斯在《英国状况·十八世纪》中指出:"现代英国工人阶级的贫困和穷苦却具有全国性意义,甚至具有世界历史意义。"[①]经济的对立最终将导致上层建筑发生巨变,从普通生产者转变为无产阶级,只需要一个因素:资产阶级更为残酷的剥削和压迫。所以马克思主义就诞生了,指导这一被压迫的革命阶级推翻反动阶级统治的无产阶级革命理论,登上了历史舞台,"全世界无产者,联合起来"成为时代最强音和革命冲锋号。

面对联合起来的无产阶级和澎湃的无产阶级革命,资本主义随之调整其应对之策:在实践上暴力镇压,在理论上开始走向帝国主义、殖民主义、种族主义,这一系列理论、实践借自由主义之壳,共谋变种为新自由主义。按照美国左翼学者大卫·哈维的观点,新自由主义的基本特征在于:"第一,它是统治精英借以复辟其阶级统治的制度形式;第二,这种复辟是借由剥夺性积累实现的。"[②]哈维的观点总结为一句话,就是资本构序下剥夺性积累统治世界。这一统治模式具有两个主要特征:一是统治主体,它不再表现为作为整体的资产阶级,而是发生了资产阶级的内生淘汰,资产阶级中的精英逐步实现其经济统治帝国下的极权主义嬗变;二是统治方式,资本主义制度已经发展出了成熟的暴力机关部门,执行其剥削统治的职能,这一暴力机关部门包括警察、监狱、法律的形式,更重要的是资产阶级军队。

剥削制度、暴力机关和意识形态的确立,使得资本主义国家拥有足够的力量镇压反抗、支配世界。比如,以新自由主义思潮为马前卒,垄断国际金

---

① 《马克思恩格斯文集》(第一卷),人民出版社,2009年,第93页。
② 孟捷:《新自由主义积累体制的矛盾与2008年经济——金融危机》,《学术月刊》,2012年第9期。

融资本开始席卷全球,诱骗、胁迫主权国家采取新自由主义经济政策、进行新自由主义制度改革,并先后摧毁了阿根廷、印尼、埃及等国家经济命脉,导致社会动乱,国家经济发展停滞。以逐利为根本目的的国际金融资本,凭借资本主义国家的霸权主义和强权政治,撬开了其他国家的大门,对其他国家进行资本掠夺,这一后帝国主义给全世界人民带来了深重的灾难。

知识链接

自由主义,是19世纪初开始出现的一种资产阶级政治思潮。它的代表人物有法国的孔斯坦、英国的边沁和穆勒。自由主义主张个人活动和发展的完全自由,提倡个人权利,实现毫无拘束的企业主的自由竞争,拥护有财产限制的选举权和两院制议会。到了垄断资本主义形成时期,以法国的埃斯曼、德国的埃林涅克为代表的自由主义竭力宣传资产阶级国家和法具有"超阶级"的性质,公开反对马克思主义、破坏国际工人运动,成为帝国主义的反动思想工具。自由主义在无产阶级队伍中表现为,在无产阶级政党和革命团体中取消积极的思想斗争、主张无原则的和平的错误倾向。在具体方面表现为,自由放任、无组织、无纪律、不关心群众、不和危害人民的现象作斗争,反而采取调和和宽容的态度。这种错误倾向来源于小资产阶级的自私自利性,它使革命队伍失掉严密的组织和纪律,政策不能贯彻到底,是机会主义的一种表现。

总之,早期资产阶级自由理念无疑是从肯定人的立场出发,将社会上一切不自由的被压迫阶级联合起来反对封建专制和神权,这是显而易见的历史事实。然而资产阶级取得统治地位以后,自由就再也无法成为现实的自由,因为生产力的发展尚不具备满足实现一切人的自由所需要的物质基础,因而在这一时期作为统治阶级的资产阶级,就剥夺了自由的物质基础,并赋予自由以神圣不可侵犯的财产,再次复兴了"私有制"的神权和专制主义。随着资本积累走向深化,资本主义制度牢固确立,世界范围内的无产阶级革命走向低潮,资本再也不需要担心私有制被侵犯,它开始再次深化剥削,并以新自由主义为马前卒,骗开一座又一座"城门",采用其经济理论的国家除了剩下一地鸡毛外,把本国历史发展的经济底子也赔了进去,并欠下高额外债。从梳理新自由主义发展的历史进程中可以发现,从早期传统自由主义发展到今天的新自由主义,说明这一思潮基本上走完了自身作为资本主义意识形态的整个生命周期。这一判断既是对历史的追溯,也是对现实的批判。新自由主义的崛起和蔓延,表明自由主义有关"自由"的故事再也无法以"人"为主角继续讲下去了,而走向赤裸裸的金钱、利益,也就是资本。新自由主义的诞生昭示着资本主义最后一块遮羞布被彻底掀开,露出的是资本及其代理人赤裸裸的丑恶和贪婪。

二、新自由主义的理论本质

从前述理论溯源中可见,我们所指称的新自由主义,它在事实上是Neoliberalism,在其理论范畴上是完全异质于New Liberalism的,"它的目标是重新从理论上建构自由主义"①。在英语文化背景中,作为形容词的"New"和作为派生词前缀的"Neo-"完全不是一个意思。前者可以理解为旧意新解,而后者则可以理解为移花接木。所以当我们谈论新自由主义的时候,一个必要的清醒认识前提是,这一新自由主义是"变异"的传统自由主义,而不是传统自由主义的当代发展。也就是说,这一"新自由主义"已经实现了理论核心旨趣及其特征的重构——"扬弃New Liberalism(新型自由主义)的国家理论,创造性地复兴古典自由主义关于经济自由的理论"②。因此,新自由主义在其理论本质上"是一种资产阶级经济学理论(它不是或者主要不是政治层面的理论)",是系统化了的"市场原教旨主义"理论体系。这一"新自由主义"的核心就在其"经济"二字,因此这一理论本质是一种经济理论。

---

① [美]丹尼尔·斯特德曼·琼斯:《宇宙的主宰——哈耶克、弗里德曼与新自由主义的诞生》,贾拥民译,华夏出版社,2017年,第41页。

② 李强:《自由主义》,东方出版社,2015年,第103页。

首先,新自由主义是自由主义在理论上从资本家(自由主义语境中特定的"人")向资本的复归。自由主义的发展,从自由主义到新型自由主义,再到我们今天着力批判的新自由主义,它完成了资产阶级意识形态对资本主义意识形态的复归。这其中有两个要点:第一,作为资产阶级意识形态而产生的自由主义,在诞生之初确实是高扬人性,并力图通过解放人来释放资本主义的活力。第二,更为深层的一点,正是马克思所深刻指出的,现代资产阶级社会"现在像一个魔法师一样不能再支配自己用法术呼唤出来的魔鬼了"①。也就是说,资产阶级自以为所支配的意识形态,已经

知识链接

新自由主义,泛指西方经济学中与凯恩斯主义对立,强调自由竞争作用,反对国家干预,主张自由放任政策的各流派。新自由主义作为一个学派,在20世纪30年代初期就形成了。他们承袭了19世纪资产阶级庸俗经济学的经济自由主义传统,肯定资本主义自由市场经济的完善性,认为它能使生产资源得到最有效的配置,给消费者带来最大满足;并认为它是个人自由和社会民主的必要条件。二战以后,由于凯恩斯主义占据统治地位,新自由主义的影响较小。20世纪60年代以后,西方资本主义国家经济困难加剧,新自由主义得到广泛传播,支持者日益增多。根据他们的理论观点、研究方法和政策主张上的各自特点,新自由主义可以划分为几大支派。其中影响最大的,是以美国经济学家弗里德曼为首的现代货币主义。此外还有哈耶克的新自由主义和原联邦德国的新自由主义(弗赖堡学派)。而哈耶克的新自由主义是最彻底的经济自由主义。70年代末期,又出现了两个新的自由主义流派,即理性预期学派和供给学派。

①《马克思恩格斯选集》(第一卷),人民出版社,2012年,第406页。

开始转变为不受其支配的资本的意识形态——资本在确立了自身的增殖秩序之后，开始否定包括资产阶级在内的一切人。概而言之，资本要彻底地奴役人，这就是马克思的伟大预见。不是资本家支配资本，而是资本支配资本家，资本家仅仅是资本的"活的代理人"。

新自由主义正是完成了这一意识形态转轨，资产阶级自以为在利用新自由主义吞噬全世界，却唯独忽视了新自由主义也在反噬其自身——越来越少的资产阶级精英，越来越多的破产资本家。资本家不理解资本为何抛弃了他，资本却有着自己存在的十分确定的逻辑；资本家认为自己经营不善、运气不好，而资本正是要让每一个信奉拜物教的人成为无产者；资产阶级理论家称此为竞争理论，而对资本主义来说则是资本的本性。因此，新自由主义的理论本质就是资本扩张的意识形态，而远非资本家所乐观认为的资产阶级的扩张，尽管新自由主义"其理论派别与理论观点各不相同，但其主要内容都体现着资本主义的价值观念"；虽然"新自由主义的发展始终都与西方政府及财团的支撑密不可分"[1]，但我们必须清楚，消灭资本主义要远比消灭资本家更加艰巨。

★ 学习金句 ★

首先，我要讲清楚，我们讲的供给侧结构性改革，同西方经济学的供给学派不是一回事，不能把供给侧结构性改革看成是西方供给学派的翻版，更要防止有些人用他们的解释来宣扬"新自由主义"，借机制造负面舆论。

——习近平总书记在省部级主要领导干部学习贯彻党的十八届五中全会精神专题研讨班上的讲话，2016 年 1 月 18 日

其次，新自由主义是裹挟着意识形态思潮的经济理论。新自由主义是发挥着重要意识形态作用的经济理论，它"试图淡化其意识形态特性，具有

---

[1] 高和荣：《揭开新自由主义的意识形态面纱》，《政治学研究》，2011 年第 3 期。

很强的迷惑性与欺骗性","具有很强的隐蔽性与欺骗性"。①这就增强了新自由主义在一个社会之中的意识形态黏性,因为它执行的不再仅仅是资产阶级的意志,更执行的是资本的意志,而在社会历史发展的经济形态下,拒斥金钱的难度,远远比拒斥意识形态的难度高很多;当你接受了新自由主义的经济理论和生财之道,就基本难逃新自由主义的意识形态改造。

问题的根源总是如此。新自由主义的根本目的,就是打造一套服务于金融垄断资本利益的政治制度、社会观念,进而通过这一政治制度,继续金融垄断资本的增殖,规训社会的反抗,打造极少数金融垄断资本家的极权主义政治秩序。"新自由主义都是在强调一个重要问题,即政府只是作为规则制定者和裁判员而存在,且只能是最小职能的有限政府。"②政府(抑或称为"国家")是阶级对立不可调和的产物,因此它的根本目的就是执行阶级统治,同时也需要调和阶级对立以避免社会走向自我毁灭。而新自由主义强调要求最小职能的有限政府,一方面是资本主义制度在其

📖 专家观点

新自由主义起初总是以"纯粹经济"的面孔进入到其他国家中去,打着拯救这些国家的经济、帮助这些国家脱贫致富的旗号。其实,自从它踏进这些国家领土的那一刻起就不再是什么纯粹的经济理论,而是成为发达国家推行自身价值观、推行和平演变的有力工具,从而成为把其他国家引向资本主义道路的意识形态理论。正是由于新自由主义打着经济旗号来渗透自身的意识形态,因而使得它具有很强的隐蔽性与欺骗性,并使得这个理论大行其道。

——高和荣:《揭开新自由主义的意识形态面纱》,《政治学研究》,2011年第3期

---

① 高和荣:《揭开新自由主义的意识形态面纱》,《政治学研究》,2011年第3期。
② 陈兴亮:《国外左翼学者对新自由主义的批判》,《马克思主义研究》,2018年第7期。

成熟的暴力机关基础上得到了牢固确立，另一方面是资本主义实现了对绝大多数公民的奴化和规训——他们不再有革命精神，而甘于并自然接受资本主义及其制度作为"历史的终结"。新自由主义试图取消政府，只能表明它有两个目的，一个是促成资本主义社会毁灭于全面爆发的阶级暴力对抗；另一个是逐步全面消灭劳动者，只留下极少数垄断金融资本家或其永生形态，与可操控的机器智能战士和自动化生产流水线。

三、新自由主义在国内外产生的负面影响

新自由主义作为一种充满内在矛盾的思想与政策体系，其矛盾集中表现在理论上类似宗教的市场崇拜与政策上的实用主义和机会主义之间的矛盾，以自由之名导致更多和更大程度的不自由的矛盾，以及去政府管制的同时要求政府危机兜底和垄断保护的矛盾。这三重全面的矛盾在根本上体现了这一主义以资本为核心的理论本质和利益至上的实践特征，注定新自由主义将会对世界和中国的经济、政治、文化、意识形态等社会方方面面产生极端负面的影响。

首先在政治上，新自由主义思潮将导致无止境的冲突。这种冲突既包括因极端不平等造成的国内冲突，又包括资本逐利性破坏现有世界秩序引发的国际冲突。如我们所知，以哈耶克和弗里德曼为代表的新自由主义思潮，其核心理论目的是达成"去政府"的目的。我们知道，政府作为国家在社会层面的实际载体和表现形式，执行国家在理论上的职能：调和不可能解决的阶级矛盾。这一调和势必以"政府"来协调各方利益，被协调的各方则需要在政府的协调下按照约定"进"或者"退"。资本主义产生以来，尤其是马克思主义诞生以后，世界范围内的无产者通过示威、革命斗争等诸多手段，虽然没有推翻资产阶级的统治，但是却利用资产阶级意识形态中有利于无产者的部分争取到了诸多本阶级的利益，如八小时工作制、工人福利等。这一系列成果一方面是无产者斗争的结果，另一方面则是政府调节的效果。虽然政府调节的目的是维持资本主义制度不至于在阶级矛盾尖锐的对立下崩溃，但在客观上确实改善了无产者的生存境

况,这是不可否认的。可见,在阶级对立矛盾尚未以暴力革命形式解决的时候,政府的存在对双方利益的调节就显得至关重要。

新自由主义的核心思想之一"去政府化",无疑就是放纵资本剥削。此外,一旦发生经济危机或者金融危机,新自由主义又站出来驱使政府利用公共资源救市,一边把自己的经济台账算得十分精细和明白,另一边却伪装成争取个人自由的社会思潮招摇撞骗。不识破新自由主义这一内在的理论逻辑,是无法揭露新自由主义为垄断金融资本牟利的真面目的。因此,新自由主义以虚伪的社会公利思潮出场,面具下却贪婪地从事着收割大量资本收益的极端自私勾当,留给社会的是丛生的矛盾和普遍的对立,以及丧失调节社会功能的政府。在国际上,新自由主义的政治影响则表现得更加赤裸裸——霸权主义,强权政治,武装侵略。尤其是以美国为首的若干资本主义国家,轰炸南斯拉夫、颠覆伊拉克政权、武装侵略阿富汗地区、反复挑衅我国南海主权、动用国家力量肉体毁灭伊朗国家高级领导人,等等,一副"世界警察"的丑恶嘴脸,一贯不知廉耻的丑恶行径。

资料链接

《资本主义与自由》,该书阐述的是西方新自由主义的经济观点,是西方极端右倾的与政治密切相关的经济思想流派。他们颂扬自由放任下的资本主义的市场和价格制度,认为它几乎是解决任何经济问题的最好机制;主张国家应该创造条件使市场和价格制度发挥最大的功能。

其次在经济上,新自由主义思潮在根本立场上代表的是垄断金融资本的利益,其直接后果就是金融兴、百业废。何秉孟认为:"新自由主义是国际金融垄断资本全球扩张的理论体系。"[1]美国左翼经济学家大卫·科茨

① 何秉孟:《再论新自由主义的本质》,《当代经济研究》,2015年第2期。

指出："金融在资本主义政治经济中日益增长的作用和影响力可以用来解释新自由主义崛起的原因。"①垄断金融资本就如同蝗虫一般，凡到之处将所在国家健康发展的经济基础洗劫一空，最后只剩下铁锈的车间和动乱的社会。不受约束的垄断金融资本，相较于产业资本，对经济秩序正常发展造成极大的损害。2007年美国次贷危机引发的国际金融危机，标志着新自由主义经济理论，特别是新自由主义思潮和政策主张的全面失败。

自"华盛顿共识"问世以来，新自由主义经济理论、政策主张和思潮的影响和危害开始跨越发展中国家范畴，成为席卷发展中国家、发达国家的灾难根源。"导致这场国际金融危机的一系列原因，诸如放松金融监管、金融创新过度、虚拟经济脱离实体经济等，均与放弃凯恩斯主义、推崇和遵从新自由主义的经济理论、政策主张和思潮影响密切相关，甚至这些政策行为本身就是它的结果。"②新自由主义所代表的垄断金融资本赖以增殖的核心土壤就是金融业，而不受监管和审查的金融工具创新、金融衍生品，以及个人和政府信用透支行为的泛滥，终究会遇到刚兑危机，最终导致"虚拟经济发展链条薄弱环节的断裂及其与实体经济的冲突"，演变为全面的金融危机。这时候，新自由主义便又以政府应尽管理职能为借口，利用已经被它操纵和支配的政治权力，动用公共资源补偿垄断金融资本的损失，从而在世界各地做着稳赚不赔的"金融欺诈"勾当。

危机过后，留给普通民众的是满目疮痍的实体经济和社会生活。新自由主义抛弃了劳动价值论，③必然走向全面否定劳动价值的理论立场，而以金融活动为牟利基本场域，破坏实体经济生产发展；在国际层面，在新自由主义倡导的经济全球化支撑下，资本扩张全球化侵蚀了国家主权和自主权，进一步放纵金融资本的洗劫和剥削，制造出更加严峻的经济不平等。虽然新自由主义某些经济理论在较短时间内发挥过一定积极作

---

① ［美］大卫·科茨：《金融化与新自由主义》，《国外理论动态》，2011年第11期。

② 刘迎秋：《国际金融危机与新自由主义的理论反思》，《经济研究》，2009年第11期。

③ 参见张纯厚：《当代西方的两种新自由主义——政治新自由主义与新保守主义的对立》，《政治学研究》，2010年第3期。

📖 **阅读延伸**

　　阿根廷——新自由主义"改革楷模"：第二次世界大战后，阿根廷在庇隆执政时期，通过独立自主的施政方式，经济建设和社会事业获得较大发展，国内生产总值位列世界第九，社会福利居于拉美国家前列，被称为"准发达国家"。在20世纪席卷拉美的债务危机影响下，阿根廷也未能幸免，不得不实行改革，在卡洛斯·梅内姆执政期间（1989—1999年）实行了过度开放、极端的新自由主义改革。

　　首先，梅内姆政府推崇完全的市场机制，强烈反对国家对经济的干预，背离阿根廷实际情况，采取了"休克疗法"，实行一系列开放政策，其中最引人关注的是实行全面的国有企业私有化政策。在私有化过程中，国有企业和自然资源大批落入外国资本手中。

　　其次，梅内姆政府实行金融自由化政策，通过《紧急经济法》使外国资本享有国民待遇；通过资本交易自由化规定，使海外资本大量流入阿根廷。接着就是外资无孔不入，几乎控制了阿根廷的经济命脉。伴随私有化和金融自由化而来的大量短期资本，具有很强的投机性和不稳定性。当21世纪的钟声敲响，新自由主义改革下的阿根廷却开始经历一场劫难，经济状况日益恶化，外储形势日益严重，最终陷入一场旷日持久的金融危机，并引发经济危机、政治危机和社会危机等连锁反应。这标志着梅内姆新自由主义改革的失败，阿根廷经济遭受重创，社会不仅没能取得预期目标，反而出现大倒退。

　　阿根廷一味把美元作为解决一切经济问题的利器，选择新自由主义作为解决经济发展矛盾的方案，结果却付出了巨大代价，造成国家经济增长停滞甚至严重倒退。2019年10月27日，阿根廷大选结果揭晓，中左翼反对党候选人费尔南德斯击败时任总统马克里，当选为阿根廷新一届总统，反映出新自由主义经济理论及其意识形态在阿根廷的彻底失败。

用,但是最终导致采用新自由主义的国家和地区经济社会走向崩溃,比如阿根廷、智利等。

再次,新自由主义思潮必然在社会文化上导致全面的拜物教。马克思深刻指出,所谓资本主义,就是建立在商品拜物教基础上的资本家所有制。新自由主义在其进入社会文化领域之后,必然宣扬金钱至上、普世价值观及极端个人主义,这一套理论媾和是新自由主义杂糅各种空头支票的典型体现。如我们所知,新自由主义在政治上意图确立资本核心统治地位,在经济上为资本逐利扫清障碍,在文化上同样要为资本流动扫清障碍。在主体层面,极力推崇金钱至上的价值观念,辅以极端个人主义思潮,将自由定义为"不受限"的主体状态,鼓吹财务自由决定一切自由等极端观念,彻底将人的本质异化为经济关系,利用资本在市场经济中畅通无阻的交换功能重置人的本质属性,以交易自由定义人的自由,使一个社会形成金钱万能的文化心理,为驱动人去狂热追求实现无限的资本增殖而培植所需要的文化土壤和社会心理。极端个人主义是新自由主义"普世价值观"的本质属性。看似推崇"平等、自由、民主"的新自由主义思潮,实质上仅仅是开具了一张空头支票。

当今世界基本利益单元依旧是民族国家,这就是为什么特朗普会以"使美国再次伟大"为口号,向中国发起贸易制裁,而非倾美国之物力,结中国之欢心。冀望借新自由主义之剑与剥削全球的垄断金融资本实现世界劳动人民甚至本国劳动人民的"平等、自由、民主",无异于"与虎谋皮",甚至"在新自由主义的普世主义宣传影响下,为自己的国家和民族感到骄傲与自豪,已经成了一件在道德上十分可疑的事情"[1]。可见,新自由主义为了扩张其掠夺领地,高举虚无的"民主、自由、人权"等"普世价值"搅乱主权国家社会稳定,瓦解主权国家社会凝聚力,从而实现新自由主义思潮贩卖兜售其经济理论、达成其逐利目的的真实意图。

---

① 李明坤:《当前西方社会新自由主义意识形态的危机及其启示》,《当代世界与社会主义》,2019年第1期。

📖 **阅读延伸**

> 宪法的每一条本身都包含有自己的对立面,包含有自己的上院和下院:在一般词句中标榜自由,在附带条件中废除自由。所以,当自由这个名字还备受尊重,而只是——当然是通过合法途径——对它的真正实现设下了种种障碍时,不管这种自由在日常现实中的存在怎样被彻底消灭,它在宪法上的存在仍然是完整无损、不可侵犯的。
>
> ——《路易·波拿巴的雾月十八日》,载《马克思恩格斯选集》(第一卷),人民出版社,2012年,第682页

最后,在意识形态维度,新自由主义思潮所赖以生存的主体向度就是极端个人主义,而其客体向度就是以资本为核心。正如新自由主义教父哈耶克所鼓吹的,"自由是指一个人在多大程度上能够自行其是","一个人是否自由,并不取决于选择范围的大小,而是取决于他能够自己根据自己的意愿行事"。[①]众所周知,自由主义思潮及其变种新自由主义思潮之所以能够抓住众多头脑,轻易攫取关注和接纳,无非是它们迎合了人性中最渴望之物——自由。自由,尤其是个人自由,是每个人和每种学说持续追求解答的问题。与思考人类自由之困难相比,大部分人更偏向思考个人自由,并很容易滑入个人主义。

新自由主义充分继承这一理论狡计,以迎合人的主体有限性为突破口,许之以空头支票,实为蛊惑人心、妖言惑众。尽一切能力阻止全世界无产者联合起来,是新自由主义的根本任务。资本构序需要的就是原子化的个人——认同的思想、规训的灵魂、待宰的羔羊、必然被支配的肉身,极端自私的个人构不成对资本及其代理人的威胁。垄断金融资本比一切资本更需要稳定安全可持续的被剥削对象,它绝不可能接受"资方向劳方妥协,以免

---

① [英]冯·哈耶克:《致命的自负》,冯克利等译,中国社会科学出版社,2009年,第153~155页。

遭到革命的威胁"①。正是因为20世纪40年代末出现的"国家社会主义制度选择的威胁已经成为过去","人们原有革命热情的丧失",以及左翼政党的改良主义转变,使得"社会主义革命的威胁在西方已经渐行渐远"。

新自由主义抓住了崛起的关键时机,开始向一切阻碍、约束资本剥削的力量反扑。"新自由主义的胜利使得西方的工人阶级变得越来越四分五裂、混乱无序。对于一些工人来说,诉诸'血统和民族'似乎是现存的唯一可行的集体主义形式,特别是在资本主义制度替代方案似乎已于1989年至1991年全部破产的情况下。"②被异己的对立物——资本在力量上压倒性打败,以及新自由主义在意识形态领域奴化的无意识群体,彻底丧失了百年共产主义运动所取得的"调控的资本主义的社会积累结构"成果,因为"劳动者自己根本无力阻止向新自由主义的转变"③,他们已经无力阻挡垄断金融资本向一切领域的扩张了。任何一个被新自由主义思潮左右的国家,其社会发展最终是难以挽回的崩溃和停滞。

四、正确应对新自由主义若干要点

理解新自由主义,认识新自由主义的理论本质,进而全面地批判新自由主义的负面消极作用,避免被其引入歧途给社会主义建设事业造成危害,是我们研究这一具有巨大影响力的思潮的根本目的。通过以上分析和讨论,我们发现想要规避新自由主义的泥潭误区和消极作用,需要掌握以下若干常识性区分和知识基础。正如穆勒在其中所指出的"自由"的一般性原则:群己权界。同样,自由主义、新自由主义和自由的渊源及界限、内涵及外延,对于我们追求真正的"自由",摒弃新自由主义虚无的"普世价值观"及其他错误主张,有着极端重要的价值和意义。主要有以下四点需要特别注意:

---

① [美]大卫·科茨:《金融化与新自由主义》,《国外理论动态》,2011年第11期。
② [英]尼尔·戴维森、理查德·萨鲁:《新自由主义与极右翼联姻:一个充满矛盾的组合》,《国外理论动态》,2018年第1期。
③ [美]大卫·科茨:《金融化与新自由主义》,《国外理论动态》,2011年第11期。

第一，经济自由是否等同于自由。

以财务自由为核心的经济自由是否就等于自由，这是在当下社会历史发展阶段中令人无法抗拒的一个答案，很多人会选择答"是"。造成这一结果的原因很简单，同时也很复杂，这一症结就在于如何理解"自由"。马克思主义认为，人的本质是社会关系的总和，那么人的自由也就应该是人在本质上实现的自由，即社会关系的自由。理论上的社会关系自由，罗列若干当下现实生活中的事例，如婚姻自由——追求一个人的自由、拒绝一个人的自由、情投意合结合的自由，如饮食自由——可以选择并享用一切合乎理性的食物，如居住自由——处处皆可为家等。那么财务自由可以做到吗？不可否认，财务自由可以做到马克思主义自由观中社会关系自由中的很多自由，这并不否定马克思主义自由观，因为马克思主义自由观的实现基础本来就是建立在这一自由极大丰富的基础之上。但是财务自由并不能实现马克思主义的自由，因为它无法实现在他人主观拒绝情况下，财务自由主体所需要的自由，比如一个不愿意为你烹饪的厨师，你无法获得他烹饪的食物，这就是财务自由的局限性所在——社会关系的不自由。因此马克思主义强调，人的自由一定是社会关系的自由，这一本质上的自由将会实现人人皆为人人自由的条件，即这一"自由人的联合体"的新型社会。在这一社会中，一切人必然是自由的，自己享有自由，也愿意实现他人的自由，更是彼此自由的前提和条件。

知识链接

在社会主义制度下，人民成了主人，才真正享有自由的权利。这在我国宪法中有明确规定。自由在任何时候都不是绝对的、孤立的。对每个公民而言，自由的实现有特定前提条件和内在要求。我国宪法规定："中华人民共和国公民在行使自由和权利的时候，不得损害国家的、社会的、集体的利益和其他公民的合法的自由和权利。"这说明，自由与纪律、权利与义务是一致而不可分割的。自由的实现水平决定于主体与客体、个体与集体自觉的和谐程度。

第二,经济自由是否等同于政治自由。

历史唯物主义认为,在尚未进入共产主义社会的过渡阶段,经济基础决定着上层建筑。因此,经济自由与政治自由依然存在着本质的区别。首先,经济自由的核心在于物质生产资料,在当代社会表征为可支配收入;而政治自由的核心在于社会关系,在当代社会表征为对社会关系支配的程度。其次,经济范畴的自由不等同于政治范畴的自由,经济范畴的自由对政治范畴的自由有决定性影响,但并不必然产生政治自由。比如,二战期间德国纳粹政党主政时期,在德国推行种族主义和反犹主义,大部分经济上相当自由的犹太人被迫害流亡。最后,经济自由支配着政治自由,政治自由对经济自由具有反作用。这是新自由主义得以操纵政治、通过政治行为推销自身的根源所在。经济基础决定上层建筑,是历史唯物主义的基本观点。因此,本质上作为经济理论的新自由主义思潮,因其依附的垄断金融资本力量,通过金融化支配实体经济,进而支配国家政权,利用政治工具进一步推广新自由主义的经济理论、政策主张、文化倾向、意识形态。而一

📖 阅读延伸

　　劳动力的买和卖是在流通领域或商品交换领域的界限以内进行的,这个领域确实是天赋人权的真正伊甸园。那里占统治地位的只是自由、平等、所有权和边沁。自由!因为商品例如劳动力的买者和卖者,只取决于自己的自由意志。他们是作为自由的、在法律上平等的人缔结契约的。契约是他们的意志借以得到共同的法律表现的最后结果……一离开这个简单流通领域或商品交换领域……就会看到,我们的剧中人的面貌已经起了某些变化。原来的货币占有者作为资本家,昂首前行;劳动力占有者作为他的工人,尾随于后。一个笑容满面,雄心勃勃;一个战战兢兢,畏缩不前,像在市场上出卖了自己的皮一样,只有一个前途——让人家来鞣。

　　——《〈资本论〉第一卷(节选)》,载《马克思恩格斯选集》(第二卷),人民出版社,2012年,第168页

且形塑了一个认可甚至欢迎接受新自由主义经济理论及其意识形态的地区或国家,则又为新自由主义达成其追逐高额利润的目的扫清了种种障碍。垄断金融资本依此伎俩屡试不爽,虽然制造了一系列主权国家和地区的灾难,甚至严重违背人道主义基本准则,但垄断金融资本依旧能够强行通过其所支配的政治力量操控社会和媒体,以延续其罪恶的生命。

第三,自由主义的自由还是马克思主义的自由。

自由是一个历史概念——它随着历史的发展而发展。原始社会对自由的理解和认识,不同于奴隶社会对自由的理解和认识,同样,封建专制社会下的自由,也绝非资本主义制度社会下的自由。因此,作为资本主义意识形态的自由主义及其变种新自由主义所建构的自由理论,就是真正的自由吗? 以资本主义自由为自由,这是马克思主义者坚决否认的一种主张。因为资本主义及其制度并不是"历史的终结"。在资本主义前方,一个更高级的社会形态——共产主义社会并不是空中楼阁。因此,资本主义社会的自由绝非共产主义社会的自由。马克思主义认可资本主义社会对实现人类自由所作出的历史性贡献,但深刻指出这一贡献是"历史贡献"——它会被写进教科书,其中归属于自由本身的真理和认识构成共产主义社会自由的必要成分,但它绝对不是未来共产主义社会的自由。正如我们所批判和分析的,自由主义发展到新自由主义,表明资本主义自由理论走到了生命的尽头,它已然无法解决人类如何实现自由的根本问题,而将自由问题讨论转向市场原教旨主义——这一场景似曾相识,西方近代哲学的认识论转向,恰恰也是建立在本体论讨论的死结之上。

西方哲学社会科学将问题悬搁的传统并没有丢失,他们在无法解决问题的时候历史性地重复着历史行为。马克思鲜明指出:"哲学家们只是用不同的方式解释世界,问题在于改变世界。"[1]问题的答案总是如此。一方面,马克思主义深刻揭示了自由在其本质上是人的自由,在社会层面表征为社会关系的自由,在社会形态层面表征为共产主义社会,在组织形态层面表征为自由人的联合体;另一方面,马克思主义深刻指出,不断解放和发展生产

---

① 《马克思恩格斯选集》(第一卷),人民出版社,2012年,第136页。

力是实现自由的理论路径,暴力推翻资产阶级政权,实现无产阶级专政从而向共产主义过渡是实现自由的实践路径,实现无产阶级的解放进而解放全人类,是作为统治阶级的无产阶级的历史使命。根除新自由主义流毒,只能通过暴力革命推翻资本主义旧世界秩序。问题的出路总是如此。

📖 **阅读延伸** ·····················

> 代替那存在着阶级和阶级对立的资产阶级旧社会的,将是这样一个联合体,在那里,每个人的自由发展是一切人的自由发展的条件。
> ——《共产党宣言》,载《马克思恩格斯选集》(第一卷),人民出版社,2012年,第422页

第四,破除新自由主义迷信和误导,需要坚持不懈学习马克思主义这一科学真理。

面对新自由主义汹涌的攻势,我们真的缺乏刺破谎言的理论武器吗?答案是并不缺乏,作为指导思想的马克思主义理论,足以驳斥新自由主义编造的一切谎言。问题不在于马克思主义,而在于我们如何理解运用马克思主义从而批判一切谬误。马克思恩格斯及其追随者,在发展完善马克思主义理论体系及其实践中付出了一生,学习好马克思主义,是共产主义信仰者的必修课。我们如何学习掌握马克思主义才能识破新自由主义假象并自觉抵制新自由主义呢? 主要有三个方面:体系化、精确化和辩证法。

所谓体系化,是深刻认识马克思主义理论不是作为片面的说理而存在,她阐述的是一整套理论,这一整套理论宏观建构为共产主义社会,中观建构为无产阶级专政的社会主义国家,微观布局则以剩余价值理论和历史唯物主义为纲领,以哲学、政治经济学和科学社会主义为支柱的社会历史发展整体逻辑。用列宁的话说,马克思主义是"一块整钢",只有成为"整钢"才能磨砺锐利锋芒。

所谓精确化,是必须准确把握马克思主义的概念、理论和逻辑,不能含混不清、张冠李戴。马克思主义理论体系的每一个概念都有其严格的界定和理论定位,绝不可以东拼西凑望文生义,给资产阶级理论家以可乘

之机、可污蔑之由。

所谓辩证法，主要是掌握马克思主义的矛盾学说等核心要义，在唯物主义立场上，正确运用辩证否定的思维方法分析问题、认识问题、解决问题，而决不能孤立、静止、片面地看问题。只有我们以科学的态度对待科学的理论，才能获得科学的认识，掌握真理的力量，做历史的同路人而非自我的弃置者，为实现共产主义远大理想不懈奋斗。

★ 学习金句 ★

马克思主义尽管诞生在一个半多世纪之前，但历史和现实都证明它是科学的理论，迄今依然有着强大生命力。马克思主义深刻揭示了自然界、人类社会、人类思维发展的普遍规律，为人类社会发展进步指明了方向；马克思主义坚持实现人民解放、维护人民利益的立场，以实现人的自由而全面的发展和全人类解放为己任，反映了人类对理想社会的美好憧憬；马克思主义揭示了事物的本质、内在联系及发展规律，是"伟大的认识工具"，是人们观察世界、分析问题的有力思想武器；马克思主义具有鲜明的实践品格，不仅致力于科学"解释世界"，而且致力于积极"改变世界"。在人类思想史上，还没有一种理论像马克思主义那样对人类文明进步产生了如此广泛而巨大的影响。

——习近平在哲学社会科学工作座谈会上的讲话，2016年5月17日

拓展阅读

1.《习近平谈治国理政》（第二卷），外文出版社，2017年。

2.《习近平新时代中国特色社会主义思想学习纲要（2023年版）》，学习出版社、人民出版社，2023年。

3.本书编写组：《新自由主义辨析》，学习出版社，2017年。

高度警惕"普世价值"的
暗藏玄机

　　世界是多向度发展的,世界历史更不是单线式前进的。中国不能全盘照搬别国的政治制度和发展模式,否则的话不仅会水土不服,而且会带来灾难性后果。2000多年前中国人就认识到了这个道理:"橘生淮南则为橘,生于淮北则为枳,叶徒相似,其实味不同。所以然者何?水土异也。"

　　——习近平在布鲁日欧洲学院的演讲,2014年4月1日

疑问与理解五

　　二战后，美国的超级大国地位使其堂而皇之充当起"世界警察"，尤其冷战结束后，他们高举"普世价值"旗帜，到处颐指气使，俨然一副人类"教师爷"的姿态。然而真的存在超历史、超阶级的"普世价值"吗？所谓的自由、民主、人权真如他们鼓吹得那般美好吗？只要认真观察当今世界，就知道该是戳穿这身"皇帝的新装"的时候了。

法国马克思主义哲学家阿尔都塞有一句名言："人是一个意识形态的动物。"谁也无法否认，在具体的认识过程中，存在于人心中的各种各样的思想观念会对人的认识产生重要的影响和制约作用，正因为如此，才会有"一千个读者，就有一千个哈姆雷特"的说法。因此，要想准确认识事物的本质和规律，必须先行去蔽。理解中国亦是如此。要想准确地认识真实的中国，首先就要自觉地去除西方强加于我们的种种错误思想观念。回顾中国40多年改革开放历程，在对我国造成严重冲击的主要错误社会思潮中，"普世价值"无疑是排在最前列的，而且因其场域的广泛性、语境的复杂性、内涵的迷惑性，尤其是外观的光鲜性，俘获了相当的"粉丝""崇拜者"，甚至是"信徒"，对我国意识形态阵地造成较大冲击，严重影响国人对中国共产党的领导、中国特色社会主义道路、中国特色社会主义制度及马克思主义在意识形态领域的根本指导地位的科学认知。因此，细致梳理"普世价值"这一错误社会思潮的历史流变，全面准确把握其在全球场域中的语境形态，深入分析它的思想实质，是加强我国思想文化领域意识形态建设的重大任务，更是我们以中国式现代化全面推进中华民族伟大复兴的必然要求。

一、"普世价值"的溯源、语境和实质

"普世价值"，从中文语义来看，其中的"普"就是普遍的意思，根据《说文解字》中"日无色也""从日从并"的注解，即白天日光灰淡，不显光影色彩。换句话说，如果太阳没有光，则远近都一样。而"世"是一个表达时间尺度的词，这就有了《说文解字》中"三十年为一世"的基本含义。由于受到中国佛教的影响，"普世"一词的含义一般被看作世间、人间之意。与中国文化语境中"普世"含义相对应的英文词是ecumenical，这个词来自拉丁语，在罗马帝国时期指的是"文明世界"，与"野蛮世界"相对。而到了罗马帝国的康斯坦丁大帝时期，这位皇帝将基督教宣布为国教，使得"普世"的含义基督教化，就是说，只有基督教及其神是普世的，其他"异教"都只是民族性或地方性的。至此，我们看到，"普世"一词从文明世界（与野蛮

世界相对)的最初文化学意义,转化为特定的宗教内涵。近代以来,欧洲文艺复兴特别是启蒙运动在反对宗教神学的过程中,借助科学理性赋予了"普世"新的含义,即"自然规律"和人的普遍性,这是对世俗社会的普遍有效性和价值的重建和认定,从而完成"普世"一词从中世纪宗教形态到近代世俗形态的转换。归纳起来看,"普世"一词的含义大致包括三个层面:一是与野蛮世界相对的"文明世界",二是与异教世界、世俗世界相对的基督教世界,三是与特殊相对的人的普遍性和社会自然的普遍性甚至是必然性。

关于"普世价值"在近代以来发展的脉络图景,需要说明的是,"普世价值"思潮的近代发展是我们在学术思想层面和社会政治层面关注的现实开端和逻辑起点。

从欧洲或西方世界来看,欧洲文艺复兴运动以反对"神性"为起点,人的价值和尊严得以彰显,凸显了"人性"的普遍性和永恒性。在启蒙运动中,从天赋人权,到高举理性、科学、人性、民主和自由的大旗,赋予这种"普世"以充实的内涵。尤其是德国哲学家康德,他提出"启蒙运动就是人类脱离自己所加之于自己的不成熟状态"①,全面充分地预示了资产阶级以上述"普世"观念来建构西方文明和完成对全世界的"启蒙",从而实现了对所有民族性、地域性文明及其价值的超越和宰制。这一思想观念和意识形态体系建构的完成,对应的是资产阶级高歌猛进地逐步建立起具有普遍价值的民族国家政权,同时开始对世界上其他国家进行侵略、殖民和构建(资本主义)世界体系,这一历史进程到20世纪初期基本完成。从"普世价值"推进的历史过程来看,20世纪发生的两次世界大战以及二战后出现的"冷战"格局,事实上阻断了西方世界"普世化"的进程,这一状况直到20世纪90年代苏联解体、东欧剧变才发生新的变化。"冷战"结束后,西方国家利用自身优势,向全世界推销自己的"普世价值",妄图用新自由主义宣扬的"自由经济、民主模式"等内容把全世界"普世化"。在这样的背景下,有了弗朗西斯·福山的

① [德]康德:《历史理性批判文集》,何兆武译,商务印书馆,1990年,第22页。

"历史终结论"，妄图以西方尤其是美国模式来"终结"历史；有了塞缪尔·亨廷顿的"文明冲突论"，以"不同文化冲突"来凸显西方文明的独特性和优越性等。

从中国社会来看，新中国成立以后，尤其是改革开放以来，"普世价值"的横空出世肇始于20世纪90年代"全球伦理"问题的讨论，经历了两个发展阶段：一是在福山提出"历史终结论"、亨廷顿大谈"文明冲突论"的同时，德国神学家孔汉思倡导以"全球伦理"为代表的约定论，强调的是与"普世"相对的"约定性""相对性"和"最低限度"价值。值得一提的是，1997年联合国教科文组织制订了"普遍伦理计划"，并于1998年6月在北京召开了"从中国传统伦理看普遍伦理"的亚洲地区专家会议，与会学者讨论的"普遍伦理""普遍价值"等问题引发了国内较长一段时间的学术争论。二是2008年汶川地震之后，国内某报刊在其编辑部署名文章中提出，"中国政府以切实的行动，向自己的人民，向全世界兑现自己对于普世价值的承诺"，此文一出，引发了国内学术界、理论界和社会层面关于"普世价值"的大讨论。

★ 学习金句 ★

国内外各种敌对势力，总是企图让我们党改旗易帜、改名换姓，其要害就是企图让我们丢掉对马克思主义的信仰，丢掉对社会主义、共产主义的信念。而我们有些人甚至党内有的同志却没有看清这里面暗藏的玄机，认为西方"普世价值"经过了几百年，为什么不能认同？西方一些政治话语为什么不能借用？接受了我们也不会有什么大的损失，为什么非要拧着来？有的人奉西方理论、西方话语为金科玉律，不知不觉成了西方资本主义意识形态的吹鼓手。

——习近平在全国党校工作会议上的讲话，2015年12月11日

经过20多年的学术探讨，人们对"普世价值"思潮在学理层面有了更

加清晰和明确的认识：人类社会的伦理行为和价值观念所具有的"普世性"只能以"普遍性"的形式和形态存在，无论是理论还是现实层面都不可能是"绝对的""单一的"和"无条件的"。马克思曾指出："人们按照自己的物质生产率建立相应的社会关系，正是这些人又按照自己的社会关系创造了相应的原理、观念和范畴。……这些观念、范畴也同它们所表现的关系一样，不是永恒的。它们是历史的、暂时的产物。"①这就是说，"价值""价值观"和"价值体系"是相对于具体现实的人、人群、民族、地域和国家的，而主体的实践只能在具体的时代和社会语境中建构性地理解、运用，并不断发展自身的"价值观""价值体系"。因此，"普世价值"这一错误社会思潮宣扬的"绝对的""唯一的"价值观是没有任何科学学理基础的。

最重要的是，"普世价值"本质上是资产阶级实行思想控制和价值观（体系）渗透的方式，是西方向全球推行意识形态战略的重要方式。马克思恩格斯在《德意志意识形态》中深刻地揭露了资产阶级对全社会进行思想统治的"现实本质"，他们指出："占统治地位的将是越来越抽象的思想，即越来越具有普遍性形式的思想。"②这就是说，作为社会组成部分的资产阶级冒用"社会各阶级"的名义来统治社会和国家，还企图用"普遍性思想"来充当"全人类的代表"。因此，"普世价值"的政治本质在中国就是妄图否定中国共产党的领导，妄图否定中国特色社会主义道路和我们的社会主义制度，妄图消解和否定我们的社会主义核心价值观和社会主义核心价值体系。从当今世界的实际情况来看，西方将自己的经济自由、民主模式、制度理念和文化方式以"全人类"的名义进行推销和渗透。因此，对于"普世价值"这一错误社会思潮对全世界的影响，对于西方借助"普世价值"推行其霸权的现实表演，必须有更加清醒的思想认识和理论认知。由此，我们将从民主、人权、市场自由和国际法律四个方面进一步分析"普世价值"的现实危害和理论本质，从理论和实践结合的角度提升我们对这一错误社会思潮的辨析能力。

---

①《马克思恩格斯文集》（第一卷），人民出版社，2009年，第603页。
②《马克思恩格斯文集》（第一卷），人民出版社，2009年，第552页。

二、西方民主制度的虚伪本质

二战之后，美国的超级大国地位让"美国优越论"与"美国例外论"结合在一起，美国政客们堂而皇之做起"世界领袖""世界警察"。尤其是冷战结束后，美国的"发达"被视为"优越"，美国及其盟友对他国的"横加干涉"被当成"正义联盟"，美国的意识形态在精巧包装之下也被理解为"普世价值"。他们高举"普世价值"旗帜，到处颐指气使，俨然一副人类"教师爷"的姿态。然而只要认真观察今天被美国及其盟友搞乱的世界，仔细思考美国及其盟友的做派，就知道该是戳穿这身"皇帝的新装"的时候了。

美国自诩建立了世界上最完美的民主制度，但其民主制度并不像西方所谓"思想家""政治家"鼓吹得那样完美，无论在国内还是国际上，无论在体制上还是实践中，美国民主都存在着非民主、假民主和反民主的严重问题。

美国对其制度的异己力量是从来不讲民主的。从1938年开始，美国就在国会众议院设立了临时性的反共机构——"非美活动调查委员会"，1945年该委员会成为常设机构，名义上调查法西斯主义、共产主义和其他组织"违反美国利益"的"非美活动"，实际上迫害的主要是共产党人、进步工会等团体及其他进步人士。1947年3月21日，美国总统杜鲁门发布第9835号命令，颁布"忠诚调查令"，并设立联邦忠诚调查委员会。仅在杜鲁门的任期内，先后有250万公务员、300万武装部队成员、300万国防订货商雇员、1300多万普通美国公民受到这些委员会是否有"共产主义倾向"的"忠诚审查"，3800多名政府雇员被非法解雇，160个社会团体被定为"颠覆组织"，美国共产党最高领导机构12名成员统统被逮捕，300多名文艺界人士受到株连。20世纪60年代，该委员会以调查共产党在越南战争中的影响为名迫害反战人士。1953年，麦卡锡还对美国驻外使馆藏书进行清查，75位作家的著作被列为禁书，近200万册书籍被清理。这一臭名昭著的委员会在1975年被撤销之前的近40年时间里，数以百万计的共产党人和进步人士被罚款、解雇和判刑，在宪政民主体制下制造了"美国的法西斯主义"和美国历史上的"怀疑的时代"。

资料链接

忠诚调查令

美国在二战后"反共"的旗帜下,杜鲁门总统于1947年3月21日签署了调查公务员忠诚的第9835号行政命令即"忠诚调查令"。规定:凡参加或同情所谓"颠覆组织"的都作为不忠诚的主要根据。根据这项法令,联邦调查局和文官委员会对所有的250万机关职员、学校教员和研究人员等进行"忠诚调查",凡不忠诚,立即强迫辞职,所有雇员必须宣誓"效忠政府"。这种政治审查后来扩展到军队、社会各界及私人企业,政治恐怖弥漫全国。

美国政府还把对共产主义的仇恨扩展到全世界。1946年,盟国刚刚战胜法西斯,英国首相就发表"铁幕演说",美英发誓"要把新生共产主义婴儿掐死在摇篮里",并挑起了数十年的冷战。1965年,在美国中央情报局的幕后支持下,印尼军方对印尼共产党及其同情者展开大规模屠杀,近100万人惨遭杀害。

美国的总统由公民投票选举,看起来是民主的,实际上存在严重的虚假性。从候选人提名开始,其民主就是有限的。正如美国印第安纳大学—普渡大学韦恩堡分校社会学系主任彼得·艾迪克勒所说,美国的总统选举"与垄断市场没有多大区别","最终谁能成为两党的候选人,谁成为两党的旗手,主要是由经济精英决定的,他们花费数百万美元来赞助,直接或间接地支持那些有相同利益的候选人"。[①]选举计票法也存在着一定意义和程度上的反民主性。美国总统选举不是采取全国性的一人一票、得票多者胜出的办法,而是总统候选人竞争各州的选举人票。每个州的选举人票数与该州的国会议员数相等。美国50个州每个州均有2名参议员,参议院共100个席位,众议员数与人口多少相关,原则上每50万人1

①〔美〕彼得·艾迪克勒:《两次访华后的反思》,王晓、刘晓涛译,《新华文摘》,2016年第14期。

名,不足50万人的有1名,众议院共435个席位,另外,哥伦比亚特区有3个席位,全美总共有538张选举人票,获得270张选举人票即可当选。在选举日由各州选民直接投票,按照"赢者通吃"(胜者全得)的原则,得票多者获得这个州全部的选举人票。也就是说,一个候选人可能在全国获得的总选票远远低于另一个候选人,但他所得的选举人票只要高于另一个候选人1票,他照样能够当选。

美国式总统选举的初衷是通过每人一票选出最能代表选民意愿的那一个,但是经常发生的情况是,选民被迫在两个候选人中选一个相对好一点的,甚至是相对不那么差的。2016年的美国大选也因此被媒体评论为"没有最烂、只有更烂"。果不其然,2020年的大选上演了一出令人瞠目结舌的政治闹剧,尽管拜登比特朗普多获得逾700万张选票从而赢得2020年总统大选,但特朗普在卸任后的演讲中仍坚称自己赢得了这场选举,将选举结果归咎于未经证实的"选举舞弊"。

议员是民主选举产生的,但是美国联邦最高法院垄断了宪法解释权,对总统、议会有"违宪审查权"或者"司法审查权",实际上这种制度走向了民主的反面。按照美国制度设计者汉密尔顿等人的想法和说法,民主是"为了防止多数人的暴政"。联邦最高法院的9位终身大法官是根据缺额情况由总统提名而非民主选举产生的,这些人既不受民众监督,也不对民众负责,更不受议会控

2000年总统大选中的"布什诉戈尔案"是美国政治制度的一面镜子。美国总统选举实行"选举人团制度",选举人票依据各州普选结果"胜者全得",获得选举人票超过270张的候选人可以当选为总统。当选举结果揭晓时,布什仅以271票对267票的微弱优势获胜。更为戏剧性的是,坐拥25张选举人票的佛罗里达州,普选结果双方相差仅仅不到2000票,引发计票争议。为此,布什和戈尔在法庭上展开了历时36天的司法大战,最后由联邦法院拍板,解决了总统难产危机。

制,这不能不说是一种反民主,或者说是变换了形式的"少数人暴政"。他们的权力之大以及他们如何使用权力,在2000年总统选举诉讼案中表现得淋漓尽致。共和党候选人和民主党候选人因为在具有决定性的佛罗里达州选票统计上有争议,上演了持续36天的"世纪司法大战",小布什一直把戈尔告到联邦最高法院,联邦最高法院9名大法官中,有5名是由共和党总统提名的,支持小布什,4名是由民主党总统提名的,支持戈尔,于是,在总统选举这一最大规模的票决民主中,小布什最终以领先1票的简单多数赢得总统选举。

"金钱是政治的母乳。"这句广为人知的评论是对当代美国政治本质最真实的揭露。美国的选举与金钱的结盟使民主成了昂贵的政治游戏,从而使当选者与利益集团连接起来。美国从殖民时代和共和国早期,竞选者和投票者就设有财富的门槛。中国人权研究会撰文指出:21世纪以来,美国共和党与民主党两党总统候选人的选举费用从2004年的7亿美元,快速增加到2008年的10亿美元、2012年的20亿美元。2016年,包括总统选举和国会选举在内的美国大选总共花费了66亿美元,成为美国历史上最昂贵的政治选举。在2018年的中期选举中,赢得一个参议院席位的平均成本为1940万美元,赢得一个众议院席位的平均成本超过150万美元。[①]根据统计,2020年的大选再次刷新了历届"烧钱"纪录,最终花费达到140亿美元,是上届选举的两倍。福布斯新闻对美国2020年大选中政治捐款的"大佬"进行了排名,前20位百万富翁的政治捐款达23亿美元,而排名第一的是纽约前市长迈克尔·布隆伯格,在自己花费10亿多美元竞选失败后,转而支持拜登,共计投入约12亿美元。政治家与经济精英互相寻找见解相合、利益攸关者就不是什

扫一扫阅读中国人权研究会文章:《金钱政治暴露"美式民主"的虚伪面目》全文(来源:新华社,2019年12月26日)

---

① 参见中国人权研究会:《金钱政治暴露"美式民主"的虚伪面目》,新华社,2019年12月26日。

么秘密了。金钱成全了议员们，议员的情感和意见自然会背负着支持他的富豪们的利益，从而使议会中慷慨激昂的表演几乎成了金钱捐赠者的代言。美国学者斯蒂芬·霍尔姆斯一针见血地指出了议会辩论的虚假性，他说：

> 代议制政府是在理想而不是现实层面上获得其存在理由的：它不是利益集团讨价还价的场所，而是自由思考的议员们理性商讨的论坛，以达到对他们的集体要求有一个更好的了解。激烈的议会辩论能促进民众智识的培养并最终产生对于政策问题开明的共识。……所有重要的决定都不是在议会，而是由强大的集团关着门做出来的。由于不能通过理性的辩论来整合国家，选举产生的国民议会只不过成了互不妥协的社会多元主义的展示厅。①

美国及西方式议会民主导致公民通过议会表达意愿的范围越来越窄，民权不断受到挤压。英国学者戴维·米勒指出：

> 在实践中，我们知道，被称为民主的那些体制只为公民在政府中提供了非常有限的角色空间。他们被赋予在定期选举中投票的权利，偶尔有重大宪法问题需要决断时会以全民公决的方式征询他们的意见，也允许他们结成团体就与自己有关的问题游说议员，但这些就是公民权威的极限了。决定民主之未来的真正权力显然是掌握在少数人——政府部长、公职人员以及（某种程度上）国会议员或其他立法机构成员——的手中。

面对议会民主崇拜，戴维·米勒反问道："我们自然会问为什么是这样。如果民主是政治决策的最好方式，为什么不把它变成现实，让人民自

① ［美］斯蒂芬·霍尔姆斯：《反自由主义剖析》，曦中、陈兴玛、彭俊军译，中国社会科学出版社，2002年，第64页。

己对重大问题直接作出决定呢?"①美国学者弗朗西斯·福山甚至认为,当今美国面临政治衰败,其表现就是"否决制政体"和"家庭制复辟",即政府无法实现集体行动,利益团体攫取国家功能。②

马克思曾尖锐地指出单纯依靠票决选举的荒谬性。

> 依靠普选权来治理国家就象绕道合恩角时迷失了航路的海船水手一样:他们不研究风向、气候和使用六分仪,却用投票来选择方向,并宣布多数人的决定是不会错的。③

民主的本质是权利,权利从来不是"天赋"的。在一个权利建立在私有财产之上的社会里,公共权力无论如何非但不能超脱私有财产限制,而且必须为其服务,这就使得公共权力绝不可能是超阶级的,国家也不可能是"普遍性国家",真正起支配作用的必然是资本和市场。

美国式民主制度,已成为美国征服世界的意识形态利器。"民主"成为美国和整个西方国家在国际社会博弈中的一张"百搭牌",可以任意解释,百变其身,为所欲为。在国际关系中美国从来就不讲民主,而是以"世界领袖""替天行道式"的霸权作风,干涉别国内政,践踏别国主权。

美国外交家基辛格曾呼吁,美国政府应当把"公信力"作为"外交商品"。早在1963年美国罢黜南越傀儡总统吴庭艳时,基辛格就说:"我不喜欢让别人觉得我们是在心狠手辣地弄权。我们的历史角色始终是用人类理想和最深切的希望来定义自己。如果我们失去这一宝贵遗产,一时的成功将会毫无意义。"④基辛格的这种理想主义式的表白,在美国冷酷现实的利己主义面前,是多么苍白无力而又耐人寻味。

---

① [英]戴维·米勒:《政治哲学与幸福根基》,李里峰译,译林出版社,2013年,第39页。

② 参见[美]弗朗西斯·福山:《政治秩序与政治衰败:从工业革命到民主全球化》,毛俊杰译,广西师范大学出版社,2015年,第425~445页。

③《马克思恩格斯全集》(第七卷),人民出版社,1959年,第305页。

④ [美]戴维·米尔恩:《美国外交思想家与1968年之前的基辛格》,宋奇光译,《新华文摘》,2016年第14期。

专家观点

　　普世价值是以抽象人性为依据的一种对价值的虚拟，共同价值则是对各民族文化实际贡献中有积极意义的共同价值的认可；普世价值是超历史、超时空的，共同价值和共识是历史的、时代性的；抽象普世价值是无条件的、普世的，共同价值是有条件的、有范围的；抽象普世价值立足于观念，求助于人的理性，以应然为"绝对命令"，共同价值则立足于实践，求助于各民族实际的文化积累和社会的进步；抽象普世价值外在于其他民族的文化或凌驾于其他民族文化之上，共同的价值则存在于各民族文化之中，是在文化交往和传播中逐步达到的；普世价值是一种不可兑现的空头约定，而价值共识是人类社会实践经验的积累和理论升华；普世价值论者沉醉于人类可以统一于西方普世价值的幻想，全世界都应该走西方同样的道路，而价值共识论者以"和而不同"为原则，通过价值共识形成人类的合理的具有一定共性的价值追求，同时又肯定它的差异性和多样性。

　　拒绝普世价值，肯定对人类文明和社会进步中的共同价值和"价值共识"，坚持核心价值——这应该是我们对待有关普世价值问题争论的基本原则。

　　——摘编自陈先达：《马克思主义十五讲》，人民出版社，2016年，第220~224页

三、西方人权外交的言行不一

　　人权作为一种理论与实践，是近代资产阶级启蒙思想家对抗中世纪欧洲神权统治和封建专制织造的一面最为鲜亮的旗帜。英国思想家洛克把自然法学者论述的"自然权利"神圣化为"天赋人权"，法国思想家卢梭依据"天赋人权"原则提出了社会契约论和人民主权论。1776年美国的《独立宣言》和1789年法国的《人权与公民权宣言》，将人权理论上升为政

治纲领和法律。人权理论及其人权政治旗帜,在资产阶级反对封建主义斗争中发挥了重要作用,大大推进了人类的文明进步。正是在这个意义上,人们称17世纪的英国资产阶级革命为第一次人权运动。

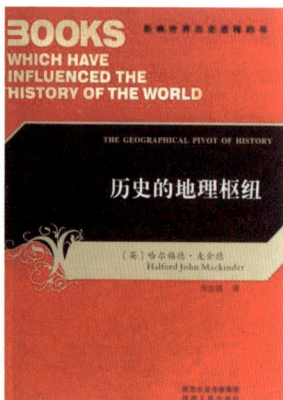

《历史的地理枢纽》是西方地缘政治学的奠基之作。麦金德指出,持续了四个世纪的地理探险和领土扩张的"哥伦布时代"已经结束,海权占支配地位的时代已一去不返,陆权时代已经来临。他认为新的陆权时代的自然中心是在欧亚大陆(世界岛),或称"世界政治的核心地带",而东欧是大陆心脏。

然而一旦掌握了自己政治统治的资产阶级,其人权旗帜就开始变色变味。那些发达起来的资本主义国家,对内讲人权、对外搞霸权,在地区和世界范围内争夺制海权、制陆权,目的是最终实现制经济权、制政治权。这是由理论指导的自觉历史过程。海权理论的创始者美国学者马汉通过反思欧洲的历史后总结道,"武力一直是思想借以将欧洲世界提升至当前水准的工具",而"将海洋由自然状态有效地转变为存在着海权的状态,最具决定性的方式是商业控制"。[1]因此,一个国家要想成为世界强国,必须能在海洋上自由行动,并在必要时有能力阻止海上自由竞争。陆权理论的创始人英国学者麦金德在他的"改变世界的巨著"《历史的地理枢纽》中告诫英国统治者:"谁统治了东欧,谁就能主宰世界心脏地带;谁主宰了世界心脏地带,谁就能主宰世界岛;谁主宰了世界岛,谁就能主宰全世界。"[2]争霸权而非行人权,一直都是美国和西方列强的历史主线,它们不仅通过战争夺得"第一桶金",殖民海外,甚至把殖民地土著居民当作奴隶贩卖。[3]

---

① [美]阿尔弗雷德·塞耶·马汉:《海权论》,萧伟中、梅然译,中国言实出版社,1997年,第259、229页。

② [英]哈·麦金德:《历史的地理枢纽》,林尔蔚、陈江译,商务印书馆,2009年,第14页。

③ 苏联大百科全书选译:《西班牙·葡萄牙》,生活·读书·新知三联书店,1957年,第197页。

15世纪到19世纪，是欧洲国家为争夺势力范围大打出手的殖民世纪。先是葡萄牙经过近两个世纪的横征暴敛，所辖海外领土达到其本土面积的百倍以上。[①]接着是西班牙、荷兰与之海外争夺，当实现了工业革命的英国崛起时，它以更为狂暴的态势与强者争霸，建立起"日不落帝国"，主宰世界长达近两个世纪。在争战中崛起的法、德，相互之间以及各自与英国进行了几个世纪的角力，接下来又是后来者居上的俄国与英国的百年恩怨。明治维新后发展起来的日本在亚洲吞并朝鲜，肢解中国，建立了地区霸权，如此等等。美国原本只是英属的北美13个小块殖民地，面积40万平方千米，是登上美洲新大陆的殖民者通过杀戮上千万印第安原住民后从他们手中夺得的。这些殖民者，通过与英国的战争获得了独立，通过南北战争实现了统一，又通过与法国、墨西哥、西班牙、英国、俄国的争战将国土面积扩张到939万平方千米，并建立了遍布世界的海外殖民体系。

资料链接

《世界人权宣言》(Universal Declaration of Human Rights)是联合国的基本法之一。1948年12月10日，联合国大会通过第217A（Ⅱ）号决议并颁布《世界人权宣言》，大会要求所有会员国广为宣传，并且"不分国家或领土的政治地位，主要在各级学校和其他教育机构加以传播、展示、阅读和阐述"。作为第一个人权问题的国际文件，《世界人权宣言》为国际人权领域的实践奠定了基础，对后世人民争取、维护、改善和发展自己的人权产生了深远影响。

为了国家利益，这些国家不要说维护人权，甚至连基本道义也不顾。在美国南北战争中，俄国为了对付英国，全面支持美国，战后还以象征性的价格将阿拉斯加卖给美国，但美国崛起后，却把俄国视为死

---

① 参见陈晓律等：《15世纪以来世界主要发达国家发展历程》，重庆出版社，2004年，第8页。

敌,将昔日的敌人英国当作朋友。布热津斯基一语道破了西方政治家的内心世界:世界地缘政治版图是"任意涂抹的"。进入20世纪,崛起的德、日、意等帝国主义国家发动了两次世界大战,奥斯维辛集中营和原子弹把对人权的践踏和嘲弄推向历史顶峰。为此,1945年的《联合国宪章》和1948年联合国大会通过的《世界人权宣言》,将人权系统地上升为国际法原则。

扫一扫观看
《中国驻南使馆被炸二十年祭:为了不能忘却的记忆》
(来源:东方网)

今天的美国及其主导的北约,人权外交成了他们对付他国的意识形态战略,人道主义成了他们干涉他国内政、颠覆不听命于西方的政权的借口,其理论是"人权高于主权"。冷战后,以美国为首的北约国家,一方面策划了中亚、北非国家的"颜色革命",另一方面对南联盟、伊拉克、利比亚、叙利亚等进行"人道主义干预",使这些国家陷入长期的民族冲突、社会分裂、政治争斗中,国家衰弱,民不聊生。1999年的科索沃战争,以美国为首的北约国家,打着"拯救人道主义"的旗号,绕开联合国安理会,对阿尔巴尼亚族人占90%的科索沃实施了灭绝式军事打击,炸毁50座桥梁、12条铁路,20所医院在战火中被毁,40%的油库和30%的广播电视台受到严重破坏,造成大量平民伤亡,数十万阿族人沦为难民。北约战机还袭击了中国驻南联盟大使馆,导致3人死亡,20多人受伤,馆舍遭到严重破坏,制造了世界外交史上的令人不齿的罕见事件。美英及其北约盟友对中东主权国家的军事干预,其真实目的绝不是维护人权和人道,而是如美国中央情报局前局长所说:"我们必须把石油武器从中东抢过来。"①然而他们的美好借口却迷惑了不少对西方抱有幻想的人。南斯拉夫联盟共和国本来是一个社会主义国家,后来受西方思想的影响越来越重,在美英为主的多国联军对科索沃进行军事打击时,许多知识分子天真地在胸前

---

① [美]詹姆斯·伍尔西:《我们必须把石油武器从中东抢过来》,《参考消息》,2003年1月3日。

戴着星靶,豪迈地走上街头高唱英雄歌曲,他们以为美国人讲人权,不会真打他们这些信仰西方价值观的知识分子,可是北约的导弹还是毫不留情地击碎了他们的幻想。

北大西洋公约组织(North Atlantic Treaty Organization),简称北约,是美国、加拿大与欧洲国家为实现防卫协作而建立的一个国际军事集团组织。北约拥有大量核武器和常规部队,是西方的重要军事力量。这是二战后西方阵营军事上实现战略同盟的标志,是"马歇尔计划"在军事领域的延伸和发展,使美国得以控制以德国和法国为首的欧盟的防务体系,是美国实现超级大国领导地位的标志。

资料链接

吉恩·夏普的"非暴力革命"理论

吉恩·夏普(1928—2018),爱因斯坦研究所的创始人,被称为"颜色革命教父"。几十年里,他系统地完成了"通过非暴力手段颠覆政权"的理论建构,其著作《非暴力行动的政治》《非暴力革命指导》《从独裁到民主》等在世界范围内广泛传播,成为"颜色革命"的"圣经"。20世纪80年代末以来出现的各种版本的颜色革命,包括2014年中国香港的"占领中环"非法集会所采用的手段,几乎都是对夏普非暴力战争理论的实践。

扫一扫观看《发动"颜色革命"揭秘美国CIA惯用的五种手段》(来源:央视新闻)

美英等北约国家发动的伊拉克战争、利比亚战争,以及对伊朗、叙利亚的军事打压和外交围堵,更是制造了历史上罕见的人道主义灾难,数以千万计的中东难民涌进他们心中的"理想国"。令他们心碎的是,在要不要接纳难民、接受多少难民、如何接受难民问题上,欧洲的人道主义意识形态与现实利益发生了矛盾,各国左右顾忌,推诿扯皮,争论不休,匈牙利等国修筑隔离墙,德国东部的新纳粹主义分子袭击了当地难民住所,瑞典的反移民政治党派现在大受欢迎,美国也为修建美墨边境隔离墙闹得朝野不安。德国在移民问题上一直想占领这块道德高地,但也心事重重。巴伐利亚州财政部长马库斯·索尔德在接受德国《明镜》杂志采访时称:"即使拥有世界上最大的善意,我们也无法融合那么多来自不同文化背景的人。"索尔德说,接下来,德国应该将数十万难民送回他们自己的祖国,而不是接进自己的家里。欧盟及美国围绕难民问题的言行不一,不仅撕裂了西方社会,而且严重透支了西方人道主义的政治信誉,赤裸裸地暴露了人道主义意识形态的内在悖论。

美国政府在处理国内问题时,当国家利益与人权发生矛盾时,人权同样必须服从国家利益。比如,隐私权是人权的重要内容,可是,美国国家安全局和联邦调查局对互联网上的个人邮件、信息、通话等大范围监听、监视,无论是外国人的还是美国人的,无论是普通百姓的还是外国政要的,连美国盟国——德国领导人默克尔的手机、邮箱,都在监听监视范围。在其言行不一的背后,是美国的唯我独尊和利己主义。

⚙ **资料链接** ┈┈┈┈┈┈┈┈┈┈┈┈┈┈┈┈┈┈┈┈┈┈┈┈┈┈┈┈

棱镜计划

棱镜计划(PRISM)是一项由美国国家安全局自2007年起开始实施的绝密电子监听计划。2013年6月,美国中央情报局前技术分析员爱德华·斯诺登将美国国家安全局关于PRISM监听项目的秘密文档披露给了《卫报》和《华盛顿邮报》。秘密文档中披露,该计划能够对即时通信和既存资料进行深度的监听,涉及的内容包括大量个人聊天日志、存储的数据、语音通信、文件传输、个人社交网络数据等。许可的监听对象包括任何在美国以外地区使用参与计划公司服务的客户,或是任何与国外人士通信的美国公民。国家安全局在PRISM计划中可以获得数据电子邮件、视频和语音交谈、影片、照片、VoIP交谈内容、档案传输,以及社交网络细节等信息。

资料链接

对美国的民主和人权最尖锐的讽刺莫过于美国的枪支管控和枪支文化,伴随着的是公民普遍持枪、枪击案频发。据统计,1989年到2014年,全美共有83.629万起死亡事件与枪支有关,而自美国宣布独立以来的240年间,死于战争的军事人员仅65万余人。许多人对持枪权利深恶痛绝,然而禁枪的阻力之大难以想象。枪支生产和销售是一条巨大的利益链,人数众多的美国步枪协会甚至能左右总统选票,前总统奥巴马是一位坚定的持枪反对者,但他多年的禁枪努力换来的只是"一声叹息"。

美国史上最致命大规模枪击事件

在美国25次大型枪击事件中丧生及受伤人数

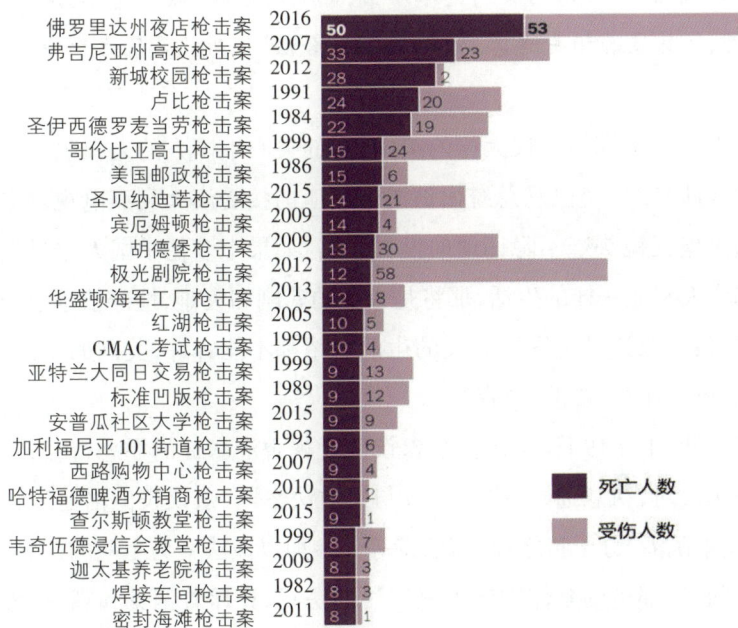

枪击案	年份	死亡人数	受伤人数
佛罗里达州夜店枪案	2016	50	53
弗吉尼亚州高校枪案	2007	33	23
新城校园枪击案	2012	28	2
卢比枪击案	1991	24	20
圣伊西德罗麦当劳枪击案	1984	22	19
哥伦比亚高中枪击案	1999	15	24
美国邮政枪击案	1986	15	6
圣贝纳迪诺枪击案	2015	14	21
宾厄姆顿枪击案	2009	14	4
胡德堡枪击案	2009	13	30
极光剧院枪击案	2012	12	58
华盛顿海军工厂枪击案	2013	12	8
红湖枪击案	2005	10	5
GMAC考试枪击案	1990	10	4
亚特兰大同日交易枪击案	1999	9	13
标准凹版枪击案	1989	9	12
安普瓜社区大学枪击案	2015	9	9
加利福尼亚101街道枪击案	1993	9	6
西路购物中心枪击案	2007	9	4
哈特福德啤酒分销商枪击案	2010	9	2
查尔斯顿教堂枪击案	2015	9	1
韦奇伍德浸信会教堂枪击案	1999	8	7
迦太基养老院枪击案	2009	8	3
焊接车间枪击案	1982	8	3
密封海滩枪击案	2011	8	1

■ 死亡人数
■ 受伤人数

美国史上最致命大规模枪击事件统计图(来源:美国Mother Jones杂志)

⚙ **资料链接**

美国社交平台封号事件

《纽约时报》等多家西方主流媒体报道,2019年8月19日,美国两家社交媒体巨头,推特(Twitter)和脸书(Facebook)接连宣布,要关闭近1000个中国账号。原因是这些来自中国的账号"散布关于香港示威的假消息",还称背后是由中国官方主导。其中,推特发布声明,称其关闭了包括来自中国的936个账号。因为这些推文故意在香港散布政治纷争,破坏当地抗议运动的"合法性和政治立场"。而脸书也在声明中称他们删除了7个页面、3个群组和5个账号,这些账号同样被指涉及散播关于香港的"假新闻"。然而根据推特和脸书给出的案例不难看出,他们所谓的"假消息"就是撑港警、骂暴徒的相关消息,而其所谓的"合法"行为就是暴力袭警。

一直向中国挥舞人权大棒的美国,真的关心中国人的人权吗?早在2010年4月15日,奥巴马总统出访澳大利亚前接受澳大利亚电视台专访时就通过电视镜头毫不隐讳地向世界表明:如果十多亿中国人也过上与美国和澳大利亚一样的生活,那将是人类的悲剧和灾难,地球根本承受不了。试想:如果连其他国家人民的生活富裕都不能容许,美国的所谓"普世价值"还有什么"普世"内容?

2019年11月19日,美国国会参议院无视香港暴徒的罪恶行径,不顾中方坚决反对,执意通过"香港人权与民主法案"。众议长佩洛西还特别邀请"反中乱港"分子黄之锋、何韵诗等人参加以该法案为主题的记者会。毫无疑问,这部遭到全体中国人民声讨的法案,充斥着偏见和霸权、恐吓和威胁。其根本目的就是要破坏香港繁荣稳定,阻碍中华民族实现伟大复兴的历史进程。12月3日,美国国会众议院又审议通过"2019年维吾尔人权政策法案",粗暴干涉中国内政,严重违反国际关系基本准则。

2020年初,当中国全力抗击新冠肺炎疫情之时,国际社会也纷纷伸出援手,以各种方式表达慰问和支持。然而美国商务部部长罗斯却抛出疫情"将有助于加速制造业回流美国"等言论,遭到国际社会的谴责,被斥为"冷血""落井下石""卑劣之举"。[1]2月3日,《华尔街日报》发布题为"中国是真正的亚洲病夫"的文章,作者米德在文中称,中国的金融市场"比野生动物市场更危险",借疫情"唱衰"中国经济。2月6日,美国联邦调查局局长雷在美国战略与国际研究中心会议上称,没有哪个国家比共产主义中国对美国构成更大威胁,美全社会需整体行动应对。同日,美司法部部长巴尔称,中国已成为美头号地缘政治对手。对此,中国外交部发言人华春莹指出,当前,中国举国上下正在奋力抗击疫情,美方一些人却依然不遗余力抹黑攻击中国,这提醒我们:我们不仅需要防控新型冠状病毒,也要抗击意识形态和冷战残余病毒。[2]

美国以各种各样的意识形态理由歪曲中国人,目的不是中国人的权利,而是美国人的霸权。美国前驻华大使洪博培在为自己参选总统造舆论时说:"(对付中国)我们应该怎么做呢? 我们应当依靠我们在中国内部

知识链接

天赋人权

"天赋人权"是近代资产阶级的政治观点,认为人天生是有生命、自由、财产、平等的权利,这些权利是人与生就有的,不是上帝赐予的。这一观点,体现了资产阶级反封建、反教会的革命精神,具有一定的历史意义。但是时代和阶级的原因决定了这一观点有其历史局限性。

——摘编自徐大同:《西方政治思想史》,天津人民出版社,2005年

---

[1]《中国疫情有助制造业回流美国? 冷血! 荒谬!》,新华网,www.xinhuanet.com//world/2020-01/31/c_1125516812.htm。

[2]《FBI局长又鼓吹"中国威胁",华春莹:当下我们不仅要防控新冠病毒,也要抗击意识形态和冷战残余病毒》,环球网,https://world.huanqiu.com/article/3ww3El NtldE。

的同盟军,他们被称为年轻人、他们被称为网络一代。中国有5亿网民和8000万博客(微博),而他们将引导中国的变革。这意味着将扳倒中国,这样我们将有机会重新崛起,赢回美国制造业的强大,这将是我作为总统想做的。"①

事实证明,美国和西方国家的人权,从来不是人人都享有的自然权利,而是他们自己的特权、例外权、优先权和霸权。

四、西方市场自由的为我所用

资产阶级消灭了封建主义,"起而代之的是自由竞争以及与自由竞争相适应的社会制度和政治制度、资产阶级的经济统治和政治统治"②。市场自由和自由市场是资产阶级政治自由、社会自由的基础,是资本赚取剩余价值的根本条件。资产阶级意识形态的"自由"本质上就是"市场自由"。为了获得市场自由和建立彻底的自由市场,伏尔泰、卢梭、孟德斯鸠、爱尔维修、格劳秀斯、潘恩、杰斐逊等一大批资产阶级思想家从哲学上论证自然状态、自然秩序、自然规律、自然法、自然权利,把自然状态与社会状态、自然秩序与人为秩序、自然法与人为法对立起来,把封建主义压抑的人的生存权、自由权、财产权神圣化为"天赋人权",将人性、理性、正义、自由、平等视为人类终极价值目标,视自然法为正义的标准和价值源泉,力图将国家置于"守夜人"的地位,破除资本家发财致富道路上的一切政治障碍。

市场自由的全球化是资本全球化的社会条件。有了自由的世界市场,资本就能超越民族国家的政治限制而自由攫取世界资源、获得超额利润。自由主义、新自由主义经济理论的私有化、市场化是以私有制为基础,以市场化为条件的,离开了市场自由和自由市场,资本就不能自由流动、自由谋利,而这个自由在现代资本主义时代必须是全球的、超越民族

---

① 转引自李慎明:《当代中国特色社会主义面临的机遇与挑战》,《毛泽东思想研究》,2014年第3期。

②《马克思恩格斯选集》(第一卷),人民出版社,2012年,第405页。

国家的。世界市场自由和自由世界市场的发展，必须通过取消或降低资本向他国流动的门槛，削减关税或实行"零关税"，以达到贸易的所谓"非歧视"性。这样，生产力水平高的国家的商品，就可以通过价格和质量优势占据欠发达国家的市场，再以超额利润交换走这些国家的资源，通过商品与资源的剪刀差，"挖掉了工业脚下的民族基础"，把它们改造为发达国家的依附国和经济殖民地。所以马克思恩格斯当年指出：

> 资产阶级，由于一切生产工具的迅速改进，由于交通的极其便利，把一切民族甚至最野蛮的民族都卷到文明中来了。它的商品的低廉价格，是它用来摧毁一切万里长城、征服野蛮人最顽强的仇外心理的重炮。它迫使一切民族——如果它们不想灭亡的话——采用资产阶级的生产方式；它迫使它们在自己那里推行所谓的文明，即变成资产者。一句话，它按照自己的面貌为自己创造出一个世界。①

因此，市场自由和自由市场这件资本主义反对封建主义的武器，自然成了资本全球化的旗帜，同时也必然是经济全球化时代资本主义反对社会主义的"非意识形态化的意识形态武器"。

国际货币基金组织、世界银行、世界贸易组织（WTO，前身为关贸总协定）这左右世界"货币—金融—贸易"的三大支柱，都是发达国家的世界市场自由和自由世界市场观念的制度体系。WTO及其前身关贸总协定，说是"经济联合国"，其实是从"富国俱乐部"发展起来的，它主张的市场开放、非歧视和公开贸易原则和世界贸易自由化追求，虽然也照顾到"发展中成员"的利益，比如2003年总理事会通过实施专利药品强制许可制度等，但它主要体现的是美英等发达成员的经济霸权。比如，加入WTO的首要和核心条件就是放弃计划经济实行市场经济，所以它长期把社会主义国家拒之门外。说是坚持会员之间的"平等互惠"原则，可是，处在不同发展水平上的国家能"平等"、能"互惠"吗？

---

① 《马克思恩格斯选集》（第一卷），人民出版社，2012年，第404页。

弗里德里希·李斯特（Friedrich List，1789—1846），古典经济学的怀疑者和批判者，德国历史学派的先驱者。李斯特的奋斗目标是推动德国在经济上的统一，这决定了他的经济学是服务于国家利益和社会利益的。与亚当·斯密的自由主义经济学相左，他认为国家应该在经济生活中起到重要作用。他的主要思想包括国家主导的工业化、贸易保护主义等。

发展中国家加入WTO几乎是一道两难选择而又不得不选择的门槛。中国从申请加入关贸总协定到成为WTO正式成员，经过了15年时间，持续如此之久的一个重要原因，就是美欧等发达成员不仅要求中国放弃计划经济实行彻底的市场经济，而且不顾中国与发达国家的发展差距，蛮横要求中国开放市场的力度和速度。中国遵守加入

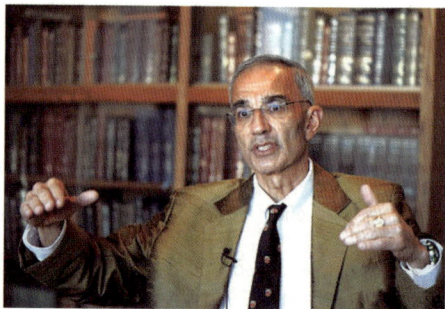

2019年12月10日，美国堪萨斯大学法学教授拉杰·巴拉接受新华社记者专访时表示，由于美国政府导致世界贸易组织上诉机构"窒息"是令人痛心的，这意味着多边贸易体制遭遇"重大挫折"。（来源：新华网）

WTO议定书规定，经济快速发展了起来，将中国视为"非市场经济国家"的适用期限15年也已期满，本应自然获得"市场经济国家"的地位，韩国、澳大利亚等国都承认了中国的市场经济地位，而欧盟、日本、美国等国则不予承认，为它们继续以"非市场经济地位"为借口对进口中国商品采取"替代国价格"进行反倾销调查留置法律借口，以达到无限期地挤压中国商品市场份额、攫取"超市场利益"，遏制中国的目的。根据WTO统计，平均每7起反倾销案中就有1起涉及中国产品，中国成为反倾销等贸易救济措施的最大受害国。

追求价廉物美本是消费者天经地义的市场选择法则。那些所谓的"完全市场经济国家"对他国产品以"低于正常价格"进行的反倾销调查，说穿了，是以人为降低他国商品竞争力的方式为本国商品争夺市场，为了

资本利益而损害消费者利益。世界上从来就没有过"完全市场经济国家",欧盟不是,日本不是,美国也不是,过去不是,现在也不是。国家始终具有经济职能,否则国家就没有存在的必要和基础。当年,法国面临英国资本的强行侵入时,拿破仑说:"在世界当前的情况下,任何国家要想采取自由贸易原则,必将一败涂地。"[①]拿破仑因此于1806年制定了大陆封锁令,明令所有的欧洲大陆国家不准与英国做生意,同时他发动法国的工业资本家垄断欧洲大陆市场。尽管法国后来在军事上遭到惨败,但却成为欧洲经济强国,挤进资本市场中心。当年,面对英、法经济霸权,德国经济学家李斯特强烈反对英国古典经济学派的"自由放任"和"世界主义"政策,主张在四分五裂的德意志联邦内部建立关税同盟,对外实行贸易保护,结果德国实现了统一,并挤进经济强国行列。而李斯特的思想恰恰受到美国亚历山大·汉密尔顿学派的影响。

📖 阅读延伸

反倾销典例——"中美水产第一案"

2004年2月17日,美国国际贸易委员会建议对原产于中国等6国的冷冻和罐装暖水虾征收高额反倾销税。消息传出,在我国水产业中引起了强烈震动,虾产品出口严重受阻。2004年4月,我国渔业大省——浙江虾产品对美出口全面停止。2004年3~6月,我国虾产品主产区——广东虾产品对美国出口仅为1010吨,降幅达85.9%。此4个月出口量比前2个月下降37.6%。2004年,我国向美出口海产虾6.61万吨,同比下降18.84%;金额3.386亿美元,同比下降23.78%。而2004年美国虾产品进口量在50万吨的水平,我国虾产品占有率为13.2%。自2004年下半年开始,我国几乎失去了美国虾产品市场。这是我国进入世贸组织后,在国际贸易中遭受的第一起水产品反倾销调查。

①[德]弗里德里希·李斯特:《政治经济学的国民体系》,陈万煦译,商务印书馆,1961年,第69页。

今天的美国绝不是像它自己所标榜的——"完全市场经济国家"。

第一，完全市场经济，国家不应该干预企业的市场行为，而美国国会美中经济与安全评估委员会2016年11月16日发表2016年度报告，建议外国在美投资委员会阻止中国国企收购美国公司，还建议修改美国法律，限制中国国有企业收购或控股美国企业。美国政府以种种理由不仅一次又一次地干预中资企业对美国企业的收购，还干涉中资对欧洲企业的收购。2016年1月，美国否决中资公司收购飞利浦公司旗下的照明业务，而美国芯片企业赛灵思公司却在2018年7月完成了对中国芯片初创企业深鉴科技的收购。

第二，完全市场经济，应该完全开放市场，而美国从来就没有对中国开放高科技市场，还千方百计阻止欧盟对中国开放高科技市场，解禁军售。2017年美国以中兴通讯违反美国出口管制法案为由，逼迫中兴公司向美国认罪，并缴付8.92亿罚金。2018年4月，美国又对中兴通讯发布制裁令，禁止美国芯片公司向中兴通讯出售任何产品。2018年底，美国又把制裁大棒打向中国的另一家通信企业华为。国务卿蓬佩奥游说、施压中东欧国家，要求它们抵制华为，公开动用国家力量对外国企业进行打压。

第三，完全市场经济，国际贸易应该完全是企业的自由行为。贸易出现顺差还是逆差完全是自由市场运行的结果，但特朗普政府却以中美贸易中美国出现巨大贸易逆差为由，单方面以罕见的幅度提高中国输美产品关税，挑起中美贸易摩擦，还有选择地提高部分国家出口美国的钢、铝关税。特朗普政府还要求所有国家2018年11月4日后不许购买伊朗石油。

第四，完全市场经济，政府不应该对任何行业给予出口补贴，美欧以此为由频繁对中国和他国商品进行反倾销调查，而当中美贸易摩擦使美国大豆出口受到影响时，特朗普政府立即宣布给美国农民120亿美元补贴。长期以来，美国、欧盟对棉花的出口补贴是人尽皆知的。

第五，完全市场经济，政府是不应该操纵汇率的。美国动辄给中国等国家扣上操纵汇率的帽子，可操纵汇率却是美国和西方发达国家的一贯做法。历史上，1985年9月美、日、英、法和联邦德国五国签订的"广场协议"，1987年美、英、法、联邦德国、日、加、意七国签订的"卢浮宫协议"，都是多国联合操纵汇率的典型事件。在一个美元为主要世界货币的国际社会，美国不断根据自己的经济战略需要决定美元发行、调整银行利率，这实际上是对汇率的"不是操纵的任意操纵"。

五、西方国际法律的唯我独尊

　　法治精神，是新兴资产阶级向封建主争取市场自由和社会权利的武器，也是奔走于世界的大商人确保资本利益的武器。随着资本向世界的扩张，国际组织应运而生，国际法获得快速发展。1865年的国际电报联盟、1874年的万国邮政联盟、1919年的国际联盟及其国际劳工组织等，1899年的《和平解决国际争端条约》、1941年的《大西洋宪章》，特别是1945年联合国的成立和《联合国宪章》的签署，以及在联合国主导下1970年通过的《国际法原则宣言》和中国政府建议、与印度、缅甸首倡并得到世界上绝大多数国家接受的和平共处五项原则等。正是这些被国际社会所公认的基本原则，为规范和处理主权国家及其他国际实体之间的行为与矛盾、冲突提供了基本遵循，也是世界和平发展的基本保证。

知识链接

《国际法原则宣言》

　　《国际法原则宣言》是指联合国大会在1970年全体一致通过的《关于各国依联合国宪章建立友好关系及合作之国际法原则之宣言》，共七项原则，其内容如下：禁止以武力相威胁或使用武力原则、和平解决国际争端原则、不干涉内政原则、国际合作原则、民族自决原则、国家主权平等原则、善意履行国家义务原则。

然而冷战后，美国依仗自己一国独大的地位，对国际组织、国际法日渐唯我独尊。仅特朗普执政以来，美国就退出联合国人权理事会（2018年6月）、联合国教科文组织（2017年10月）[①]、万国邮政联盟（2018年10月17日宣布启动退出程序）、《全球移民协议》（2017年12月）、《巴黎气候协定》（2017年6月），还退出《维也纳外交关系公约》（2018年10月）中涉及国际法院管辖问题的责任议定书、《伊朗核协议》（2018年5月）、《中导协定》（2019年2月），还以美国受到了"不公平待遇"为由要退出联合国和世界贸易组织。

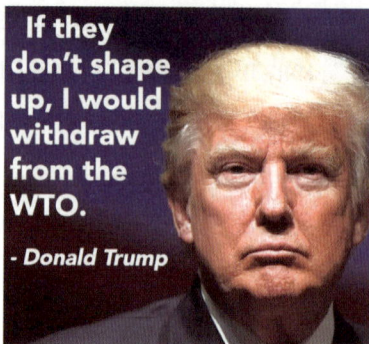

2018年，特朗普在接受媒体采访时称，美国在全球贸易中受到不公正对待，如果世界贸易组织"不改进"，美国将退出。（来源：环球外汇）

法治精神是人类文明的巨大进步，法律体系是人类生活生产秩序的基本规范和保证，国际法则是国际秩序的基本规范和保证。但是任何法律都具有两面性：一是立法本身具有强烈的主体性，在阶级社会里，国内法具有强烈的阶级性，首先是统治阶级利益的表达或强制；国际法同样具有强烈的强国意志，首先反映强国的国家利益。二是法律一旦确立，对任何行为主体都具有强制性和约束力，所谓的"法律面前人人平等"大体上仅限于此。现代世界的国际法体系，几乎无一不是在美国、英国主导下制定或通过的，更多反映的是以美英等西方发达国家主导的意志和利益，司掌国际法规的国际组织，也几乎无一不是在美英等西方发达国家的主导下建立的。然而美国对国际组织、国际法以及一些重要协定协议，合则用，甚至挥霍式运用；不合则弃，而且是霸道式、"甩锅"式背弃。而且只要权利不要义务，只要自由不要约束，只要"美国优先"不要国际公益。特朗普在退出存在了近一个半世纪的万国邮政联盟的备忘录中宣称，目前万国邮政联盟规定的低廉的终端费使得一些外国企业能够以极低的快递费

———

① 这是美国第二次退出联合国教科文组织，第一次退出是1984年。

向美国消费者发送快递小包,使得大量外国商品廉价涌入美国,比美国本土卖家更具市场优势。

📖 阅读延伸 ⋯⋯⋯⋯⋯⋯⋯⋯⋯⋯

美国为什么要退出万国邮政联盟?

万国邮政联盟(Universal Postal Union)是商定国际邮政事务的政府间国际组织。在万国邮政联盟参与协调的国际邮政业务中,有一个叫"终端费"的业务,也是美国这次"退群"的导火索。所谓终端费(Terminal Dues),就是相当于A国邮政让B国邮政在B国帮忙递送,需要向B国邮政支付终端费。"终端费"的制定是由万国邮联192个成员国,每4年开一次大会来商定,一国一票,投票结束后18个月内实施。因为终端费制定采取的是普通民主原则,而不是精英原则,所以终端费的制定并不反映各个国家的经济状况,而是反映普遍意愿。而随着中国电子商务的兴起,大量的服装、家用电器和消费电子产品等也得以以包裹的形式通过较低费率从中国运往美国等发达国家,导致这些国家需要支出大量费用以补贴他们国家的邮政系统。比如美国企业或制造商要把一个1磅重的包裹从洛杉矶寄到纽约,费用在7~9美元,而在万国邮政联盟现有的终端费制度下,美国邮政服务递送来自中国、走同一路线的类似包裹只能收到约2.5美元。这使得美国政府认为中国从中获得了不公平的竞争优势,这也是美国想要退出万国邮政联盟的重要原因。白宫方面同时申明,不管协商结果如何,美国将在"现实允许的情况下"尽早开始实施美方自定的"终端费"费率。

在美国政治家心目中,国际法必须以美国的意志为转移,以美国利益最大化为准则,一旦国际法影响了美国利益、约束了美国意志,美国就会毫不遮掩地将国内法甚至美国意志凌驾于国际法之上。历史是最可靠的教科书。世人不会忘记,正是以美国为首的北约联军对南联盟持续进行了78天的狂轰滥炸后,美国却以1亿美元援助为诱饵,威逼利诱一个主权国家违背本国宪法将自己的总统米洛舍维奇送上国际刑事法庭，投进海牙国际监狱。就在这位不屈从西方的政治家含恨死于狱中的 9 年后，国际法院裁定对米洛舍维奇种族屠杀罪的指控不成立。

2003 年 3 月 21 日，美英为主的北约联军以伊拉克藏有大规模杀伤性武器和支持恐怖主义为

伊拉克战争后，时任美国国务卿鲍威尔在联合国举着一个小瓶展示，声称系伊拉克有大规模杀伤性武器证据。后普京调侃瓶中装的是洗衣粉。(来源：东方网)

由，对伊拉克发起军事打击，总统萨达姆被施以绞刑，但历时 9 年也没有找到任何大规模杀伤性武器。历史证明，所谓伊拉克大规模杀伤性武器完全是美英的骗局。2001 年 10 月，以美国为首的北约联军发动了持续 20 年的阿富汗战争，大量民用设施被夷为平地，20 多万人死亡，数百万人成为流落他国的难民，美军士兵的虐囚、强奸行为更是骇人听闻。为了维护起码的人类尊严和国际法律的公正，2017 年 11 月 3 日，国际刑事法院声明启动对阿富汗战争中多国部队犯下的战争罪和反人类罪展开正式调查。消息一出，美国总统国家安全顾问博尔顿就狂妄警告，"如果这些法官干涉美国国内问题，或调查一名美国公民"，"我希望国际刑事法庭死亡"。"美国政府将尽一切可能确保这些法官将不再被准许入境美国，他们甚至会受到美国的刑事起诉。"国际刑事法院资深法官德国人克里斯托夫·吕格愤而辞职，他告诉德国媒体《时代》周刊，在法院启动对美军士兵在阿富汗行为的调查之后，美国曾对该法院多名法官进行威胁，在"外交世界"他看不到对司法独立的任何尊重。①

---

① 参见《美国政治干涉司法，有国际法官再也忍不了了》，环球网，2019 年 1 月 30 日。

资产阶级意识形态的特点是以片面性、绝对化见长,片面性、绝对化必然在人与己的问题上奉行双重标准。人权、自由、法治都是人类历史进步的积淀,是人类走向美好未来的重要理念和应有追求。但是所有这些理念都不是绝对的、至上的。在当今世界的民族国家之林中,人权与主权相辅相成,市场自由与市场规则不可分离,国内法与国际法相互支撑,而以美国为首的西方国家,以绝对主义的思维方式将人权、自由、法治意识形态化,在国际交往中采取双重标准,从而走向美好事物的反面:人权外交走向反人权外交、市场自由走向规则霸权、国内法律强制国际法律。所以我们才看到,美国制裁我国高科技企业中兴、华为的"罪名"都是这两家企业违反美国对伊朗的出口限制,认定这两家企业出口的产品使用了美国的技术或美国生产的元器件。按照美国的这种界定,在一个全球产业链的时代,一件稍微结构复杂的产品其元件来自世界各地,那么美国是不是该制裁所有关涉国家? 没有,也不可能。美国始终坚持选择性执法,包庇盟友,打击对手。如果美国真有健全的法治精神,并将自己的义理逻辑贯彻到底,它就应该首先阻止和惩治那些把武器装备卖给我国台湾的美国军火商,因为他们违背了中国的《反分裂国家法》。

资料链接

《反分裂国家法》通过于 2005 年 3 月 14 日,主要内容是鼓励两岸继续交流合作,但同时也首次明确提出了在三种情况下中国大陆可用非和平方式及其他必要措施处理台湾问题。该法自公布实施以来,在反对和遏制"台独"分裂行径、维护台海和平稳定、促进两岸关系和平发展等方面,发挥了十分重要的作用。

法国哲学家福柯说:"谁控制了人们的记忆,谁就控制了人们的行为的脉动。""因此,占有记忆,控制它、管理它,是生死攸关的。"[①]人类当下面

---

① [法]米歇尔·福柯:《规训与惩罚》,刘北成、杨远婴译,生活·读书·新知三联书店,2007年,第97页。

对的一个紧迫任务就是,把被美国及其盟友扭曲了的精神记忆健全起来,让人权、自由、法治不再由美国及其盟友任意曲解和滥用,而是为人类的美好未来导航。

拓展阅读

1. 中国人权研究会:《金钱政治暴露"美式民主"的虚伪面目》,新华社,2019年12月26日。

2. 李捷、尹汉宁主编:《西式民主为什么不适合中国?》,学习出版社,2017年。

3. 中华人民共和国国务院新闻办公室:《中国的民主》白皮书,人民出版社,2021年。

坚决反对历史虚无主义错误言论

　　我们党的一百年,是矢志践行初心使命的一百年,是筚路蓝缕奠基立业的一百年,是创造辉煌开辟未来的一百年。

　　我们党的历史,就是一部不断推进马克思主义中国化的历史,就是一部不断推进理论创新、进行理论创造的历史。

　　我们党的百年历史,就是一部践行党的初心使命的历史,就是一部党与人民心连心、同呼吸、共命运的历史。

　　在一百年的非凡奋斗历程中,一代又一代中国共产党人顽强拼搏、不懈奋斗,涌现了一大批视死如归的革命烈士、一大批顽强奋斗的英雄人物、一大批忘我奉献的先进模范,形成了一系列伟大精神,构筑起了中国共产党人的精神谱系,为我们立党兴党强党提供了丰厚滋养。

　　要树立正确党史观。要坚持以我们党关于历史问题的两个决议和党中央有关精神为依据,准确把握党的历史发展的主题主线、主流本质,正确认识和科学评价党史上的重大事件、重要会议、重要人物。要旗帜鲜明反对历史虚无主义,加强思想引导和理论辨析,更好正本清源、固本培元。

　　——习近平总书记在党史学习教育动员大会上的讲话,2021年2月20日

疑问与理解六

　　我们或许也纠结过历史虚无主义精心炮制的"事实""共识"的真假之辨。然而历史不容篡改，黑白不容颠倒。历史虚无主义侮辱的是科学认知，侵犯的是深厚情感，破坏的是社会底线。历史虚无主义来自何方？意欲何为？有何危害？循着对这些问题的层层剥离，我们才能更加深切地感受到，坚持正确党史观、树立科学历史观的必要性和重要性。

中国著名学者任继愈先生在90多岁高龄时曾感慨地说："只有历尽灾难、饱受列强欺凌的中国人，才有刻骨铭心的'翻身感'。经过百年的奋斗，几代人的努力，中国人民终于站起来了。这种感受是后来新中国成长起来的青年们无法体会得到的，他们认为中国本来就是这样的。"①任先生之"感"，道出了他们那代人在新旧中国强烈对比下的肺腑心声；任先生之"叹"，也道出了前辈长者对时下青年乃至国人缺乏"历史感"的担心和忧虑；任先生之"感"和"叹"更直指当前中国社会发展中一个极为重大的问题：怎样看待历史？如何认识当下？怎样才能从历史和现实的交汇中更加自信地迈向未来？

的确，往事并不如烟，中国本来也并不如此：当代之中国决不再是那个过去之中国，未来之中国也不会停留于今天的模样，而将越来越接近实现中华民族伟大复兴的梦想和目标，这已是全体中国人民和中华儿女的共同期盼。一个基本共识是，全面理解中国就必须了解、认识和深刻地理解过去之中国，唯有如此，才能更好地憧憬未来之中国；而多年中国社会实践和思想历程形成的另一共识是，历史虚无主义是极大干扰我们正确认识历史因而必须坚决予以克服、消除的重大思想障碍和现实阻力。

习近平指出："历史，总是在一些特殊年份给人们以汲取智慧、继续前行的力量。"②2021年，我们迎来了中国共产党成立100周年这个特殊年份，我们更有理由全面清理历史虚无主义这一错误思潮，以历史唯物主义为指导，全面树立正确党史观，在深刻汲取历史经验教训中奋力前行，在回顾百年辉煌党史历程中展望、憧憬新时代中国特色社会主义和中华民族的美好明天。由此，本专题将从全面体认中国、理性理解中国的视角出发，以剖析历史虚无主义的脉络、危害、本质为逻辑线索，深入系统分析如何在历史唯物主义科学指导下牢固确立正确党史观，进一步彻底深入地清理历史虚无主义的思想之弊和现实影响，真正做到"正本清源、固本培元"。

---

① 金冲及：《历史是最好的教科书》，《红旗文稿》，2018年第18期。
② 习近平：《开放共创繁荣 创新引领未来——在博鳌亚洲论坛2018年年会开幕式上的主旨演讲》，《人民日报》，2018年4月11日。

一、历史虚无主义的由来和演变

一直以来,在对历史虚无主义的认识、研究上存在着一种现象:一方面,我们把它看作舶来品、输入型"病毒"或有着典型"帮办"性质的事物,在这个意义上它与新自由主义等思潮是完全无异的;另一方面,我们在对这一问题的研究中,又几乎无一例外地局限在"中国社会""中国语境""中国问题"的范围内进行思考。然而在世界历史——全球化已经成为既定事实的今天,历史虚无主义的世界性视野早就应该予以揭示和挖掘,它必将为我们更加全面系统认识、深入彻底纠治这一错误思潮提供更广阔的视野、路径和方法。由此,我们将在西方和中国两个视域中梳理、总结历史虚无主义产生、发展的总体脉络和线索:

(一)西方资本主义社会与历史虚无主义的流变

"虚无主义"一词来自拉丁文,指的是"完全毁灭或无的过程"。1799年,哲学家雅科比在《给费希特的信》中第一次使用这个词,后经屠格涅夫的小说《父与子》的描绘而流行。德国著名哲学家、存在主义大师海德格尔对此指出:"从其本质上来看,毋宁说,虚无主义乃是欧洲历史的基本运动。这种基本运动表明这样一种思想深度,即,它的展开只还能引起世界灾难。"[①]因此,我们对西方社会中历史虚无主义的这一定向考察,基于两

知识链接

雅科比(Friedrich Heinrich Jacobi,1743—1819),德国唯心主义哲学家。他批判了康德的不可知论,主张人的感觉、知觉可以直接把握外界事物,但在此经验界之上还有一个超验之物,那就是上帝。只有通过信仰才能发现上帝的存在。主要著作有《致摩西·门德松的书信》《休谟论信仰》等。

---

① 孙周兴选编:《海德格尔选集》(下卷),生活·读书·新知、上海三联书店,1996年,第772页。

个主要线索：一是限定在以欧美为代表的欧洲文明在近代以来的历史进程，二是定位在资本主义工业化文明过程中思潮演进的逻辑。概略地看，与欧美资本主义工业化文明相伴而生的虚无主义大致经历了四个阶段：

第一，孕育和萌芽期。

从文艺复兴到19世纪70年代，伴随着以意大利为核心的文艺复兴运动的兴起和法国启蒙运动的勃发，资产阶级、资本主义经历了近500年的发展与最终定型。

一是文艺复兴运动。大致是从14—16世纪，主张用"世俗"反对基督教（天主教）的神学（权），用"自然""人性"取代"禁欲"，倡导复兴古希腊罗马文化，积极推动"古典主义"复兴。"人文主义"精神正是这一时期产生的伟大思想，实质是资产阶级反对封建主义的"新文化运动"。

这一时期涌现出了文学界的但丁（《神曲》）、薄伽丘（《十日谈》）、彼特拉克（与但丁、薄伽丘并称文艺复兴三杰）、莎士比亚（文学巨擘）、拉伯雷（《巨人传》）和塞万提斯（《唐吉诃德》），艺术界的达·芬奇、拉斐尔和米开朗基罗，科学界的哥白尼、开普勒、伽利略，以及哲学界的弗朗西斯·培根和笛卡尔等。对此，恩格斯曾赞誉，这是一场人类从来没有经历过的最伟大的、进步的变革，是一个需要巨人而且产生了巨人的时代。正是在这个巨人的时代，神权开始大幅度下滑，意大利政治哲学家马基雅维利的《君主论》和德国人马丁·路德（《九十五条论纲》）的宗教改革运动对天主教造成了双重打击，欧洲人的信仰出现了巨大的裂缝和动摇，信仰危机的种子已经种下，也为后来西方社会出现的一系列文化和历史问题埋下了深刻动因。

二是启蒙运动和资产阶级革命。大致是在17—18世纪，运动中心在法国，涌现出了伏尔泰、卢梭、孟德斯鸠和狄德罗（百科全书派，机械唯物主义的代表）等，主题是反封建、反神权，倡导形成了资产

| 伏尔泰 | 卢梭 | 孟德斯鸠 | 狄德罗 |

启蒙运动思想家

阶级的完整世界观体系(经济、政治、科技、文化等方面);①随着美国独立战争和法国大革命的爆发,资本主义时代正式宣告到来,资产阶级在涤荡神权和封建主义残余的斗争中取得了全面彻底的胜利,而它与无产阶级和社会大众的矛盾开始凸显出来。自然界的"巨人"开始变成平淡无奇的"人",但是失去了上帝护佑的"赤身裸体的人类"如何抵挡自然界的"攻击",人的"内心"和"社会"世界如何平衡关系,这些问题以"人道主义""人本主义"的"类哲学"凸显出来。在世俗资本的作用下,如何解救劳苦大众的苦难成为所有思想家关注的焦点。这个时期的尾声是划时代的,因为马克思、恩格斯及其创立的马克思主义,在自由资本主义时代开启了对时代课题进行探索的伟大历程。

简言之,打碎了神权的进步意义巨大,但西方从此面临全面的信仰危机的事实也不可否认;对"神话"的"祛魅""解构"换来了自然和社会,但这段历史怎么看、怎么理解,"泥古""复古"和现代社会之间的断裂怎样弥合? 资产阶级登上历史舞台的过程中,对内是"原始积累"和"野蛮生长",对外是"大航海""殖民拓土"和"奴隶贸易",一个阶级、群体对其他所有人的剥削压迫同样达到了人类史上无以复加的地步。阶级、民族、种族(族群)的历史记忆、文化伤痕和心理裂痕如何平复,极大地考验着以民族国家为主体的欧洲体系和文明。

第二,突变和形成期。

从19世纪70年代至二战结束后的近80年时间,西方社会中有一股思潮逐步萌发并突然崛起,这就是哲学中的虚无主义和更宽泛意义上的历史虚无主义。这个时期,我们以帝国主义时代和两次世界大战作为总体背景,从自由资本主义向垄断阶段转化是19

---

① 17世纪,荷兰和英国已经率先完成了资本主义意义上的革命,建立起现代意义上的君主立宪制的资本主义国家。因此,启蒙运动的核心在欧洲大陆的法国,并逐渐蔓延到欧洲其他各个国家及后来的美国。

世纪后半期资本主义社会乃至世界历史的重大转折,由此引发了资本主义世界政治、经济、军事和文化的不平衡,以及一战、二战的爆发。在此,我们主要研讨由两个突变点延伸开来的逻辑:

一是以叔本华和尼采为代表的唯意志论哲学思潮,开启了非理性主义、哲学虚无主义的先河。德国哲学家叔本华是哲学史上第一个提出用非理性反对理性主义先河的思想家,他在《作为意志和表象的世界》一书中全面阐述了"生命意志"主宰世界的思想,表现出明显的悲观主义论调。与之相反,德国哲学家尼采是唯意志论的集大成者,他在《悲剧的诞生》《查拉图斯特拉如是说》《权力意志》等著作中阐述了其思想。一方面,尼采自称为"欧洲最彻底的虚无主义者",认为"上帝已死"、传统的终极价值已消失。他认为有两种虚无主义,消极的虚无主义包括柏拉图主义、基督教和叔本华的哲学,而积极的虚无主义把"价值的危机"看作创立新价值的契机,虚无主义的时代虽然到来,但人们可以重估、重建新价值,因而获得重新生存的理由。另一方面,他主张"权力意志",包括个人价值的积极实现和"主人道德"(或"强者逻辑")两个层面。以"上帝已死、价值颠覆(重建)"为核心的尼采虚无主义的产生,影响了西方社会一大批思想家,包括克尔凯郭尔、雅斯贝尔斯、海德格尔、萨特等,甚至后现代思想家也基本上肇始于此。更重要的是,尼采在叔本华个人虚无主义基础上正式树起哲学虚无主义的大旗,为整个西方社会思想领域的历史和文化虚无主义奠定了基础。

二是一战后对文明的现代反思。斯宾格勒是德国著名历史哲学家,1918年出版的《西方的没落》享誉世界。他提出,文化(明)像生命和四季一样演绎着繁衍和兴衰的过程,欧洲文明孕育了战争,如何修复战争创伤、走向新的文化发展是人类面临的重大问题,否则历史和文化必将断裂重生。面对各种"历史的占卜术""恶的预言书"之类的评论,斯宾格勒在前言中写道,"对于那些只会搬弄定义而不知道命运为何物的人而言,我的书不是为他们而写的",而二战的爆发从一定意义上验证了他的担心。更为重要的是,结合人类20世纪的重大历史事件,对人类社会-历史的反思、批判和断裂性认识成为二战后的一种重要理论和文化倾向,历史虚无主义逐渐成为"交织"在乡愁、文明病和民族国家认同等复杂语境中的重要底色。

第三，发展和蔓延期。

从1945年到1980年之前的30多年，世界经历着战争创伤后的恢复发展，笼罩在两大阵营的对峙和核威胁的紧张气氛下，欧美文明经历了一场从1968年的"红色五月风暴"的文化激进主义，到后现代语境中"文化-历史虚无主义"的蔓延。1968年前后，在欧美等主要发达国家发生了一场激进主义的文化运动，美国的"反战运动""嬉皮士""行为艺术"等文化社会行动和思潮重释了后工业化社会的未来图景，反思历史、拒绝现代文明成为欧美的一种重要文化潮流。在此基础上，利奥塔、德里达、福柯和罗蒂等推演出"后现代主义"，批判主流、主导、本质和宏大叙事，主张解构、表象、价值相对主义和文化虚无，矛头直指现代社会的总体文明及作为其源头的启蒙主义。这种后现代思潮裹挟的重要思想和方法元素，为全球化范围内的文化-历史解构提供了最重要的理论武器。

知识链接

后现代主义（Postmodernism）是20世纪70年代后被神学家和社会学家开始经常使用的一个词。起初出现于20世纪20年代左右，用于表达"要有必要意识到思想和行动需超越启蒙时代范畴"。总的来看，它是对现代化过程中出现的剥夺人的主体性和感觉丰富性、整体性、中心性、同一性等思维方式的批判与解构，也是对西方传统哲学的本质主义、基础主义、"在场的形而上学"等的批判与解构。代表人物主要有美国的理查德·罗蒂、法国的雅克·德里达和让－弗朗索瓦·利奥塔等。

第四，扩散和反思期。

1980年至今的40多年间，西方发达社会在文化-历史发展的进程中，文化帝国（殖民）主义、世界体系论、微观政治-历史主义的思想大规模产生,并随着经济全球化的扩展弥散开来;后现代思想在哲学、文学、历史学、社会学等诸多领域广泛传播,形成了一定的政治—文化—多元化的共识,在反思的意义上重构了人们对世界历史、欧洲文明和各国历史的认识。值得一提的是,这一时期,在西方社会的主流意识形态和话语体系新自由主义架构的支撑下,历史虚无主义思潮总体上处于文化边缘和社会主流之外。令人意外的是,随着改革开放的进程,这股世界性的文化主义–虚无主义的思潮渐渐进入到中国社会,并在中国语境中不断发酵和产生着新的变体和新的逻辑脉络。

(二)近代以来中国社会发展与历史虚无主义

近代以来,中国社会历史虚无主义的发展有着与西方大致一样的两大逻辑:一是在经历时代巨变的大背景下,社会文化、政治精英探索救国救民的道路,社会革命必将带来社会的重大转型和重塑;二是在社会变革的年代,必然引发文化–思想领域的哲学价值观的重塑、重建,进而演变为更为广泛的文化–历史领域的观念变革。当然,从中国社会自身发展的实际语境看,我们有着不同的逻辑和脉络,大致可以分为四个阶段:

第一,从新文化运动到"全盘西化论"的提出(1915年到1930年左右)。

以陈独秀、李大钊、鲁迅、胡适等为代表的近代著名革命家和思想家,在1915年发起了著名的新文化运动,这是一场"反孔教、反文言、抵制儒家学派"的思想文化革新、文学革命运动,提倡科学与民主、反对封建主义,为五四运动奠定了极为重要的思想文化基础;同时,其中的"反孔教"和对儒家乃至中华传统的全面批判也存在文化虚无的激进主义片面性。

陈独秀　　　　李大钊　　　　鲁迅　　　　胡适

新文化运动代表人物

五四运动前后,中西文化的争论非常激烈,胡适等人开启了历史虚无主义"全盘西化"的先河,引起了"中国本位文化"论者的反对。这一争论在中西文化优劣的比较中,实质涉及的是中国走资本主义道路还是坚持大地主大资产阶级专制统治。

进至20世纪30年代,历史学者陈序经(1903—1967)于1934年1月在《广州民国日报》发表《中国文化之出路》一文,在全国引发了一场激烈的文化大论战,论战的焦点就是"全盘西化论"。他指出,"西洋文化无论在思想上,艺术上,政治上,……都比中国好","今后中国文化的出路,惟有努力去跑彻底西化的途径"。①而胡适同样主张"西化论",不过他的具体方案是效仿美国。应该说,此一时期的全盘西化论、文化虚无主义直指中国的救国方案和民族发展道路的根本问题,它与文化复古主义一样从根本上是无法解决中国问题的。随着全面抗日战争的爆发和中国共产党领导的解放战争的最终胜利,从新民主主义到社会主义的光明大道真正回答了这个近代以来中华民族伟大复兴的首要问题。

第二,从新中国成立到1978年之前。

新中国成立以后,虚无主义或历史虚无主义问题仅零散出现在学术讨论中,比如,1956年阎丽川在《美术》杂志发表文章认为,对历史艺术不够尊重、不能传承,是艺术虚无主义的表现。客观地讲,新中国成立后从思想文化和意识形态建设的历程来看,社会主义建设中确实出现了"反右派斗争扩大化""大跃进""人民公社化运动""文化大革命""批林批孔运动"等。从辩证法的视角看,这些问题的出现不是主流,只是党和社会主义建设发展中的重要经验教训,党就是在正视问题、汲取经验中不断成长壮大的。

第三,从改革开放到1999年。

这是中国社会转型发展的伟大时期,是党带领全国人民开启改革开放的新时期,在新中国成立以来近30年奠定的发展基础上,中国特色社会主义展现出广阔的前景。在这一过程中,随着不同的时间节点和不同

---

① 转引自罗荣渠主编:《从"西化"到现代化》,北京大学出版社,1990年,第363~364页。

阶段社会矛盾的变化,虚无主义"死灰复燃",历史虚无主义重新登场:

一是改革开放之初的文化反思之风。从"伤痕文学"到"异化和人道主义问题"讨论,改革之初的人性反思和马克思主义重大问题的讨论,反映了中国社会主体的意识觉醒。特别是关于毛泽东和毛泽东思想的评价问题,在党和国家内部还是在一定层面上有过争论,但多见于内部会议,对整个社会未产生大的影响。随着1981年6月27日党的十一届六中全会通过《关于建国以来党的若干历史问题的决议》,中国改革开放的思想基础进一步得到夯实。

二是中国改革开放遭遇内外部的严峻挑战,历史虚无主义沉渣泛起。从1989年到1999年,中国特色社会主义面临着来自内外部的严峻挑战:

从内部看,1989年出现严重政治风波,这是改革开放以后"中国内部资产阶级自由化思潮滋长蔓延"①的重要表现,也是"全盘西化论"的死灰复燃。这场风波中对改革开放、社会主义制度、党和国家领导人的攻击显示出历史虚无主义的政治本质。对此,1989年9月,江泽民明确指出,"任何割断历史,采取虚无主义的态度,借口'改革'而否定党的优良传统的做法,都是错误的"②,这是党首次将虚无主义与历史问题结合在一起;同年12月29日召开的党建理论研讨班上,他再次强调:"一个时期以来,资产阶级自由化思潮的泛滥……利己主义、拜金主义、民族虚无主义和历史虚无主义的滋长,严重侵蚀党的肌体。"③这样,历史虚无主义在正式文献中被提出,问题直指这一思潮的政治属性和本质。

从外部看,在西方策动下,20世纪80年代末到90年代初,国际共产主义运动遭遇严重挫折,苏联解体、东欧剧变,西方一些政治家、理论家先后出版《1999:不战而胜》(尼克松,1988年)、《历史的终结及最后之人》(弗朗西斯·福山,1992年)、《文明的冲突与世界秩序的重建》(亨廷顿,

---

① 中共中央党史研究室:《中国共产党的九十年》,中共党史出版社、党建读物出版社,2016年,第766页。

② 中共中央文献研究室:《江泽民思想年编(1989—2008)》,中央文献出版社,2010年,第8页。

③《江泽民文选》(第一卷),人民出版社,2006年,第94页。

1996年)等,大肆鼓噪"马克思主义过时论""历史终结论""共产主义失败论"等虚无主义论调。这一时期的历史虚无主义在国际国内的特殊环境中一度"野蛮生长"、滋长蔓延,成为影响严重的政治思潮。

第四,2000年以来至今。

近20多年来,历史虚无主义在我国的演变大致经历了三个重要的时间段:

一是2000年到2005年左右。一方面,这一时期党和国家进一步重视和加强意识形态领域建设,出台了《中共中央关于加强和改进思想政治工作的若干意见》(1999年9月)。同时,理论界的学者及《人民日报》《光明日报》《求是》等重要报刊集中对错误观点言论进行批驳。另一方面,2005年左右,历史虚无主义作为一种社会思潮正"逆风乘隙袭来,且有愈演愈烈之势"[1],对此,学界进一步加强了学术研究。

二是2013年左右。党的十八大前后,随着国际形势变化和中国经济社会发展进程,历史虚无主义思潮多年一直位居最受关注十大社会思潮之一:2010—2011年间位列第7,2013年高居第2(仅次于新自由主义),2014年又回落到第7。从时间段看,2008年我国成功举办奥运会同时也是改革开放30周年,2009年是新中国成立60周年,2011年是辛亥革命100周年、中国共产党成立90周年,2013年是毛泽东诞辰120周年,2014年是邓小平诞辰110周年。针对这些重大历史事件和领袖人物诞辰纪念日,历史虚无主义论争在一些平台和领域激烈碰撞。

三是2017年至今。历史虚无主义在媒体平台中不断变换形式和方法,仍不时对改革开放、新中国成立、党和国家重要领导人、革命烈士和英雄人物编造谣言谎言,在网络空间散布虚假言论。为此,国家先后在意识形态建设、网络空间和维护革命烈士、英雄人物等方面出台重要措施,有效地建构了法治体系,对包括历史虚无主义思潮在内的各种错误思潮给予了有力回击,在中国经济社会持续向上向好发展面前,各种错误思潮散

---

① 田居俭:《历史岂容虚无——评史学研究中的若干历史虚无主义言论》,《高校理论战线》,2005年第6期。

布的空间被大大压缩。

简言之，只有站在全球视野中全面了解掌握历史虚无主义思潮发展的脉络、逻辑和复杂根源，才能有针对性地找到有效根治和解决问题的思路办法。

二、历史虚无主义的重大危害

海德格尔指出，历史虚无主义的危害是在世界历史进程中将全人类都置于一种无根化生存、无价值观思考的虚化境地，从全球视野看这是危害甚大、极为危险的一种社会思潮。因此，站在今天的视野看，历史虚无主义的危害表现在这样三个层面：

（一）从前车之鉴看，历史虚无主义是颠覆社会主义国家政权的重要推手

2021年是苏联解体30年（1991年12月25日）。苏维埃俄国是世界上第一个社会主义国家，列宁领导的十月革命、建立社会主义制度对国际共产主义运动、世界民族解放运动发挥了极为重要的作用。前事不忘后事之师，我们发现，在苏联亡党亡国的深刻教训中，历史虚无主义备受关注。

首先，苏联党内的第一次历史虚无主义潮流发生在20世纪50年代。1956年，在苏共二十大上，赫鲁晓夫作了《关于个人迷信及其后果》的秘密报告，全面批判斯大林，由此拉开了在苏共党内、苏联国内和整个社会主义阵营中全面虚化社会主义领导人的先河。这场突如其来的报告造成思想和社会的震动，当时苏联的一些高校和科研院所出现游行等政治活动，并公然喊出"打倒共产党""打倒苏维埃"的口号。[①]对历史人物的评价，人民是最有发言权的，"亲身经历过斯大林时期的苏联人民，充分肯定了斯大林伟大的历史功勋"[②]。对于这场巨大的思想地震，之后的苏联领导人任其滋长、不予纠正，致使这一问题滋生蔓延。

---

① 参见王立新：《苏共兴亡论》，中共中央党校出版社，2007年，第156页。
② 李慎明：《历史在这里沉思——苏联解体20周年祭》，社会科学文献出版社，2011年，第173页。

其次,在戈尔巴乔夫担任总书记时期,历史虚无主义全面爆发。20世纪80年代,在苏联国内外各种矛盾问题复杂丛生的情况下,境内外势力从斯大林问题延伸到对十月革命和苏联社会主义制度的质疑,从对苏联党和国家领导人的攻击延伸到抹黑苏联各个时期的英雄人物。比如,彻底"妖魔化"斯大林,编造列宁是"德皇间谍"并历数"罪状",几乎所有重要领袖都被抹黑殆尽;再如,丑化、诋毁和抹黑苏联时期的英雄卓娅、马特洛索夫,把苏联人民心目中的抗德英雄说成是盗窃犯和叛徒,曲解、恶搞用身体堵枪眼的战斗英雄马特洛索夫。此外,这一时期的苏联社会科学出现攻击社会主义制度的大量作品,裁剪、歪曲、拼凑苏共党史和社会主义。

最后,戈尔巴乔夫的虚无主义立场令人震惊。布热津斯基在《大失败》中指出,1987年5月戈尔巴乔夫在与匈牙利领导人的谈话中竟说,"苏联自1929年以来的经验全部是错误的","苏联的经验有四分之三以上是令人怀疑的,应该予以否定或纠正"。[①]很快,在1988年的苏共第十九次代表会议上,戈尔巴乔夫抛出"公开性、民主性、社会多元化"等论调,更为揭露苏联的"黑历史"提供了武器。由此,苏联党和社会主义国家逐渐陷入全面的思想混乱和社会动荡之中,在1990年由戈尔巴乔夫提出的"人道的、民主的社会主义"文件中,马克思主义被彻底放弃,意识形态领域接

★ 学习金句 ★

苏共垮台和苏联解体的"一个重要原因就是意识形态领域的斗争十分激烈,全面否定苏联历史、苏共历史,否定列宁,否定斯大林,搞历史虚无主义"。

——习近平:《关于坚持和发展中国特色社会主义的几个问题》,《求是》,2019年第6期

---

① [美]布热津斯基:《大失败——20世纪共产主义的兴亡》,军事科学院外国军事研究部译,军事科学出版社,1989年,第55页。

近全面崩溃的边缘,国家已走到无法挽回的境地。历史不容忘却,品之更觉清醒。30多年过去了,历史虚无主义在苏联党和国家引发的这一系列的巨震和重大后果,思之仍然让人心惊和忌惮。

(二)从总体形势看,世界范围内的历史虚无主义有愈演愈烈之势

自20世纪80年代以来的40多年间,在个别国家的推动下,历史虚无主义不断向世界扩散,并在每一次扩散和爆发中呈现出特定的焦点和矛头。

第一,20世纪八九十年代,历史虚无主义思潮席卷苏联和东欧社会主义国家。

历史虚无主义在社会主义国家"流行"的过程中,逐渐转变为一种专门拿"共产党""社会主义制度""无产阶级领袖"和"英雄人物"等来做文章的政治思潮,造成共产党的执政地位和马克思主义的指导地位受到质疑。可以说,苏东剧变是历史虚无主义向世界展示其"扩散性威力"的第一个波次。

苏联卫国战争女英雄卓娅,在历史虚无主义者的笔下成了"精神病患者"和"纵火犯"。这种打着"揭露真相"旗号的言论在相当长的一段时期内甚嚣尘上,推倒了苏联英雄的光辉形象,搅乱了苏联人民的思想。

第二,21世纪的第一个10年中,历史虚无主义以"颜色革命"的形式再次发挥"威力"。

所谓"颜色革命",是21世纪初在苏联、中东和北非地区发生的以颜色命名、以所谓的和平非暴力方式进行的政权更迭运动。这些由西方国家策动的"颜色革命",通过街头政治放大所在国家政府和领导人的"错误",用"西式民主"和"西式价值观"来"虚无化"所在国家的社会、历史和文化成就,引发民众不满,最终达到颠覆国家政权和根本制度的政治目的。概言之,"颜色革命"的发生有着深刻而复杂的历史和文化因素,这些因素相互纠缠,对"颜色革命"的爆发起到了至关重要的推动作用。

第三,21世纪的第二个10年至今,历史虚无主义变换形式粉墨登场。

在这一阶段,历史虚无主义披着学术或文化娱乐的外衣大肆进占网络和现实空间,通过线上线下等综合手段向"目标国家"精准投放再包装化的历史虚无主义。比如,采用学术或理论的外衣,用所谓"立场中立""价值中立"方式曲解历史,在网络空间中散布不实言论和"小道消息";向特定人群散布"远离崇高""质疑主流""娱乐至死""一切都别当真"等错误思想观念,消解主流价值观;利用各种文化新形式,消解民族忧患意识,歪曲偶发社会事件的真相,培养背离和抗拒现实政治制度的社会心理,制造民众与各国政府、主流价值观和历史文化传统的紧张关系,并从中获利。

(三)从我国实际看,历史虚无主义是对社会造成重大危害的政治思潮

新中国成立特别是改革开放以来,历史虚无主义作为一种政治思潮对党和国家以及社会发展造成的后果,在混淆视听、传播编造虚假认识等方面造成的危害是极大的,不可等闲视之。可以从这样七个方面来看其主要表现和危害:

第一,虚化、否定中华文明及其历史,试图瓦解民族认同、消解爱国主义。

中华文明源远流长、博大精深,是中华民族赖以生存的精神血脉。历史虚无主义者否定黄土文明、颂扬蓝色文明,把中华民族说成是"落后""奴性"的代名词,把中华文化说得一钱不值和"已经夭亡",这些与新中国成立前殖民者鼓吹的"东亚病夫"等论调如出一辙,也与他们鼓吹的"全盘西化"论调和"崇洋媚外"的嘴脸是一致的,极大地损害了民族感情,妄图在解构民族认同和爱国主义中实现其不可告人的目的。

第二,歪曲近代史中的重要问题,用编造的虚假历史欺骗国人。

一是美化侵略史。把西方列强侵略中国说成是"好事",提出所谓"如果没有西方的殖民征服,人类,特别是东方民族所有优秀的才能就会永远沉沦",并以东北和港澳作为例证来说事;而把中国人民不屈不挠的抗争说成是"落后对抗先进、愚昧对抗文明"的行为,把太平天国、义和团说成是"笑话",甚至彻底地否定一切农民起义和斗争。二是鼓吹"告别革命""歌颂改良"。否定近代以来的一切革命运动,把近代史说成是"一部不断杀人、轮回地杀人的历史"，鼓吹"辛亥革命搞糟了"，一切"政治灾难都是从五四运动来的"，使得中国长期偏离西方启蒙运动以来的"近代文明主流"，主张用现代化史来代替革命史。毫无疑问，近代以来的中国和中国人民主流是反抗侵略压迫、艰苦寻求救国图存的抗争史、革命史和斗争史，没有这种抗争和伟大的爱国主义精神，没有无数仁人志士抛头颅、洒热血，没有中国共产党的领导，哪里有朗朗乾坤和新中国，这段辛酸的历史中国人民永远都不会忘记。

第三，以"重新评价"之名为近代以来的众多历史人物"歌功颂德"，妄图通过"美化"和"反思"混淆视听。

历史虚无主义罔顾基本的客观事实和历史后果，对长久以来已经在中国人民心目中有定论的历史人物进行美化，通过"去阶级化"给慈禧、李鸿章、荣禄、蒋介石"翻案"，把慈禧说成是推动中国近代化的"英明太后"，把李鸿章说成是"开明进步"的忠臣等，在一定程度上造成了社会思想的混乱。

第四，歪曲、否定中国共产党在中国革命史中的历史地位和作用。

一是贬低五四运动的历史功绩，歪曲中国共产党产生和发展的历史必然性；二是夸大国民党在抗日战争中的作用，否认中国共产党在抗日战争中的中流砥柱作用，污蔑游击战、抗日根据地和中国共产党领导的武装为"农民军"；三是把造成第三次国内革命战争（解放战争）的责任推给共产党；等等。

第五，攻击马克思主义和社会主义制度，否定党和国家主要领导人，妄图从根本上动摇人民的信仰信念。

一方面，历史虚无主义把马克思主义说成是中国的"历史虚无主义"，丑化"共产主义"，否认中国走上社会主义道路的历史必然性；另一方面，攻击和否定毛泽东，其中延安时期、"文化大革命"和其晚年成为他们篡改、编造历史的重点等。对于毛泽东和毛泽东思想，党是有科学准确的定位和判断的，也是得到广大人民群众认可和拥护的，历史虚无主义的这种做法无非是想炮制他们在苏联问题上的老做法，其险恶政治用心昭然若揭。

第六，采用"戏说""恶搞"和推测等手法肆意歪曲、否定革命先烈和英雄人物。

在党领导的各个历史时期，涌现出了大量铭刻在人民心中的先烈和英雄人物，他们是我们民族的脊梁、中华民族大无畏斗争精神的化身。然而历史虚无主义提出，这些先烈和英雄是"伪造"的、是"谎言"和"虚构"。比如，把《沙家浜》改编成"一个女人和三个男人"的感情戏，把阿庆嫂说成是"潘金莲"；攻击邱少云的英雄事迹是"虚构"的，推测所谓"人类极限"之不可能性；说董存瑞是"因为炸药包被胶黏住"才炸碉堡；认为黄继光是"摔倒"时堵的枪眼；等等。历史是不容篡改和戏说的，党的十八大以来，党和国家先后出台了一系列维护英雄名誉、打击线上线下各种违法行为的措施和法律，尤其是《中华人民共和国英雄烈士保护法》（2018年5月1日实施）、《中华人民共和国刑法修正案（十一）》（2021年3月1日实施），都明确规定侮辱、诽谤英雄烈士的行为是犯罪，有力地震慑了别有用心之人，彰显了党和国家的决心意志。

第七，利用各种手段、平台在重要时间节点和重要历史问题上传播错误言论和虚假信息，妄图混淆视听、冲击主流意识形态。

一直以来，历史虚无主义始终利用"三年困难时期""文化大革命"等历史问题编造谎言，制造出大量的所谓"史实""事实"，攻击党和政府；割裂看待新中国成立后的"两个30年"历史，利用改革开放、新中国成立、中国共产党成立等重大的周年纪念节点，不遗余力地散布各种错误言论，严重影响社会和网络思想、舆论空间的秩序，甚至故意制造"事端"给敌对势力以借口，妄图影响和干扰中国社会快速发展的大好局面。

正如习近平指出："'谎言重复一千遍就会变成真理。'各种敌对势力就是想利用这个逻辑！他们就是要把我们党、我们国家说得一塌糊涂、一无是处，诱使人们跟着他们的魔笛起舞。"[①]对问题的本质，我们要

---

① 中共中央文献研究室编：《习近平关于社会主义文化建设论述摘编》，中央文献出版社，2017年，第15页。

头脑清醒;对由此已经造成或可能造成的重大危害,我们更要有充分的认识。

三、历史虚无主义的实质分析

知其然,更要知其所以然。对于历史虚无主义的认识,不仅要了解它的源流线索和脉络,分析它可能和已经造成的重大社会危害,更要深入透视这一思潮的内在实质和逻辑理路,全面系统地认清这一思潮的政治的、理论的和实践的性质与本源。

(一)政治属性

习近平明确指出:"历史虚无主义的要害,是从根本上否定马克思主义指导地位和中国走向社会主义的历史必然性,否定中国共产党的领导。"①由此,对于这样一个"重大政治问题处理不好,就会产生严重政治后果"②。历史虚无主义思潮虽然是一种存在于中国的社会意识形态,但与一般社会意识形态根本不同的是,它是一种倾向明显、异常顽固的政治思潮,其首要指向和要害之处是它的政治性,这个属性可以从这样三个基本的方面来理解:

第一,否定马克思主义在党和国家的指导地位。

习近平明确指出,从一般性来看,马克思主义"犹如壮丽的日出,照亮了人类探索历史规律和寻求自身解放的道路",虽历经百年,但其科学性经受住了人类社会变迁发展的考验,可以说它"源于那个时代又超越了那个时代,既是那个时代精神的精华又是整个人类精神的精华"③。因此,从马克思主义诞生起到20世纪90年代,各种关于马克思主义的"危机论"

① 中共中央党史研究室:《历史是最好的教科书——学习习近平同志关于党的历史的重要论述》,《人民日报》,2013年7月22日。

② 中共中央文献研究室编:《十八大以来重要文献选编》(上),中央文献出版社,2014年,第113页。

③ 习近平:《在纪念马克思诞辰200周年大会上的讲话》,《人民日报》,2018年5月5日。

"过时论""终结论"的论调虽此起彼伏,但每每喧嚣过后,人们反而见证了这一理论的科学性、时代性和强大生命力,而用这一科学理论指导中国显然是符合人类社会发展一般规律的。从与中国社会尤其是中国共产党的关系看,马克思主义是中国共产党人理想信念的灵魂,党的历史进程、中国特色社会主义的现实发展须臾都离不开马克思主义这一科学思想的指导,这也是被实践证明并将继续被证明的事实和真理。因此,历史虚无主义从各方面攻击马克思主义,就是要在根底上抽掉中国共产党人的信仰和灵魂,抽掉中国特色社会主义的指路明灯和正确方向,其险恶的政治用心昭然若揭。

第二,否定中国走向社会主义的历史必然性。

近代以来的中国历史、中国革命史明确告诉我们,在外敌侵略殖民的时刻,在中华民族救亡图存的关键时刻,不是资本主义、不是什么其他的道路和主义挽救了中国,是中国共产党领导下的革命挽救了中国,是社会主义中国让中国人民站起来、富起来、强起来,这个问题的实质是道路问题,而历史已经给了我们明确的答复:只有社会主义才能救中国,只有中国特色社会主义才能发展中国。因此,一方面,从历史必然性上看,选择社会主义、坚定走中国特色社会主义道路,"是根植于中国大地、反映中国人民意愿、适应中国和时代发展进步要求的科学社会主义,是全面建成小康社会、加快推进社会主义现代化、实现中华民族伟大复兴的必由之路"①。另一方面,从当今世界发展的经验看,经历20世纪90年代国际共产主义挫折之后,人们越发清楚,放弃马克思主义、从社会主义制度上倒退的后果是灾难性的,已经被人们证明是重大的历史倒退,也给相关国家和人民带来了不可估量的损失和沉痛的记忆;同时,21世纪以来,西方推行的新自由主义接连遭遇重大挫折,2008年的国际金融危机和2020年以来的全球抗疫实践,再次向人们展示出两种主要社会制度之间的根本差异和差距。在这样的情况下,历史虚无主义还要向人们兜售它的错误论调,其罔顾历史、无视事实的错误必将不得人心,其政

①《习近平谈治国理政》(第一卷),外文出版社,2018年,第21页。

治属性也更加大白于天下。

★ **学习金句** ★

历史告诉我们，中国走资本主义道路不行，中国除了走社会主义道路没有别的道路可走。……我们要用历史教育青年，教育人民。

——《邓小平文选》（第三卷），人民出版社，1993年，第206页

第三，否定中国共产党的领导。

只要对中国近代史、中国现代史和中国革命史稍加了解就会发现，"如果没有中国共产党领导，我们的国家、我们的民族不可能取得今天这样的成就"，这个党是中华民族优秀儿女的代表，也始终与中国人民在一起、心连心。因此，中国共产党的成立是中国近代以来开天辟地的大事，中国共产党自成立以来带领中国人民迎来了从站起来、富起来到强起来的伟大历史性飞跃，现在正在向着社会主义现代化强国和中华民族伟大复兴目标奋进。在这个意义上，有了中国共产党、有了中国共产党执政是"中国、中国人民、中华民族的一大幸事"，因此"在坚持党的领导这个重大原则问题上，我们脑子要特别清醒、眼睛要特别明亮、立场要特别坚定，绝不能有任何含糊和动摇"。[1]长期以来，历史虚无主义看不到西方政党相互恶性竞争的事实，看不到西方政治制度无视人民利益，甚至视人民生命如草芥的黑暗历史，却一再攻击、诋毁和否定中国共产党的领导，其政治目的、政治工具的本色已经再清楚不过了。

（二）理论性质

历史虚无主义有着鲜明的政治本质，但它的惑人之处也在于其理论的外观。无论在国际还是在国内，这一错误思潮经常打着理论的名义"讨论"问题、迷惑人们，经常以理论之名携带"私货"，这是我们必须予以警惕的。

---

[1]《习近平谈治国理政》（第二卷），外文出版社，2017年，第20页。

一方面,历史虚无主义思潮已经演变为以历史为核心,广泛涉及哲学、政治、经济、文化等领域的复杂理论语境。从前面的历史梳理中,我们可以清晰地发现,历史虚无主义的理论根基来自虚无主义,是西方近代以来哲学发展的必然产物,突出反映了一种"感觉主义""主观主义""个人主义"的思想倾向。此后,一个极为重要的突变是"文化虚无主义"的转向,由此,在不少国家和地区的民族文化与民族认同中,各种虚无主义理论观点泛滥,伴随着20世纪西方殖民侵略、帝国主义扩张逐渐向各国蔓延。在我国新民主主义革命过程中,"全盘西化论"就是以彻底否定中华民族为理论根基的。20世纪80年代,国内外敌对势力在鼓吹"资产阶级自由化"的时候,也在到处宣扬"蓝色文化"、贬低"黄色文化"。在此基础上,揪住所谓的"历史问题"大做文章成为历史虚无主义的主要领域,并逐渐与"新自由主义""普世价值""民主社会主义"等思潮中的政治、经济话语合流,通过似是而非的理论"创新"迷惑大众,实际早已失去了一种理论应有的科学、客观等基本要求和追求。

另一方面,历史虚无主义是完全异质于中国特色哲学社会科学的一种错误社会思潮。习近平明确指出,"当代中国哲学社会科学是以马克思主义进入我国为起点的,是在马克思主义指导下逐步发展起来的",因此新中国成立以来,特别是当代中国哲学社会科学区别于其他哲学社会科学的根本标志就是"以马克思主义为指导",这一点必须"旗帜鲜明加以坚持"。①从一般意义上讲,不同于自然科学,哲学社会科学有着显著的时代性、民族(地域)性、实践性和历史文化特征,一定的哲学社会科学必然与一定时代、地域、文化传统和社会主体的实践紧密相关,这是这一学科领域的独特性,也是它特有的科学性内涵。在这个意义上,以马克思主义为指导建构中国特色哲学社会科学具有必然性。由是观之,历史虚无主义的各种奇谈怪论中到处充斥着"域外"色彩和西方论调,尤其是从"西方中心论""资本万能论""资本主义至上论"等逻辑出发,论证中国近代史、中

---

① 习近平:《在哲学社会科学工作座谈会上的讲话》,《人民日报》,2016年5月19日。

国革命史、中共党史、改革开放史、社会主义史的所谓"问题",完全不顾中国实际、中国国情、中国实践和中国问题,得出的结论似乎是"普世"的,然而恰恰是背离中国实际的,这种脱离实际的错误认识早已在历史上被否定了。

还有极为重要的一点是,中国特色哲学社会科学坚持以马克思主义为指导,其正确性、合理性和科学性的根基就在于,这一指导的"核心要解决好为什么人的问题"[①],也就是说中国特色哲学社会科学必须坚持为人民服务、为时代发声、为民族立言的根本宗旨,它与党的宗旨、中国特色社会主义的性质是完全一致的,而在这一点上历史虚无主义却完完全全站在了人民的对立面上。历史虚无主义极力抹黑、贬低革命先烈和英雄,丑化、歪曲他们的英雄事迹,有着鲜明的阶级性和反动性,严重伤害了中国人的情感;反之,极力美化、宣扬具有明显历史局限性的历史人物,在所谓"反思""重新评价"中为少数人物"翻案",美化"侵略史"就是典型的例证。

(三)实践根源

马克思主义认为,认识任何意识形态和思想文化,最基本的方法就是要到这一理论产生的社会实践根源中去找线索、找原因、找最终答案。同样,当我们拨开重重历史迷雾、文化光晕和各种思想中介之后,就会发现历史虚无主义并不切近真实的社会历史原像,这也为进一步认识和把握这一错误思潮提供了更加科学的视野和途径。

历史虚无主义是资产阶级文化繁衍和资本主义社会发展逻辑的必然产物,在这个意义上它是人类一切优秀历史文化和文明成果的"反动"形式。《共产党宣言》曾非常准确地作出过这样的判断,资产阶级时代不同于过去一切时代的地方就是"生产的不断变革,一切社会状况不停的动荡,永远的不安定和变动",由这种社会发展本身的客观特点和状况带来一种思想文化领域前所未有的情况,这就是"一切固定的僵化

[①] 习近平:《在哲学社会科学工作座谈会上的讲话》,《人民日报》,2016年5月19日。

的关系以及与之相适应的素被尊崇的观念和见解都被消除了，一切新形成的关系等不到固定下来就陈旧了"，"一切等级的和固定的东西都烟消云散了，一切神圣的东西都被亵渎了"①，由此所造成的后果是以往所没有的：

一方面，社会处在持续不断的变动、调整之中，人们的各种经济社会关系也在不断发生着变化，人们甚至还来不及调整自我和适应客观变化的时候，前者已经"陈旧""过时"了，"居无定所""生无所依"的漂泊感、无根性成了"资本社会""现代社会"的主旋律和潮流。

另一方面，在这个我们称之为现代性的社会中，无论是传统的还是新产生的思想观念，都面临着被"亵渎""消除"的生存危机和合法性危机：田园诗般的关系被破坏了，家庭伦理的、宗教虔诚的、神圣的联系被淹没在"利己主义打算的冰水之中"，人的尊严和道德良心被金钱关系取代，被资本统治压榨。因此，在这一宏大的历史过程和思想剧变的洪流中，"亵渎""蔑视"历史、文化乃至一切"文明"的虚无主义，一定会伴随这个现代资本的社会不断滋生繁衍。从自由资本主义时代到帝国主义时代再到今天的后工业文明时代，只要资本统治占据主导，这个始终处于"流动性"中的现代社会就会在思想观念上挑战人们的认知-伦理底线。可见，历史虚无主义在根基上是由资产阶级带来的、由资本统治关系造成的一种思想怪胎，它亵渎、蔑视、消除、解构和冲击的是一切人类以往的文明和正在建构的新型文明成果，是资本劣根性的历史和文化形态，从根本上它是反人类、反文明的。

从历史虚无主义与近代中国以来的历史纠葛来看，它产生于各种重大时代实践问题中的负面因素。历史的特点是在不断变化的，因此它在不断给人呈现"当下"的同时，容易让人"遗忘"过去，容易给当下的人造成一种与历史的隔膜。然而面对"历史之幕""历史之谜""历史之山"，人们需要的是历史理性，历史总是有线索、踪迹特别是规律可循的，历史在总体上、主流上、宏观上和绝大多数主要问题上是清晰可辨的。拿中国近代

①《马克思恩格斯选集》(第一卷)，人民出版社，2012年，第403页。

史、中国革命史、中共党史、新中国史、改革开放史等来说，在一些重大问题上，我们一方面承认不同的社会主体存在利益基础上认识的差异，社会实践、事件具有高度复杂性，但从历史、现在和未来的统一中，我们可以辨认出什么是主题主线、主流本质，能够作出经得起历史检验、人民认可的认识和判断，更能够在全面整体的意义上对与主线索相对的方面作出客观、中肯的评价。

毛泽东在《如何研究中共党史》中就特别强调，共产党人对待自己和他人历史的研究，必须要"全面看"，这样才是"科学的"，"研究党史上的错误，不应该只恨几个人"，这样做就是主观主义的，正确的做法应该是"找到客观原因才能解释"，[①]对待重大历史事件和历史人物都要采取这种主客观统一的办法才行。与之相反，历史虚无主义有一个根本的、共同的逻辑（方法），那就是完全从主观的、个人的、片面的角度来看待近代以来的历史过程、历史事件和历史人物，只站在个体的、微观的、极端的立场来揣测甚至是想象。

四、树立正确历史观与历史虚无主义批判

当前和今后一段时期必须把深入学习、理解中国共产党历史放在党和国家各项工作的重要位置。对此，习近平明确指出，树立正确党史观"要坚持以我们党关于历史问题的两个决议和党中央有关精神为依据，准确把握党的历史发展的主题主线、主流本质，正确认识和科学评价党史上的重大事件、重要会议、重要人物。要旗帜鲜明反对历史虚无主义，加强思想引导和理论辨析，更好正本清源、固本培元"[②]。从理论与实践相统一的角度出发，树立正确党史观必然要求树立正确历史观，进而在正确历史观指导下对历史虚无主义进行更为深入全面的理论辨析和思想引导，不仅在重大问题上取得共识、深化科学认知，更要在培塑世界观、历史观、价

---

① 《毛泽东文集》（第二卷），人民出版社，1993年，第406～407页。

② 习近平：《在党史学习教育动员大会上的讲话》，《人民日报》，2021年2月21日。

值观、人生观和文化观上厚植思想理论根基，这"对于我们深刻把握中国共产党砥砺奋进的光辉历程、辉煌业绩和宝贵经验，奋力实现中华民族伟大复兴中国梦，具有极为重大的意义"①，能够更好地引领我们推动新实践，走向更加美好的未来。因此，我们将重点从树立正确历史观、全面系统深入批驳历史虚无主义的角度研讨这样四个问题：

第一，牢固树立马克思主义世界观和历史观，掌握批驳历史虚无主义的看家本领。

从世界观看，历史虚无主义是一种主观唯心主义，要么表现为悲观主义、厌世主义和宣泄主观情绪的非理性主义，要么表现为极端个人主义，是只知有我、不知有人的非理性主义，脱离现实和实际，是主观的妄想和呓语；从历史观看，历史虚无主义是一种极度的个人英雄主义，尊崇的是意志和狡计，崇拜的是权力和手段，完全脱离社会、无视社会的客观性和规律；从价值观看，历史虚无主义打着重估价值、重建价值的名义，否定、颠覆一切价值和标准，奉行的是感觉主义、主观主义和个人中心主义；从主体观看，历史虚无主义崇拜权力、崇拜个人、崇拜自我，仇视人民大众、丑化、蔑视普通民众，完全站在人民群众的对立面，实质是为极少数人和资本摇旗呐喊的。可以说，历史虚无主义是一种彻底的反对科学、反对人文精神、反文化的错误社会历史文化思潮，与马克思主义完全站在对立面上。

在2016年哲学社会科学工作座谈会上，习近平指出："只有真正弄懂了马克思主义……才能更好识别各种唯心主义观点、更好抵御各种历史虚无主义谬论。"②因此，他多次强调，共产党人要掌握好、使用好两个"看家本领"，把它们作为反对历史虚无主义的锐利思想武器：

一是掌握好马克思主义这个看家本领，掌握马克思主义世界观方法论，坚定马克思主义信仰和中国特色社会主义理想信念，这是共产党人的根和魂。科学信仰和理想信念是一个人的存在之根，是一个党派的不竭

---

① 中国历史研究院：《用正确历史观看百年党史》，《求是》，2021年第3期。
② 习近平：《在哲学社会科学工作座谈会上的讲话》，《人民日报》，2016年5月19日。

精神动力,是一个社会的聚合之魂,是一个国家和民族的文化之源。由此,虚无的个体形式将无所遁形,历史虚无主义割断历史、分裂社会、扰乱国家和民族的触角就无处扎根。因此,筑牢共产党人的信仰信念、筑牢全体人民的中国特色社会主义信念和中华民族伟大复兴目标便有着极为重大的现实意义,是批判和抵御历史虚无主义的思想之盾。

二是掌握马克思主义哲学这个看家本领,坚持从辩证唯物主义和历史唯物主义基本观点出发,坚持从客观世界、客观实际出发,坚持从自然特别是社会规律出发,坚持从人民立场出发,善于将掌握规律与解决重大实际问题结合起来,不断提高理论联系实际的能力,不断提升自身马克思主义修养和能力水平。只有一切从实际出发,才能看清和还原历史;只有从主客观辩证法的角度分析问题,才能找到解答"历史之谜"、穿透"历史迷雾"的钥匙;只有从人类社会发展规律和具体社会阶段的规律性要求出发,才能掌握"历史之辙",更好地推动社会发展,更好地把握未来发展大势;只有坚持群众史观,才能始终站在人民大众的立场上,才能与绝大多数人而不是极少数人共享历史发展、社会进步的文明成果,才能让历史虚无主义无所遁形、坚决彻底地把它赶出人类社会和历史领域。

第二,坚持从大历史观的角度正确看待历史,学会批驳历史虚无主义的历史思维和战略眼光。

从科学世界观、正确历史观出发必然要求全面、系统、准确地了解历史、认识历史,不断汲取历史智慧、历史思维和战略眼光,切实掌握与历史虚无主义短兵相接、直接交战的锐利武器。

首先,"历史是最好的教科书"。所谓历史,是"一个民族、一个国家形成、发展及其盛衰兴亡的真实记录"[1]。因此,历史的首要特征是真实性、客观性,它是个人的、社会的、民族的和国家的共同记忆,是不容任何虚无主义篡改、重写和混淆的。宏观历史、"大写"的历史是摆在当时的先辈和后继者"面前"的,历史效果客观真实,同样,微观历史、"小写"的历史是铭

① 中国历史研究院:《用正确历史观看百年党史》,《求是》,2021年第3期。

刻在个人思想中，是历历在目、不容置疑的。

其次，"历史是最好的清醒剂"。毛泽东曾指出："我们是历史主义者，给大家讲讲历史，只有讲历史才能说服人。"[1]历史为什么能说服人呢？原因就在于，当我们认真严肃地、客观真实地看待历史的时候，我们才知道什么是残酷、冷峻、无情的历史，我们的头脑才会被历史的真实、真相所震撼，思维才会真正清醒、思想认识才会达到实际，近代以来中国历史上被帝国主义侵略、被列强欺凌的影像才会跃然纸上，那不是"援助""友情""微笑"和"善意"，当然更不是被历史虚无主义美化、虚化和修饰的"大道"，而是中国社会和中华民族悲惨命运的惨痛教训。唯其如此，我们才能总结经验教训，才能真正理解在这样真实的历史语境中，中国人民选择中国共产党领导、选择社会主义道路和制度、选择马克思主义指导的合理性和必然性。

最后，"中国革命历史是最好的营养剂"。习近平指出，"中国产生了共产党，这是开天辟地的大事变"，只有中国共产党的成立，才从根本上改变了中华民族的悲惨命运，为饱经蹂躏的中国开辟了光明的未来。[2]人的确只能生活在当下，但要学会从大历史的角度回顾过去，只有不断地从历史中汲取智慧、吸纳"营养"、强身健"脑"，才能更好地搭建起连接历史、现在和未来的桥梁，才能找到科学理解历史、开拓未来前行的光明大道，才能超越文化的、历史的和民族的各种虚无主义的羁绊，真正在心灵深处厚植爱党、爱国和爱社会主义的情怀，更加坚定自信地迈向未来。

第三，学会运用科学思维方法和现代手段，提高批驳历史虚无主义的能力素质和方式方法。

党历来重视科学思维方法在思想引导、理论辨析和推动工作中的全面科学运用，这其中的辩证思维、法治思维是我们以正确历史观批驳历史虚无主义，从而切实掌握正确党史观的最重要的思维方法。

首先，树立正确党史观，一定要准确把握党的历史发展的主题主

---

① 《毛泽东文集》(第八卷)，人民出版社，1999年，第276页。
② 中国历史研究院：《用正确历史观看百年党史》，《求是》，2021年第3期。

线、主流本质，这是科学对待党的历史的基本要求。习近平指出，近代以来中国人民面临争取民族独立、人民解放和实现国家富强、人民富裕这两大历史任务，"我们党团结带领全国各族人民为实现这两大历史任务而不懈奋斗，就是党的历史发展的主题和主线"①。围绕这一主题主线，"我们党的一百年，是矢志践行初心使命的一百年，是筚路蓝缕奠基立业的一百年，是创造辉煌开辟未来的一百年"，"我们党的历史，就是一部不断推进马克思主义中国化的历史，就是一部不断推进理论创新、进行理论创造的历史"，"就是一部践行党的初心使命的历史，就是一部党与人民心连心、同呼吸、共命运的历史"，②这就是党的历史发展的主流和本质。

其次，要掌握正确评价重大事件、历史人物的科学方法。在认识重大事件、重要会议时，我们要从客观出发，辩证统一地进行审视。比如，在对待改革开放前后的重大关系问题上，习近平提出"两个不能否定"，也就是"不能用改革开放后的历史时期否定改革开放前的历史时期，也不能用改革开放前的历史时期否定改革开放后的历史时期"。在对待领袖人物上，要坚持统一的、辩证的态度，这就是"我们党对自己包括领袖人物的失误和错误历来采取郑重的态度，一是敢于承认，二是正确分析，三是坚决纠正，从而使失误和错误连同党的成功经验一起成为宝贵的历史教材"③；在此基础上，习近平又将这种态度拓展为对历史人物评价的"六个不能"，也就是"应该放在其所处时代和社会的历史条件下去分析，不能离开对历史条件、历史过程的全面认识和对历史规律的科学把握，不能忽略历史必然性和历史偶然性的关系。不能把历史顺境中的成功简单归功于个人，也不能把历史逆境中的挫折简单归咎于个人。不能用今天的时代

① 中共中央党史研究室：《历史是最好的教科书》，《中共党史研究》，2013年第9期。

② 习近平：《在党史学习教育动员大会上的讲话》，《人民日报》，2021年2月21日。

③ 中央文献研究室编：《十八大以来重要文献选编》（上），中央文献出版社，2014年，第694页。

条件、发展水平、认识水平去衡量和要求前人,不能苛求前人干出只有后人才能干出的业绩来"①。应该说,习近平关于把握党的历史发展主题主线、主流本质,以及关于领袖人物和历史人物评价的科学思想方法,对批驳、回击历史虚无主义和在重大问题上辨清实质、澄清认识都有着极强的指导作用。

最后,要学会用法治思维、法治力量严厉打击历史虚无主义、消除重大社会危害。革命先烈和英雄人物是一个国家、一个民族的精神脊梁,"一个有希望的民族不能没有英雄,一个有前途的国家不能没有先锋"。因此,现代社会除了在思想文化领域坚决回击历史虚无主义错误言论外,还要坚决拿起法律武器,用法治力量给历史虚无主义以沉重打击,给敌对势力和造谣、污蔑、丑化英雄的行为以坚决回击。

党的十八大以来,党和国家高度重视依法治国,法治已成为净化社会空气、教育引导人们的重要而有力的手段:2016年10月19日,最高人民法院发布了依法保护英雄人格权益的典型案例,坚决维护狼牙山五壮士、邱少云、黄继光等英雄的荣誉;2018年5月1日,《中华人民共和国英雄烈士保护法》正式实施,得到了广大人民群众的拥护和支持;2018年8月修订的《中国共产党纪律处分条例》于2018年10月1日施行,将丑化党和国家形象,诋毁、污蔑党和国家领导人、英雄模范等行为列入"严重违反党的纪律"的行为;2021年3月1日,《中华人民共和国刑法修正案(十一)》正式实施,明确将侮辱、诽谤英雄行为纳入犯罪,这是在新中国历史上有着重大意义的一件大事,与此同时,某地检察院依法对诋毁卫国成边英雄烈士的微博博主"辣笔小球"批准逮捕,受到了广大网民和人民群众的高度赞誉。

我们必须主动拿起法律武器,对历史虚无主义的错误行为一定要及时、彻底和坚决地进行回击,还英雄模范、革命烈士以公道和应有的荣誉,努力将这种错误思潮的影响降到最小。

---

② 中央文献研究室编:《十八大以来重要文献选编》(上),中央文献出版社,2014年,第693页。

第四，牢固确立以人民为中心的政治立场，在坚定文化自信中批驳历史虚无主义。

习近平在党史学习教育动员大会上明确指出，"我们党的百年历史，就是一部践行党的初心使命的历史，就是一部党与人民心连心、同呼吸、共命运的历史"①，就是说，中国共产党从诞生之日起就始终坚持无产阶级政党的人民性，把人民放在最高位置，把人民对美好生活的向往、实现中华民族伟大复兴的中国梦作为自己的初心和使命，矢志不渝、初心不改。党的历史、新中国历史、改革开放史已经证明并将继续证明，"江山就是人民，人民就是江山"，人心向背将最终决定党和国家事业的兴衰和成败。因此，在反对、批驳历史虚无主义的过程中，我们要始终坚持人民性这一根本立场，着眼始终维护人民利益这一根本出发点，扎实做好增强文化自信、筑牢中华民族精神家园的工作。

历史与文化相互交融、息息相关。历史是文化的载体和根基，文化是历史的精神和灵魂，历史和文化是人类文明发展的轨迹。中国共产党人不是历史虚无主义和文化虚无主义者，而是中华民族优秀文化传统的坚定继承者、传承者。中华优秀传统文化中的积极价值理念和文化体系在当代有着重大价值，爱国主义、民族精神正是抵御历史虚无主义的重要武器。在传承和创新中华优秀传统文化的同时，我们更要践行党领导人民在革命、建设和改革中创造的革命文化和社会主义先进文化，这些富有时代气息、实践特色、人民价值的先进文化属于这个创造它的时代和伟大的中国人民；尤其是在中国革命史和中国共产党的一百年奋斗史中，一代代革命先烈、一代代共产党人抛头颅洒热血，涌现出了视死如归的革命烈士、顽强奋斗的英雄人物、忘我奉献的先进模范，形成了一系列伟大精神，构筑起中国共产党人的精神谱系，这些红色传统、红色基因是共产党人和中国人民迈向新征程、奋进新时代的精气神。而历史虚无主义对党的领袖、英雄人物的否定和虚无，就是对人民群众参与创造历史的否定，这是广大人民群众绝不允许和绝不答应的。因此，始终在坚定

---

① 习近平：《在党史学习教育动员大会上的讲话》，《人民日报》，2021年2月21日。

文化自信中反对历史虚无主义,是与中华民族自近代以来的历史,尤其是与自新中国成立以来的历史息息相关的,坚定文化自信就是守护好、建设好我们共同的精神家园。

习近平指出:"一个民族之所以伟大,根本就在于在任何困难和风险面前都从来不放弃、不退缩、不止步,百折不挠为自己的前途命运而奋斗。"[①]艰难困苦,玉汝于成。中华民族5000多年的辉煌历史是用努力抗争、敢于拼搏、自强不息书写和造就的。面对历史虚无主义与各种思潮、敌对势力的歪曲和攻击,中国特色社会主义已经用事实宣告了"历史终结论"的破产,宣告了各国最终都要以西方制度模式为归宿的单线式历史观的破产。从5000多年文明发展的苦难辉煌中走来的中国人民和中华民族,必将在新时代的伟大征程上一路向前,任何人、任何势力都不能阻挡中国人民实现更加美好生活的前进步伐!

拓展阅读

1.习近平:《更好把握和运用党的百年奋斗历史经验》,《求是》,2022年第13期。

2.中共中央党史研究室编:《反对历史虚无主义》,中共党史出版社,2017年。

---

① 习近平:《在全国抗击新冠肺炎疫情表彰大会上的讲话》,《人民日报》,2020年9月9日。

清醒认识"小民尊严论"的荒谬本质

青年的人生目标会有不同，职业选择也有差异，但只有把自己的小我融入祖国的大我、人民的大我之中，与时代同步伐、与人民共命运，才能更好实现人生价值、升华人生境界。离开了祖国需要、人民利益，任何孤芳自赏都会陷入越走越窄的狭小天地。

——习近平在纪念五四运动100周年大会上的讲话，2019年4月30日

疑问与理解七

　　家是最小国,国是千万家。有人却炮制"小民尊严论",以个人主义对抗集体主义,进而制造个人幸福与国家发展的对立。在经济全球化的今天,我们应当如何看待个人与国家的关系? 历史和现实都告诉我们,爱国,是人世间最深层、最持久的情感,是一个人立德之源、立功之本。

《世说新语》中记载了这样一个故事：孔融被收，中外惶怖。时融儿大者九岁，小者八岁。二儿故琢钉戏，了无遽容。融谓使者曰："冀罪止于身，二儿可得全不？"儿徐进曰："大人岂见覆巢之下，复有完卵乎？"寻亦收至。这就是成语"覆巢之下焉有完卵"的出处。这个故事告诉我们，事物之整体被毁灭，其个体也无以保全。国家与家庭、人民的关系也是如此。当国家处于内忧外患、动荡不安之时，人民也就难以过上其乐融融的幸福生活。正如一首歌中所唱："家是最小国，国是千万家，在世界的国，在天地的家，有了强的国，才有富的家。"对于如此简单朴素的道理，有的人却不以为然。

2010年，一位知名作家在公开演讲中谈到，我不在乎大国崛起，我只在乎小民尊严。"所谓的大国崛起，它的人民引以为自豪的，是军事的耀武扬威，经济的财大气粗，政治势力的唯我独尊，那我宁可它不崛起。因为这种性质的崛起，很可能给它自己的人民以及人类社会带来灾难和危险。"这种论调听起来温情脉脉，口口声声满是人的价值与尊严，却把个人的幸福、尊严与国家的强盛全然割裂开来，借口"小民尊严"宣扬个人主义的价值观，在一定程度上制造了民众与国家的对立。这类建立在抽象人权基础上的言论具有很强的迷惑性，如果不加以反思批判，将会对我们社会主义国家的集体主义价值观造成持久冲击。

一、小民尊严论的实质：个人主义对抗集体主义

这种把"小民尊严"与"国家崛起"对立起来的思想，实际上是以个人本位对抗集体本位，以所谓个人权利的神圣性、至上性来贬低、拒斥国家整体利益和国家权力。个人主义的价值观认为，个人是社会的细胞，也是社会实践的主体，一切社会组织和社会活动都是为了个人目的。个人主义的这个个人就是"自我"。19世纪德国哲学家麦克斯·施蒂纳把单个人的"自我"称为"唯一者"，认为"自我"是唯一最高的实在，"对我来说，没有任何东西高出于我"，哪怕法律亦然，"在我之外不存在任何法"；个人对他之外的一切事物不负任何义务，因此凡是妨碍自我实现的东西，包括上

帝、国家、法律、道德、社会秩序等都应当统统抛弃。施蒂纳的《唯一者及其所有物》中的个人主义哲学成了公认的"无政府主义宣言"。

资料链接

麦克斯·施蒂纳(1806—1856),德国哲学家,青年黑格尔派代表人物之一。本名卡斯帕·施密特(Kaspar Schmidt)。1826年入柏林大学,师从黑格尔。曾著文揭露和批判封建专制制度和教会。其哲学思想是唯我论,认为超越物质世界和精神世界的"唯一者"即"我",是唯一的实在,为此宣扬极端的个人利己主义,只承认自己的利益和个人的极端自由,反对一切国家和政府,认为任何一种政府和国家都会限制和支配个人的力量。代表作是1845年出版的《唯一者及其所有物》,对19世纪末20世纪初的无政府主义者影响颇大。马克思恩格斯在《德意志意识形态》等著作中,对其极端的个人利己主义进行了彻底的批判。

个人主义和无政府主义是资本权力塑造的意识形态孪生兄弟。在欧洲,从13世纪末14世纪初开始,经济上富裕起来的新兴资本家有许多人成了封建贵族的债权人。他们不甘心受封建等级制度的政治压迫,也不甘心再受封建贵族的经济剥削,于是他们拿起人本主义的思想武器,开启了持续几个世纪的文艺复兴、宗教改革和启蒙运动,最终以革命的方式推翻了腐朽的封建政权。他们要求人的平等,反对封建等级制度;要求人的"自然权利",反对宗教禁欲主义;要求人的自由和尊严,反对国家对人的生产生活的干预,主张国家成为"守夜人",退后到社会生活的角落中去。他们冲破了宗教神学的思想束缚,解放了人们的思想;打击了封建专制的腐朽统治,为资产阶级革命作了思想上的发动。

毫无疑问,他们追求的所谓人类利益其实都只是资产阶级利益。当

《1755年葛芙琳女士的沙龙》，作者 Anicet Charles Gabriel Lemonnier。法国是启蒙运动的中心，几百个沙龙聚集了许许多多的思想家、哲学家、政治家、艺术家等。葛芙琳女士（右边坐者）的沙龙是巴黎最著名的沙龙之一，作品的背景是启蒙思想家伏尔泰的半身像。

封建国家权力式微，有钱就能有势，资本家才能财大气粗；当"大自然让人们放纵情欲"，商品才能供不应求，资本家才能财源滚滚；当人人平等成为意识形态，只有资本家才能倚仗金钱而无所不能，而失去生产资料的无产者只能沦为资本家的雇佣劳动者。马克思当年尖锐地指出，资产阶级革命只实现了资本家的"政治解放"，根本没有同时实现所有劳动者的"社会解放"，反而把与他们一同跟封建势力作斗争的无产阶级置于受剥削、被压迫的地位。

这种个人主义思想根源于人本主义哲学。人本主义把一切人都看作大写的人，反对对人进行阶级分析，一味空谈人的"类本质"，鼓吹人与人之间的抽象的爱，主张建立"爱的宗教"。人本主义在反对封建专制制度过程中发挥了革命性作用。人本主义意识形态的高明之处在于，把一个阶级的特殊利益说成普遍利益，打着"人"的旗帜来实现本阶级自己的目的，用抽象的温情来掩盖阶级差别和社会不平等，所以资产者才潇洒而矫情地大谈人的自由、平等、博爱、尊严。情感的挥霍只能制造世间的冷漠，自由的任性定会遭遇精神专制的"风车"。正如黑格尔所说:"任性并不是合乎真理的意志","任性是作为意志表现出来的偶然性"。[①]这就是人本主义的迷惑性之所在。

知识链接

　　德国费尔巴哈主张把人对人的爱作为宗教信仰和实践的最高原则的哲学学说。他试图用"爱的宗教"去代替信仰上帝的宗教,用对人的爱去代替对上帝的爱。认为在爱中可以找到人的感情的满足,解开自己生命之谜,达到生命的终极目的,从而获得那些基督教徒在爱之外的信仰中所寻求的东西。又认为爱是人的本质的一个方面。人要自我保存首先要爱对自己生存有利的东西,爱使自己幸福的东西。自爱是爱的基础。但爱还包括对他人的爱,这是包含在人性之中的起源的爱,人心中天生就有一种把人与人联系起来的爱的感情。只有对他人的爱,才能实现自爱。只有把这种爱的关系提高到宗教的高度,才会有道德上的意义。

　　——朱贻庭主编:《伦理学大辞典(修订本)》,上海辞书出版社,2011年

二、国家:撕不开的政治职能与社会职能

　　2020年伊始,在中国大地上,原本热闹祥和的辞旧迎新,因一场突如其来的新冠肺炎疫情,变得格外紧张沉重。从措手不及到周密部署,一座座"火神山""雷神山"奇迹般地拔地而起,一批批英雄儿女义无反顾驰援疫区,在党的坚强领导和人民群众的奋勇拼搏下,疫情蔓延的势头得到遏制。中国在这场特殊战"疫"中所表现出来的中国速度、中国力量、中国智

①[德]黑格尔:《法哲学原理》,范扬、张企泰译,商务印书馆,1961年,第25~26页。

慧和中国担当,充分展现了以习近平同志为核心的党中央超凡卓越的领导力和国家治理能力,充分展现了我们国家坚持党的集中统一领导、集中力量办大事的中国特色社会主义制度的优越性。

国家不是任何个人的意志产物,而是社会发展到一定阶段的必然产物。由于社会生产力和分工的发展,社会生活不断复杂化,社会矛盾也同时复杂化,诚如黑格尔所说:"在市民社会中,每个人都以自身为目的,其他一切在他看来都是虚无。但是,如果他不同别人发生关系,他就不能达到他的全部目的,因此,其他人便成为特殊的人达到目的的手段。"①当每个人都把别人当作自己的谋利工具时,冲突是在所难免的,黑格尔因此认为,"市民社会是个人私利的战场,是一切人反对一切人的战场",同样,"市民社会也是私人利益跟特殊公共事务冲突的舞台",因为个人生活与公共生活、个人利益与公共利益也是有矛盾的,每个人很容易把个人生活、个人利益置于优先地位。但是每个人都离不开公共生活(如社区生活)和公共利益,于是,市民们又会为了个人生活条件和特殊的公共生活条件、个人利益和特殊的公共利益与国家产生矛盾,从而使市民社会成为个人和特殊的集体"共同跟国家的最高观点和制度冲突的舞台"。在这种矛盾和冲突中,"特殊性本身是没有节制的,没有尺度的,而这种无节制所采取的诸形式本身也是没有尺度的"②。在这种混乱状态下,只有通过有权控制它的国家才能达到调和。"国家的目的就是普遍的利益本身,而这种普遍利益又包含着特殊的利益,它是特殊利益的实体。"③

国家调节社会矛盾和冲突主要依靠的是法规,在黑格尔看来,"法规构成特殊领域中的国家制度,即发展了和实现了的合理性,因此它们就构成巩固的国家基础,以及个人对国家的信任和忠诚的基础;它们是公共自由的支柱"④。黑格尔直截了当地指出:"这就是市民爱国心的秘密之所在:他们知道国家是他们自己的实体,因为国家维护他们的特殊领域——它们的

① [德]黑格尔:《法哲学原理》,范扬、张企泰译,商务印书馆,1961年,第197页。
② 同上,第200页。
③ 同上,第269页。
④ 同上,第265页。

合法性、威信和福利。"①换言之,这也是国家能够赢得市民爱国心的秘密。有了国家和法律,当然也包括伦理道德规范,才有了评价个人特殊性合理与否的尺度,"受到普遍性限制的特殊性是衡量一切特殊性是否促进它的福利的唯一尺度"②。这种普遍性,用今天的语言来说也是一种集体主义。

马克思尖锐地指出了黑格尔国家观掩盖阶级本质的根本错误,认为国家的目的不是黑格尔说的普遍利益兼顾特殊利益,而是经济上占统治地位的阶级在维护本阶级特殊利益的基础上兼顾普遍利益,所以马克思从不否定国家在一定历史条件下的必然性和必要性。马克思认为,国家首先要维护统治阶级的利益,为了这一点,它也要或不得不维护各阶级的共同利益;国家制定了旨在保护统治阶级根本利益的法律,但是国家也在不平等的法律框架内实现有限的"法律公正";国家维护统治阶级需要的社会秩序,而一定的社会秩序也是任何阶级、任何人的正常生产生活都不可或缺的;国家维护着有产阶级对无产阶级的剥削,同时国家也是社会生产的组织者、社会生活公共设施的建设者,水利、交通、通信、教育、医疗、文化、社会救助、科学研究等公共工程建设,几乎都需要国家行为,否则,人们的社会生活就只能停留在原始水平。

马克思在谈到亚洲和欧洲各国的政府与农业公共工程建设的不同关系时曾这样写道:"我们在一些亚洲帝国经常可以看到,农业在一个政府统治下衰败下去,而在另一个政府统治下又复兴起来。在那里收成取决于政府的好坏,正像在欧洲随时令的好坏而变化一样。"③国家之所以获得了凌驾于社会之上的权威和力量,也是因为它在统治阶级权益的框架内,需要有限地实现阶级的特殊理性与社会的普遍理性的统一、政治职能和社会职能的统一,"政治统治到处都是以执行某种社会职能为基础,而且政治统治只有在它执行了它的这种社会职能时才能持续下去"④。国家本质上是整个统治阶级的国家,而不是统治阶级中某一个人

---

① [德]黑格尔:《法哲学原理》,范扬、张企泰译,商务印书馆,1961年,第309页。
② 同上,第198页。
③ 《马克思恩格斯选集》(第一卷),人民出版社,2012年,第851页。
④ 《马克思恩格斯选集》(第三卷),人民出版社,2012年,第559~560页。

的国家,一旦失去国家这一后盾,整个统治阶级将与被统治阶级一同遭受社会动荡之苦。

资料链接

《法哲学原理》是德国哲学家黑格尔的哲学著作,撰写这部著作时,德意志正在展开一场激烈的争论。这场争论关涉在拿破仑突然垮台后,改革者和反改革者之间出现冲突的情况下,德意志究竟应该采用何种政体。该书从哲学的角度解析法,用辩证的思维探析法、道德与伦理之间的奥秘,从而迈向自由的意志。

《法哲学原理》包含三大部分:抽象法、道德、伦理。其中伦理部分又包括了家庭、市民社会和国家三个环节。该书是黑格尔的经典哲学著作之一,系统地反映了黑格尔的法律观、道德观、伦理观和国家观,也是人们研究黑格尔晚年政治思想的重要依据之一。

马克思主义认为,国家是要消亡的,但是国家的消亡和国家的产生一样,都是历史发展的必然结果,不具备主客观条件,要求废除国家政权同要求建立国家政权一样是不可能的。消灭国家也必须依靠国家权力,实现对社会关系的根本改造。于是,问题的实质在于:建立什么性质的国家?马克思主义主张,通过彻底改造私有制占统治地位的旧的社会经济基础,从而改造资本支配国家权力和整个上层建筑的社会结构和政治结构,建立人民当家作主的国家政权,最终消灭剥削和压迫,保证人与人之间的真正平等、自由和尊严。社会主义国家制度为实现三个统一奠定了经济基础和制度基础:

一是个人和集体的统一。马克思主义认为,人"不仅是一种合群的动

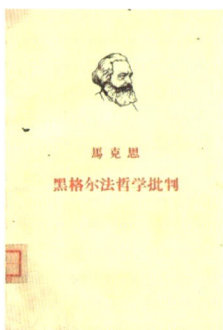

《黑格尔法哲学批判》是马克思的一本早期著作。1843年夏天写于莱茵省的克罗茨纳赫，故又称《克罗茨纳赫手稿》。在本书中，马克思针对黑格尔《法哲学原理》第261～313节阐述国家问题的部分进行了分析和批判，揭露了黑格尔思辨哲学的神秘主义，把被他颠倒了的逻辑观念和现实事物的关系颠倒过来，指出具有哲学意义的"不是事物本身的逻辑，而是逻辑本身的事物"，批判了黑格尔市民社会从属于政治国家的观点，得出了市民社会决定政治国家的著名结论；批判了黑格尔主张君主、官僚决定国家制度的英雄史观，阐明了人民创造国家的思想；批判了黑格尔在国家发展问题上否认有质变的缓慢进化论，提出了必须经过真正的革命来建立新国家的观点。

物，而且是只有在社会中才能独立的动物"。由于个体的非自足性，他（她）只有在集体中，才能获得满足和发展自己才能的手段，也就是说，只有在集体中才可能有个人自由。马克思同时指出，集体有"真实的集体"和"虚假的集体"之分，以私有制为基础的集体是一种"虚假的集体"，因为在这种集体中个体之间的利益是根本对立的，于是它使个人自由只有对那些统治阶级范围内的个人来说才是真实的。以生产资料公有制为基础的集体才是"真实的集体"，只有"在真实的集体的条件下，各个个人在自己的联合中并通过这种联合获得自由"①。社会主义公有制的建立，使社会主义国家从根本上实现了个人和集体根本利益的一致性，从而为集体主义价值观奠定了经济基础。

二是国家富强和人民幸福的统一。我国宪法明确规定："中华人民共

---

① 《马克思恩格斯全集》（第三卷），人民出版社，1960年，第84页。

和国是工人阶级领导的、以工农联盟为基础的人民民主专政的社会主义国家。"关于人民民主专政，毛泽东有过明确的说明："对人民内部的民主方面和对反动派的专政方面，互相结合起来，就是人民民主专政。"①领导我们国家的中国共产党，其根本宗旨是全心全意为人民服务，党除了人民利益之外没有任何自己的特殊利益。

对于党和政府而言，正如习近平宣示的："人民对美好生活的向往，就是我们的奋斗目标。"②当然，党和政府也会犯错误，但是党章和宪法就是党和国家自我建设的标准、对照现状的镜子，是党和国家沿着正确方向前进的根本保证。在实现"两个一百年"奋斗目标和中华民族伟大复兴的征程中，习近平说："中国梦是国家的、民族的，也是每一个中国人的。国家好、民族好，大家才会好。"③每个人也只有在为国家、民族、人民的奋斗中才能成就自己的人生理想。

★ 学习金句 ★

我们共产党人区别于其他任何政党的又一个显著的标志，就是和最广大的人民群众取得最密切的联系。全心全意地为人民服务，一刻也不脱离群众；一切从人民的利益出发，而不是从个人或小集团的利益出发；向人民负责和向党的领导机关负责的一致性；这些就是我们的出发点。共产党人必须随时准备坚持真理，因为任何真理都是符合于人民利益的；共产党人必须随时准备修正错误，因为任何错误都是不符合于人民利益的。

——毛泽东在中国共产党第七次全国代表大会作的《论联合政府》报告，1945 年 4 月 24 日

---

① 《毛泽东选集》(第四卷)，人民出版社，1991 年，第 1475 页。
② 《习近平谈治国理政》，外文出版社，2014 年，第 4 页。
③ 同上，第 49 页。

三是爱国主义与国际主义的统一。在马克思主义看来,随着人类交往范围的扩大,人类历史由地域性历史发展为世界历史,世界市场把各个民族联系起来,相互依赖,形成事实上的人类命运共同体。在长期的外交实践中,我国确立了和平共处五项基本原则,奉行独立自主的和平外交政策,高举和平、发展、合作、共赢旗帜,始终坚持国家不分大小、强弱、贫富,一律平等,突出亲、诚、惠、容的理念,同周边国家共筑睦邻友好关系。为此,中国政府反复提醒世界要强化人类命运共同体意识,坚持结伴而不结盟,不搞团伙政治。

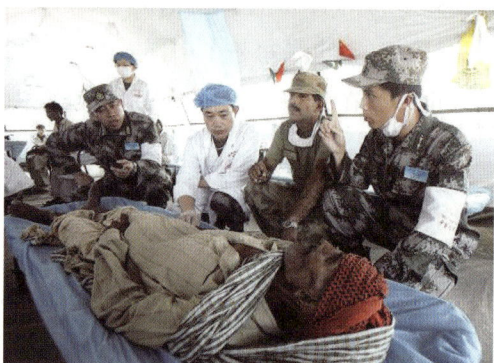

2011年10月29日,在巴基斯坦进行人道主义救援的中国人民解放军医疗救援队队员在翻译人员的帮助下与灾民探讨病情。(图片来源:新华社)

2017年1月18日,习近平主席在联合国日内瓦总部发表演讲,提出共同构建人类命运共同体,他指出:"国家和,则世界安;国家斗,则世界乱。"①党的二十大报告再次强调,中国"始终坚持维护世界和平、促进共同发展的外交政策宗旨,致力于推动构建人类命运共同体"②。中国从一个积贫积弱的国家发展成为世界第二大经济体,发展成果惠及多个国家,从1950年至2016年,中国累计对外提供援助4000多亿元人民币。国际金融危机以来,中国经济增长对世界经济增长的贡献率年均在30%以上,2016年达到33.2%。改革开放以来,中国积极参与联合国的维和行动,赴亚丁湾、索马里海域护航,从战乱地区和自然灾害地区多次大规模撤侨,执行人道主

---

① 习近平:《共同构建人类命运共同体——在联合国日内瓦总部的演讲》,《人民日报》,2017年1月20日。

② 习近平:《高举中国特色社会主义伟大旗帜 为全面建设社会主义现代化国家而团结奋斗——在中国共产党第二十次全国代表大会上的报告》,人民出版社,2022年,第60页。

义医疗援助,这些行动彰显了一个大国的担当,更充分印证了中国人始终坚持的一以贯之的伦理原则和世界哲学:"世界好,中国才能好;中国好,世界才更好。"①由中国的社会制度、传统文化所决定的世界理念和国际交往哲学,超越了西方国际关系理论的零和游戏规则和两极对立思维,也是避免"修昔底德陷阱"历史符咒的中国智慧。

三、世界的历史与现实:国家强大才有国民尊严

2015年,社交媒体上疯传的一张照片令无数网友动容。照片中,一名年幼的叙利亚女童紧咬嘴唇高举双手做投降状,双眼流露着恐惧的神情,仿佛正在面对敌人的枪管。但事实上,瞄准她的只是记者的相机长焦镜头。与此形成鲜明对比的是,中国在也门撤侨行动中的一张照片让无数国人为之

摄影师奥斯曼·萨厄尔于2014年12月在叙利亚阿特梅赫的一个难民营中拍摄的。小女孩以为摄影师手中的相机是武器,便举起了双手。(图片来源:英国广播公司)

自豪:中国海军女军官牵着一名小女孩走向军舰,脸上带着逃离战火的喜悦和从容。"他们会很自豪、很庆幸自己是中国人。祖国强大,是我们公民人身安全和利益的强大后盾。"时任海军司令部作战部副部长梁阳这样说。一名网友在微博上动情地写道:"祖国实力的强大不在于免签多少国家,而在于危险的时候能把你带回家。"

在地球村中,虽然说命运与共,但现阶段仍然是分门别户的民族国家、独立的利益单元,分歧、矛盾、竞争、斗争在所难免。目前,世界上有200多个国家和地区,2500多个民族和多种宗教,中国人认为文明是多彩的,不同

---

① 习近平:《共同构建人类命运共同体——在联合国日内瓦总部的演讲》,《人民日报》,2017年1月20日。

的文明是平等的，也应该是包容的，人类文明只有交流互鉴才能更加丰富多彩。①总的来看，和平、发展、合作、共赢是当今世界的时代潮流，但人类仍然面临诸多难题和挑战，形形色色的保护主义明显升温，霸权主义、强权政治、军国主义、分裂主义、恐怖主义、新干涉主义肆虐，国家仍然是谋取国民利益、保障国民权利的行动单元和利益共同体。没有国家经济、军事、政治上的强大，便难以保障国民行走在世界旅途中的人身安全和投资权益。

美国《纽约时报》网站报道，一个由中国问题专家组成的两党专门小组在2017年2月发布了一份《美国对华政策：给新政府的建议》的报告，该报告长达72页，为新政府支招，这个专门小组的主席、加利福尼亚大学圣迭戈分校教授苏珊·舍克说："全面征收关税或者挑战'一个中国'政策不是办法。我们不应当低估我们多年来取得的成果，那就是一个基本上和平的亚洲、一个庞大的出口市场和一个在诸如气候变化等全球问题上的关键合作伙伴。如果把这些打乱，那带来的就不仅是亚洲的混乱，而且还将破坏全球经济的稳定。"②如果没有中国经济、军事、政治的强大，我们恐怕是难以听到这些声音的。对特朗普的"移民禁令"，新加坡的一位前国会议员从中看到的是强国与弱国的不同命运。这位议员在《从特朗普移民禁令看弱国命运》一文中写道："从美国对这些中东和非洲国家的行径，可以看到一个国际关系的发展轨迹：积弱或失败的国家，必然招致外来的干预，有时是失败政权垂死挣扎，引狼入室，有时是外敌伺机而入，或是支持反对势力，培养傀儡打代理人战争，最后是国家分裂，战火纷飞，或是被侵占而沦为附庸。"③作为新加坡的议员，他的认识恐怕是格外真切的。

全世界任何有良知和理智的人都不会忘记：在德国法西斯的集中营里，犹太人的尊严和幸福在哪里？每一个中国人都不会忘记：在日本法西斯肆虐的血雨腥风中，中国平民们的尊严幸福何在？就在2017年初，日本APA酒店因为在客房摆放否认南京大屠杀的右翼书刊而受到旅客、国际组织和中韩政府的强烈批评。日本政府开始还表示"不干涉，不调查"，APA集团

---

① 参见《习近平谈治国理政》(第一卷)，外文出版社，2018年，第258~262页。
②③《美报告称中美关系处在关键拐点》，《参考消息》，2017年2月8日。

2017年1月17日晚间在其官网发布公告,非但表示不会撤下相关书籍和杂志,而且还将有关否认南京大屠杀的内容全文附上。更让人警惕的是,该酒店集团创始人元谷外志雄说:"日本只有变得更为强大,不仅经济实力上面,军事实力也必须增强,只有这两样变强了,中国和韩国才不会再胡说八道。"显而易见,他们把军事、经济力量看成剥夺其他民族幸福和尊严的基础。

几千年来,人类在寻求安全和平与自由尊严的历史中,走过了一条艰难曲折的道路。近百年来,人类就经历了血腥的热战、剑拔弩张的冷战,之后又爆发了海湾战争、科索沃战争、阿富汗战争、伊拉克战争、利比亚战争、叙利亚战争等重大事件,历史一再证明和平与发展是人类的共同愿望。但如何实现和平与发展,仍然是各国面临的共同课题。在今天饱受西方"人道主义干预"之苦而背井离乡的难民——阿富汗、伊拉克、利比亚、叙利亚等国的小民们,该如何告诉孩子们他们的成长道路?被西方的人道主义、民主神话等"普世价值"搞乱了的中东、中亚、北非,让那里在战火、动乱中苦苦煎熬的人们,不去思考祖国的崛起而幻想桃花源般的自由、爱情、个人成功和小民的尊严、幸福,恐怕只能是局外人的一厢情愿或廉价柔情吧。

中国坚定不移走和平发展道路,一个强大的社会主义中国是维护世界和平的坚定力量和重要保障。中华民族是爱好和平的民族,中国自古就懂得"国虽大,好战必亡"的历史规律;"怀柔天下""协和万邦""天下大同"的理念世代相传。中国近代饱受列强侵略之苦。从1840年鸦片战争到1949年新中国成立的100多年间,帝国主义列强对中国发动了一次次侵略战争,逼迫中国签下了许多不平等条约,对此,中国人有着刻骨铭心的记忆。

走和平发展道路是中国人民对实现自身发展目标的自信和自觉,它来源于中华文明的深厚渊源,来源于对实现中国发展目标条件的认知,来源于对世界发展大势的把握。走和平发展道路决不是逆来顺受、忍气吞声,更不是拿原则做交易。习近平指出:"我们要坚持走和平发展道路,但决不能放弃我们的正当权益,决不能牺牲国家核心利益。任何外国不要指望我们会拿自己的核心利益做交易,不要指望我们会吞下损害我国主权、安全、发展利益的苦果。"因此,"中国走和平发展道路,其他国家也都要走和平发展道路,只有各国都走和平发展道路,各国才能共同发展,国与国才能和平相处"①。历史和现实都告诉我们正反两个方面的铁律:在一个"丛林法则"存在的世界里,国家落后就会挨打。同时,无论大国、小国,强国、弱国,无论恃强凌弱,还是穷兵黩武,"依靠武力对外侵略扩张最终都是要失败的"②。

★ **学习金句** ★

历史是最好的教科书,也是最好的清醒剂。中国人民对战争带来的苦难有着刻骨铭心的记忆,对和平有着孜孜不倦的追求。纵观世界历史,依靠武力对外侵略扩张最终都是要失败的。这是历史规律。中国将坚定不移走和平发展道路,并且希望世界各国共同走和平发展道路,让和平的阳光永远普照人类生活的星球。

——习近平在纪念全民族抗战爆发七十七周年仪式上的讲话,2014年7月7日

在共产主义实现之前,每个国家都必须与世界同安全、共富裕、齐尊严,把本国权益与国际公正、世界和平、人类发展对立起来的极端民族主义是错误的;每个人都必须与国家和民族同安全、共富裕、齐尊严,把国家崛起与小民尊严、幸福、自由对立起来的个人主义同样是虚幻的、错误的;每个人的爱国主义、集体主义不仅是每个人的尊严,也是国家、民族尊严的精神保证。

拓展阅读

1.习近平:《在纪念中国人民抗日战争暨世界反法西斯战争胜利70周年大会上的讲话》,《人民日报》,2015年9月4日。

2.习近平:《在纪念五四运动100周年大会上的讲话》,人民出版社,2019年。

3.习近平:《在庆祝中华人民共和国成立70周年大会上的讲话》,人民出版社,2019年。

---

①《习近平谈治国理政》,外文出版社,2014年,第249页。
②《习近平谈治国理政》,外文出版社,2014年,第248页。

全球视域中生态问题的考与辨

恩格斯早就指出:"我们不要过分陶醉于我们人类对自然界的胜利。对于每一次这样的胜利,自然界都对我们进行报复。"第一次工业革命以来,人类利用自然的能力不断提高,但过度开发也导致生物多样性减少,迫使野生动物迁徙,增加野生动物体内病原的扩散传播。新世纪以来,从非典到禽流感、中东呼吸综合征、埃博拉病毒,再到这次新冠肺炎疫情,全球新发传染病频率明显升高。只有更好平衡人与自然的关系,维护生态系统平衡,才能守护人类健康。要深化对人与自然生命共同体的规律性认识,全面加快生态文明建设。生态文明这个旗帜必须高扬。

——2020 年 4 月 10 日,习近平在中央财经委员会第七次会议上的讲话生态兴则文明兴，生态衰则文明衰。生态问题是21世纪人类必须面对的共同挑战。然而一些西方国家利用生态问题污蔑、诘难中国，企图遏制中国的发展。当今世界生态问题的根源到底是什么？生态问题与社会制度有何联系？经济发展与生态保护的矛盾何以解决？面对这一世界难题，中国交出了怎样的答卷？

随着人类社会的飞速发展，生态问题日益严峻。环境污染、资源枯竭等问题与每个人息息相关，已经成为人类面临的共同困境，并开始制约人类的发展。人类是从什么时候开始关注自然的？现代生态问题与古代生态问题一样吗？现代生态问题可以划分为哪些类型？其根源到底是什么？如何看待社会主义国家的生态问题？美丽中国何以成为可能？这些问题都是本专题将要探讨的。

一、人与自然关系的历史性考察

"生态"（Eco-）一词源于希腊文oikos，意为"住所"或"栖息地"。按照《中国大百科全书》的解释，生态系统是由生态群落及其生存环境共同组成的动态平衡系统。作为地球上的高等智慧生物，人与自然的关系与生态系统平衡息息相关。1866年德国生物学家恩斯特·海克尔提出生态学（Ecology）概念，生态学作为一门系统的学科正式出现，虽然这一概念的提出至今也不过一百多年，但从人类历史发展来看，自从我们的祖先告别了猿的时代，就无时无刻不在用自己的眼光打量着外部世界，思考着人与自然之间的关系。人与自然的关系不是一成不变的，而是随着人类认识自然和改造自然能力的提高不断发生着历史变化。概括来说，人与自然的关系大体上已经经历过原始文明、农业文明、工业文明三个不同性质的历史阶段，正在走向生态文明阶段。

原始文明阶段。人类处于"采集+狩猎"的生产方式阶段，人的生存主要依赖自然的恩赐，人与自然的关系主要表现为人对自然的单方面直接索取。由于那时人对自然界的认识不够，还没有了解自然规律，他们感受到的更多是自然界的强大威力和对自己的支配作用，因此那时候的人在自然界面前是极为渺小的。正如马克思所说："自然界起初是作为一种完全异己的、有无限威力的和不可制服的力量与人们对立的，人们同自然界的关系完全像动物同自然界的关系一样，人们就像牲畜一样慑服于自然界，因而，这是对自然界的一种纯粹动物式的意识（自然宗教）。"[①]出于

---

①《马克思恩格斯选集》（第一卷），人民出版社，2012年，第161页。

对自然的敬畏和崇拜,日月星辰、风雨雷电、草木禽兽都成为人们顶礼膜拜的对象,自然物因而被幻化为有人格的神灵,这是人类最早的"万物有灵"的观点。在这些观念的支配下,自然崇拜渐渐构成了人类最原始的宗教形式。

知识链接

神话自然观

所谓自然观,是人们对自然界的整体看法,具体来说就是人对自然的看法及对人与自然关系的看法的总和。在人类发展的不同时期,由于人类对自然的认识不同,也就产生了不同的自然观。在人类社会初期,生产力极其落后,人们从大自然中获取生活生产资料的能力非常有限,物质的短缺和匮乏使得人类生存受到了威胁。面对如此困难的生存环境,人类很难只靠自己的力量生存下去。为了摆脱这种困境,人类想象出一些能力在他们之上又能操纵自然力量的神灵,通过向神灵祈祷,生命得以延续下去。由此,形成了"神话自然观"。

农业文明阶段。人类开始认识自然,总结自然规律,并对自然加以改造、利用。古希腊早期的哲学家以研究自然为己任,提出了"水是万物的本原"(泰勒斯)、"火是万物的本原"(赫拉克利特)、"数是万物的本原"(毕达哥拉斯),摆脱了对自然的人格化本原的认识,实现了与神话自然观的决裂,并进一步提出"逻各斯"(赫拉克利特)、"人是万物的尺度"(普罗泰戈拉)等重要命题,形成了古希腊朴素的自然哲学,凸显了人在自然界中的地位。几乎就是同时,在遥远的东方,古代中国产生了"天地与我并生,而万物与我为一"(《庄子·齐物论》)、"万物各得其和以生,各得其养以成"(《荀子·天论》)等朴素生态哲学思想。尊重自然、热爱自然是中华民族数千年生生不息、繁衍不绝的重要原因。《礼记·月令》按照1年12个月的时令系统记载每个月的物候,记述政府每个月的政务和生产活动,并把它们归纳在五行相生的系统中。"机不可失,时不再来",说的就是什么时间段应该做什么事,反映了古人对自然规律的利用。更难能可贵的是,中国历朝历代都不乏环境保护的严苛律令。周文王时期颁布的《伐崇令》距今已经3100多年,是世界上最早的有关环境保护的法律,它指出,"毋坏室,毋填井,毋伐树木,毋动六畜。有不如令者,死无赦"。《秦简·田律》中规定,"春二月,毋敢伐材木山林及雍(壅)堤水。不夏月,毋敢夜草为灰……。百姓犬入禁苑中而不追兽及捕兽者,勿敢杀;其追兽及捕兽者,杀之"。这些都反映了古人对自然的敬畏与保护。

工业文明阶段。随着社会生产力的发展,特别是近代工业革命之后,人类对自然的认识和改造的能力迅速提升,"科技崇拜""控制自然"成为人们的追求。在资本主义扩张本性的驱使下,人与自然的关系出现根本性逆转,人对自然表现出强烈的奴役性、掠夺性。正如法兰克福学派学者埃里希·弗洛姆在其名篇《占有还是生存》一书的导言中指出的那样:"自进入工业时代以来,几代人一直把他们的信念和希望建立在无止境的进步这一伟大允诺的基石之上。他们期望在不久的将来能够征服自然界、让物质财富涌流、获得尽可能多的幸福和无拘无束的个人自由。人通过自身的积极活动来统治自然界从而也开始了人类文明。但是,在工业时代到来以前,这种统治一直是有限的。人用机械能和核能取代了人力和兽力,又用计算机代替了人脑,工业上的进步使我们更为坚信,生产的发展是无止境的,消费是无止境的,技术可以使我们无所不能,科学可以使我们无所不知。于是,我们都成了神,成了能够创造第二个世界的人。为了新的创造,我们只需把自然界当做建筑材料的来源。"[①]工业革命使人类

---

① [美]埃里希·弗洛姆:《占有还是生存》,关山译,生活·读书·新知三联书店,1989年,第3页。

改造自然的能力空前提高,索取自然的力度空前加大。但在人类以前所未有的速度创造了巨大物质财富的同时,也使全球生态失调、环境污染、资源紧张、气候变异,制造了危害人类生存和发展的生态灾难。20世纪30年代开始发生的一系列骇人听闻的环境公害事件,激发了人们对生态问题的强烈关注。1962年,一本由美国海洋生物学家蕾切尔·卡逊撰写、

知识链接

八大生态公害事件

因现代化学、冶炼、汽车等工业的兴起和发展,工业"三废"排放量不断增加,环境污染和生态破坏事件频频发生。在20世纪30年代至60年代,发生了八起震惊世界的生态公害事件:

1.比利时马斯河谷烟雾事件(1930年12月)致60余人死亡,数千人患病;

2.美国多诺拉镇烟雾事件(1948年10月)致17人死亡,5910人患病;

3.伦敦烟雾事件(1952年12月)短短5天致4000多人死亡,两个月内又因此事故得病而死亡8000多人;

4.美国洛杉矶光化学烟雾事件(二战以后的每年5—10月)致人五官发病、头疼、胸闷,汽车、飞机安全运行受威胁,交通事故增加;

5.日本水俣病事件(1952—1972年间断发生)致50余人死亡,283人严重受害而致残;

6.日本富山骨痛病事件(1931—1972年间断发生)致34人死亡,280余人患病;

7.日本四日市气喘病事件(1961—1970年间断发生)致2000余人受害,死亡和不堪病痛而自杀者达数十人;

8.日本米糠油事件(1968年3—8月)致数十万只鸡死亡,16人死亡、5000余人患病。

时任美国副总统阿尔·戈尔作序的著作《寂静的春天》横空出世,该书描绘了人类由于滥用农药而可能面临一个没有鸟、蜜蜂和蝴蝶的寂静的世界。这本书的出现犹如一声惊雷,响彻当时还沉浸在"向大自然宣战"的工业社会。在随后的半个多世纪里,不同领域的中外学者从政治、经济、文化、伦理等方面对生态问题进行了深入而持久的探讨,由此出现了一个关注地球命运的"生态学时代"。

生态文明阶段。生态文明是人类文明发展的历史趋势。人类经历了原始文明、农业文明、工业文明,生态文明是工业文明发展到一定阶段的历史必然产物。中国共产党提出的人与自然和谐共生这一关系模式,超越了西方思想史上主客二元对立的思维方式。这一阶段的和谐是建立在人类充分认识自然规律的基础上,发挥主观能动性,主动建构的一种积极主动的和谐。中国共产党坚持人与自然生命共同体理念,正确处理经济发展和生态环境保护的关系,把人类活动限制在生态环境能够承受的限度内,有效解决了工业文明带来的矛盾。

二、社会制度视域中的生态问题

《增长的极限》的作者之一乔根·兰德斯在《2052:未来四十年的中国与世界》中指出:"一个范式就是一种世界观。"①"范式"作为一种"话语","可以是一个浓缩的剧情","构建了意义与关系,从而帮助人们界定常识和合理认识",成为人们理解世界的共享方式。"每一个基于假设、判断、争论的话语,为分析、辩论、协议与分歧提供了基本术语。如果这种共享的术语不存在,根本无法想象能够解决这一领域中的问题,因为我们必须不停地回到最初的原则。"②

塞缪尔·亨廷顿把"范式"的意义和价值归结为五个方面:一是理顺

---

① [挪]乔根·兰德斯:《2052:未来四十年的中国与世界》,秦雪征、谭静、叶硕译,译林出版社,2013年,第18页。
② [澳]约翰·德赖泽克:《地球政治学:环境话语》,蔺雪春、郭晨星译,山东大学出版社,2008年,第15、8页。

和总结现实；二是理解现象之间的因果关系；三是预期，如果我们幸运的话，预测未来的发展；四是从不重要的东西中区分出重要的东西；五是弄清我们应当选择哪条道路来实现我们的目标。他特别提出："对一个范式的有效性和有用性的决定性检验应当达到这样的程度：从这个范式导出的预测结果证明比其他可供选择的范式更精确。"①社会主义和资本主义、东方和西方、西方和非西方、发达国家和发展中国家、南方和北方等都是观察现代世界的基本理论范式。我们观察、认识和解决生态问题特别是全球生态问题，也需要自己的基本理论范式。

地球是全人类赖以生存的唯一家园，整个世界是有机联系的。生态问题，无论是空气、土壤、水，还是气候或能源，问题可能发源于一域，但影响必定是全球的。无论是空气、水、食物的污染，生物多样性锐减、资源枯竭、气候变暖，还是核污染、垃圾污染，虽然表现为自然现象，但实则是社会问题。诚如罗尼·利普舒茨所说："全球环境既是自然的又是社会的，既是本土性的又是跨越整个世界的。"②生态环境难题处于生态系统和人类社会系统的交集上，反映生态问题的范式必须能够概括自然与社会的关系。一般说来，生态问题是经济、政治、文化、社会、科技等多种原因共同作用的结果。政治、文化、社会、科技对自然生态的影响，都根源于它们与经济的关系，一定社会形态中的政治、文化、社会、科技归根到底都或直接或间接地服务于它的经济基础，所以生态问题的多种成因之间又是不平衡的，经济原因在其中占有主导地位和支配性作用。

生态问题本质上是社会经济形态问题，生态危机本质上是社会经济形态的危机。正因为如此，生态问题类型应当是人们认识和破解生态危机的核心范式，以便根据不同生态问题类型采取不同的解决方式。划分生态问题类型必须从其产生的制度特别是经济制度入手，因为制度特别是经济制

①［美］塞缪尔·亨廷顿：《文明的冲突与世界秩序的重建》，周琪、刘绯、张立平、王圆译，新华出版社，2002年，第19页。

②［美］罗尼·利普舒茨：《全球环境政治：权力、观点和实践》，郭志俊、蔺雪春译，山东大学出版社，2012年，第6页。

度决定着人与自然界关系的性质，影响着人作用于自然界的方式、力度和社会效用，只有从制度入手，才能从根源上认识和化解生态危机。

我们根据历史唯物主义基本原则，借鉴马克斯·韦伯的理想类型分析方法和丹尼尔·贝尔的"轴心结构"建构方法，通过对各种制度因素对生态影响的强度进行排序，形成的一定是以经济制度为中轴、其他因素向中轴两侧外向辐射的轴心结构。然后，通过对不同社会经济制度对生态影响的强度进行比较，区分出社会经济制度与生态问题的相关性程度，根据这一相关性程度，区分出以社会经济制度为核心的生态问题类型。在总结半个多世纪的研究成果的基础上，我们将生态问题区分为如下三种类型：

第一，资本主义生态问题。

美国生态学马克思主义者乔尔·科威尔在其代表作《自然的敌人》一书中提出了"资本主义的终结还是世界的毁灭"的命题，并将其作为该书的副标题，直截了当地把矛头直指资本主义制度。需要注意的是，资本主义生态问题并不直接等同于资本主义国家的生态问题。资本主义国家的生态问题，除了包含由资本主义制度引起的资本主义生态问题，也包含一般生态问题。而资本主义生态问题除了存在于资本主义国家以外，也由于种种现实原因以一定形式存在于社会主义国家。

所谓资本主义生态问题，就是由资本主义基本经济制度造成的人与自然的严重对立。一个社会形态是不是资本主义，不在于这个社会是否有"资本"存在，而在于资本是不是决定性的社会关系；反过来，一个社会中资本的性质、作用又是与整个社会制度联系在一起的。资本主义社会的根本特征是资本关系或直接或间接地支配全部社会关系，使人与人的关系转化为物与物的关系，造成了人与物关系的颠倒、人与自然的尖锐对立。美国学者丹尼尔·贝尔作了这样的概括："资本主义是这样一个社会经济系统：它同建立在成本核算基础上的商品生产挂钩，依靠资本的持续积累来扩大再投资。然而，这种独特的新式运转模式牵涉着一套独特文化和一种品格构造。""正是这种经济系统与文化、品格构造的交融关系组成了资产阶级文明。"他用了三个短语来表达资本主义的"经济冲动力"：

毫无局限、无所神圣、变化就是常规。①资本主义经济制度的文化品格，其特性有四个：一是生产资料私有制，这是资本主义社会的根本经济制度；二是以剩余价值为目的的商品生产及商品生产中精于算计的会计制度；三是以物取人的价值观，即马克思主义指出的资本主义制度对人与物关系的颠倒，人成了物的工具，人的价值要由所占有的物质财富来确证；四是由上述三个方面决定的资本主义经济的极度贪婪性和扩张性。生态危机与资本主义制度具有内在必然性。

其一，资本主义塑造了"越多越好"的财富观，使经济发展建立在"现代贫穷"之上。"现代资本主义社会不论多么富裕，总要让自己置于短缺之境"，贫穷不是东西少，也不是无法实现目标，它首先是"人与人的一种关系"，"是一种社会地位"的贫富差异。②

美国耶鲁大学人类学博士薇妮斯蒂·马丁在《我是个妈妈，我需要铂金包》一书中将这一现象刻画得淋漓尽致。该书描写了美国曼哈顿上东富人区的一位精英妈妈的艰辛育儿之路，主人公在经历了购买学区房，住进富人区，却仍在邻里相处中被当成"空气"之后，下决心要通过购买一只稀有款爱马仕铂金包来敲开周边的"朋友圈"。无独有偶，2020年热播的电视剧《三十而已》中也有类似的一幕，女主角顾佳第一次参加阔太们的聚会，因为拎了一只香奈儿手袋，惨遭一群拎着爱马仕的太太们嫌弃，连聚会的合影都被剪裁。后来，为了打入富太太圈，顾佳几乎砸下家里全部储蓄，想尽办法购买了一只限量版的爱马仕包，用来换取一张"太太圈"的入场券。不可否认，这种由资本主义制造出来的财富观已经像空气一样扩散到全球的每个角落。

法国哲学家高兹认为，资本主义把经济理性扩展为社会理性，将人的对象化的"劳动"（labor）变成了工资报酬的"工作"（work），把"就业"（employment）变成人融入社会的唯一形式，"挣取工资成为工作的首要目的，

---

① [美]丹尼尔·贝尔：《资本主义文化矛盾》，赵一凡、蒲隆、任晓晋译，生活·读书·新知三联书店，1989年，第25、30页。
② [美]马歇尔·萨林斯：《石器时代经济学》，张经纬、郑少雄、张帆译，生活·读书·新知三联书店，2009年，第4~5、45页。

人们不会从事任何没有经济补偿的活动。金钱取代其他价值成为资产阶级社会唯一的衡量尺度"①。于是，富裕不在于自己的占有能否满足自己的实际需要，而在于"别人有的我都有，别人没有的我也有"②，资本主义经济理性的狭隘的合理性导致生态环境上的绝对不合理性。

美国学者约翰·格拉夫、大卫·瓦恩、托马斯·内勒等人所著的《流行性物欲症》一书的前言中描述过这样一个案例：在诊疗室里，医生正为一位打扮高雅入时的迷人女士诊断病情。"从身体状况上来看，您没有任何问题。"医生说。病人迷惑不解地问："那我为什么老是觉得恶心、胃胀气、反应迟钝呢？我已经买了一栋新的大房子、一辆崭新的车、一个全新的衣柜，而且我刚刚升了职。医生，为什么我还是感觉糟糕透顶呢？您能给我开些药吗？"医生摇摇头，"我想不行……现在还没有什么药物能治好您得的这种病。""那到底是什么病呢？"病人惊恐而焦急地问。"物欲症，"医生表情严肃地说，"一种全新的流行病，传染性极强。虽然并不是什么无药可救的绝症，但治疗起来很困难。"

在《牛津英文字典》中，我们看到了如下的解释：物欲症（affluenza）：名词。一种传染性极强的社会病，由于人们不断渴望占有更多物质，从而导致心理负担过大、个人债务沉重，并引发强烈的焦虑感，还会对社会资源造成极大浪费。

其二，资本主义制度通过塑造享乐主义人生观而制造异化消费，为商品开辟销路。莱斯、马尔库塞、阿格尔等学者深入研究了生态问题与资本主义社会异化消费之间的关系。资本主义作为一种满足需要的社会组织形式，是"高度集约的市场布局"，它通过经济利益的诱惑和意识形态的合理化，以人性、人权为哲学旗帜，以享乐主义人生观和奢华惊艳美学，渲染消费至上的生活方式以保证生产的无限增长，从而导致对自然资源和生态环境更加严酷的控制和盘剥。在商品市场中，通过广告文化的影响，制造"异化需要"，操纵人们的消费，形成"异化消费"，甚至奉行"娱乐至死"，

---

① Andre Gorz, *Critique of Economic Reason*, Verso, 1989, p.46.
② Ibid., p.111.

"毁于我们所热爱的东西"。①这种无止境的异化消费,成了个人在异化劳动中失去自由后的安慰,成了逃避现实痛苦和精神郁闷的私密空间,从而增强了人们对资本主义制度的依赖感。对社会来说,消费则成了统治者控制人的新的政治工具。正如马尔库塞所说:"人们似乎是为商品而生活。小轿车、高清晰度的传真装置、错层式家庭住宅以及厨房设备成了人们生活的灵魂。"②

其三,为了资本利益构建"创造性破坏"的反价值生产机制。③当今世界,所有关于"美"的解释权和传播权都牢牢地被掌握资本的精英们所垄断。资本为了利益最大化,通过制造城与乡、土与洋、先进与落后、文明与愚昧的对立,不断定义时尚、品位、格调、个性,制造消费幻象,用新产品否定和取代已有产品,"去年的衣服已经配不上我今年的气质"等网络流行语大行其道,繁荣的市场成了"朝生暮死的物世界"(鲍德里亚语),造成物用上的浪费、资源上的紧张和环境上的重负。

其四,作为全球问题的生态危机说到底是资本主义生态殖民主义、生态帝国主义的必然结果。私有制为了剩余价值而生产的至上目的,必然要突破自然资源界限,使资本的无限扩张性与自然的有限性处于整体对立状态。文化、科学技术、工业体系、人口增长都是生态问题的表层原因,而不是根本原因、终极原因,文化意识形态是资本主义经济理性高歌猛进的狡计,它将资本的自利目的内化为消费者的内在需求,把市场竞争的残酷包装成温情脉脉的文化,资本主义经济制度才是生态问题的根源,生产资料私有制决定的资本的趋利性、扩张性,必然造成资源、环境、生态关系方面的问题、危机或灾难。正如美国生态学马克思主义学者奥康纳所说,自然界对资本来说,"既是一个水龙头,又是一个污水池"④。资本主义经

① [美]尼尔·波兹曼:《娱乐至死》,章艳译,广西师范大学出版社,2004年,第2页。
② [美]赫伯特·马尔库塞:《单向度的人——发达工业社会意识形态研究》,刘继译,上海译文出版社,2006年,第10页。
③ 参见何怀远:《发展观的价值维度——"生产主义"的批判与超越》,社会科学文献出版社,2005年,第172页。
④ [美]詹姆斯·奥康纳:《自然的理由——生态学马克思主义研究》,唐正东、臧佩洪译,南京大学出版社,2003年,第296页。

济制度与生态危机的内在必然性表明,资本主义生态问题本质上是资本主义经济形态问题,资本主义生态危机本质上也是资本主义经济形态危机,不是阿格尔所说的生态危机取代了经济危机,而是经济危机延展到生态领域,形成资本主义经济危机的完整形态,标志着资本主义的全面危机。这表明资本主义的绝路不仅在资本积累造成的贫富分化的社会界限上,还在其无限扩张造成的自然界限上。这就是马克思说的"资本主义生产的真正限制是资本自身"①。

有学者认为,一些发达国家的美好环境足以说明生态危机与资本的逻辑、资本主义制度没有直接关系,从而证明生态问题的解决并不需要通过社会制度的变革。诚然,我们应该学习他们先进的环保技术和较为完善的环保法规。然而我们也应该意识到资本逻辑下的科学技术与社会制度之间的关系。在资本主义制度下,科学技术的发现发明主要服从三大目的:一是通过提高劳动生产率来提高资本收益率;二是通过提高产品科技附加值占领产业价值链的上游高位,提高资本收益率;三是使技术本身资本化,形成越来越高的环保技术门槛,通过制造"环保代沟"谋取巨大资本收益率。这就不难理解为什么发达国家一面高喊"同呼吸、共命运",要求发展中国家节能减排,提高环保标准,一面却又不愿意降低先进环保技术的昂贵价格。因此,寄希望于在不改变资本逻辑的前提下,用科学技术的进步来根除生态问题只能是美好想象。

我们必须清醒地认识到,发达国家的蓝天白云、绿水青山往往都是建立在对欠发达国家的生态剥削、生态殖民之上的。他们向欠发达国家大量索取自然资源、转移高污染产业,甚至直接倾倒有毒有害垃圾以解决他们的生态问题。这难道不是生态危机转移吗? 因此,我们绝不能割断和否定资本主义制度与生态危机的内在必然性。只有各个国家都与私有垄断资本进行博弈,生态危机才有可能改变,否则,一切将自然财富资本化、市场化的所谓"环保"举措,都不过是饮鸩止渴。

---

① 《马克思恩格斯全集》(第二十五卷),人民出版社,1974年,第278页。

第二，社会主义生态问题。

我们需要声明的是，社会主义生态问题不同于社会主义国家的生态问题，后者不只是社会主义生态问题，还包括其他类型的生态问题。近年来，包括生态学马克思主义者在内的许多学者，指出了苏联、中国、越南等社会主义国家的资源、环境、生态问题，特别探讨了苏联生态问题之所以产生的原因。苏联为了与以美国为首的西方帝国主义国家争夺世界霸权大搞核竞赛，一方面核武器的大量生产和贮存给世界留下了无穷的隐患，另一方面，核泄漏造成严重危害，切尔诺贝利核电站反应堆机组爆炸，大量放射性物质造成欧洲和亚洲部分地区受到污染，其危害程度及其后果至今难以确切估计；为了在工业上特别是重工业生产上赶超西方发达国家，粗放式的开采、冶炼和利用矿产资源，大量的矿场和工业废物严重污染了当地的土壤、空气和水源，特别是对苏联有色金属、矿业开采和冶炼集中的中亚地区的生态环境造成严重损害，另外还造成大量人口迁移，形成一定规模的"生态难民"；为了发展农业，在赫鲁晓夫执政时期，机械借鉴美国大面积种植玉米的经验，在今天的哈萨克斯坦境内大面积开荒种植麦子，大面积土壤表土层被严重破坏；等等。

虽然生态问题从其表现、危害和自然特征上说，社会主义生态问题与资本主义生态问题没有任何区别，但是从其产生的原因、必然性和治理原则上看，二者却有本质区别。从理论上讲，人与人的和谐是人与自然的和谐的最终条件。根据科学社会主义原则，社会主义社会是建立在生产资料公有制基础上的，这是社会主义全部制度的基础和根本，生产的根本目的是满足广大人民群众的物质文化需要，实行按劳分配并向按需分配过渡。这种制度追求的是通过消除经济上的贫富分化实现人与人之间的经济平等，依靠经济平等实现政治、文化、社会、生态等全面平等。没有经济上的贫富分化，就没有人与人之间的不平等，不以物质财富的占有多少来确证人的尊卑贵贱，也就从根本上消解了人对财富的过多占有欲望，从而使企业除了努力满足人们的需要外，不再有谋利的动机和动力。没有资本的驱使，不是为了剩余价值，科学技术的发展方向将不再集聚于提高生产率和资本收益率，它自身也不再资本化，而是真正成为人与自然和谐相处的手段。因而社会主义经济制度从根本上说,与生态危机没有内在必然联系。

📖 阅读延伸

"让他们吃下污染"

1991年12月12日,世界银行首席经济学家劳伦斯·萨默斯向他的几位同事递送了一份备忘录。这份备忘录所提出的一些关于环境的观点,反映了资本积累的逻辑。其部分内容于1992年2月8日刊载于著名的英国杂志《经济学家》,刊登时用了一个非常醒目的标题——让他们吃下污染。这里所说的"他们"就是指广大穷人,特别是发展中国家的穷人。这份备忘录明确提出:"向低收入国家倾倒大量有毒废料背后的经济逻辑是无可非议的,我们理应勇于面对。"萨默斯的最后结论是,"世界银行应当鼓励将污染企业和有毒废料转移到第三世界",对那些反对这种"世界废料贸易"观点的所谓人道主义"完全可以不加理睬",因为这些反对意见实际上与反对资本主义发展的主张如出一辙。"让他们吃下污染"这句话实际上说明了一切,既说明了为什么在西方资本主义国家的一些地区"天比我们蓝,水比我们清",也说明了为什么"绿色资本主义"仅仅是个"梦呓"。

——张清俐:《让谁吃下污染:"绿色资本主义"的回答》,《中国社会科学报》,2015年5月13日

那么我们如何看待现实的社会主义国家生态问题呢? 这与其在一定历史阶段所制定的具体制度相关,既有自身发展理念问题,也有外在客观原因。当然,这也都与现实社会主义发展本身的不成熟不完善有关。正如萨卡等生态学马克思主义者指出的,社会主义国家的无产阶级政党坚持了一种不完全正确的社会主义观,认为社会主义制度的优越性集中体现为能够创造出比资本主义更高的劳动生产效率。于是,创造高于资本主义的劳动生产率,尽可能扩大生产规模,让人民过上比资本主义国家更

高的物质水平的生活,成了社会主义的理想和奋斗目标。

历史上,苏联、中国的"超英赶美"战略虽然有主观上的急躁冒进、客观上的被逼无奈,但奉行上述社会主义观也是一个重要原因。奥康纳指出,在整个社会主义阵营中,虽然社会制度实现了根本变革,但经济制度并没有摆脱经济理性,经济的增长和发展具有压倒一切的优先权,结果同资本主义国家一样迅速地(或者更快地)消耗着不可再生资源,对空气、水源、土地所造成的污染即便不比其对手资本主义多,至少也同后者一样。①萨卡还分析了社会主义国家如此看重经济和经济关系的历史观原因。他指出,社会主义国家的无产阶级政党普遍相信,人类行为的客观动因是社会经济关系。于是,他们只在社会经济关系中寻找权利的客观基础,而不去扼制人类要为自己的、眼前的利益优先考虑的内在本性。②

结果,人们的思想道德、公私观念、消费方式并没有随着社会主义公有制的建立而自然形成,在全球性的资本主义倡导的个人主义价值观、享乐主义人生观和消费主义生活方式风潮的侵蚀渗透下,非但缺乏战胜资本主义经济意识形态的先进意识,反而出现了与资本主义一样的消费文化、物欲观念、异化消费和生产扩张,致使生态环境遭到严重破坏。

当然,正如许多生态学马克思主义者所指出的,现实的社会主义国家之所以把发展经济作为头等任务,一个重要的历史原因是资本主义国家对社会主义国家的扼制与围剿,刺激了社会主义国家的生存紧迫性。但是我们绝不能因为社会主义国家生态问题的严重程度而模糊社会主义生态问题与资本主义生态问题的界限。社会主义生态问题与资本主义生态问题的根本区别在于:资本主义生态问题是资本主义基本经济制度的必然结果,社会主义生态问题不是社会主义经济制度的必然结果,而是社会主义国家的无产阶级政党在特定阶段所秉持的经济至上的发展理念及其粗放式发展方式所造成的人与自然的紧张关系。

---

① 参见[美]詹姆斯·奥康纳:《自然的理由——生态学马克思主义研究》,唐正东、臧佩洪译,南京大学出版社,2003年,第407页。

② 参见[印度]萨拉·萨卡:《生态社会主义还是生态资本主义》,张淑兰译,山东大学出版社,2008年,第104页。

同时需要指出的是,社会主义国家出现的生态问题也与国际资本有关,社会主义国家从发达资本主义国家引进资本、技术、生产系统和管理制度,参与经济全球化过程,把自己融入世界性的资本主义市场,也可以说,使得资本这"同一种系统化的力量在东方就像在西方一样有效"[①]。由这种原因造成的生态问题,虽然存在于社会主义国家,与社会主义生态问题难解难分,它却不是社会主义生态问题,而是资本主义对社会主义国家的衍生性影响,其本质上仍是资本主义生态问题。

第三,一般生态问题。

人与自然的关系是一种对立统一关系,人生于自然、取之于自然,也只能在自然中发展,但是自然不会让人饭来张口、衣来伸手,风雪雷电、洪水地震、毒蛇猛兽都对人的生存造成威胁,人们不能不认识自然、利用自然、改造自然。

所谓一般生态问题,指的是人们在向自然索取必要的生存和发展资料的过程中,由于对自然规律的认识不够、对改造自然行为后果的估计不足而引发的自然对人的报复。人们在一定的科学技术水平和生产力水平下,即使纯粹是为了满足自身生存和发展需要,如果对自然的开发、控制严重超出自然界自我恢复的能力,或者对一定的改造自然的方式可能引起的后果缺乏科学的预判,造成自然界对人的生存条件与环境的负面影响,就会出现我们所说的一般生态问题。正如恩格斯指出的:"我们不要过分陶醉于我们人类对自然界的胜利。对于每一次这样的胜利,自然界都对我们进行报复。每一次胜利,起初确实取得了我们预期的结果,但是往后和再往后却发生完全不同的、出乎预料的影响,常常把最初的结果又消除了。"[②]换句话说,这种生态问题是在任何制度下都会发生的,只要人类要生存、要发展,它就必然产生,它的产生不可能外在于社会制度,但却不是社会制度的必然产物。

---

① [美]詹姆斯·奥康纳:《自然的理由——生态学马克思主义研究》,唐正东、臧佩洪译,南京大学出版社,2003年,第409页。

② 《马克思恩格斯选集》(第三卷),人民出版社,2012年,第998页。

三、破解全球生态难题的中国担当

从陕北榆林披上绿装到库布齐沙漠开始飘雨，从三江源"中华水塔"的绝地反击到黄河再现"一河清水向东流"，从黄土高原绘上梯田彩带到"蓝色海洋国土"焕发新生机……一个个生态奇迹正在中国大地上演。党的二十大报告指出，我国生态环境保护发生历史性、转折性、全局性变化，我们的祖国天更蓝、山更绿、水更清。"过去十年，我国以年均3%的能源消费增速支撑了平均6.6%的经济增长。全国地级及以上城市细颗粒物（$PM_{2.5}$）年均值由2015年的46微克/立方米降至2021年的30微克/立方米，成为全球大气质量改善速度最快的国家。全国地表水优良断面比例达到84.9%，已接近发达国家水平。全国土壤污染风险得到基本管控。我国生态环境保护成就得到国际社会广泛认可，成为全球生态文明建设的重要参与者、贡献者、引领者。"[①]

扫码观看《我国生态文明建设取得了哪些重大成果？》（来源：求是微理论）

（一）全球生态环境问题治理的经济发展与道义伦理纠结

在生态环境问题治理中，经济发展与道义伦理始终纠结在一起，从而使社会考量远大于科学考量。

第一，解决生态环境问题存在"公地悲剧"。各国在索取自然资源的过程中，所创造的物质财富是自己的，所造成的生态环境问题却是全人类的。在一个主要依靠自助式解决问题的国际社会里，一些国家往往对生态环境问题或无动于衷，或寄希望于他人，全球范围内的生态环境问题有增无减。

第二，解决生态环境问题难以兼顾现实公正与历史公正的道义平衡。从1900年到2005年的106年间，发达国家的人均碳排放量是发展中国家的7.54倍，正是发达国家在发展经济过程中长期排放的温室气体催生了

---

① 生态环境部副部长翟青在二十大新闻中心第五场记者招待会上的交流发言，2022年10月21日。

生态环境问题。然而有的发达国家非但不愿意减少温室气体排放，甚至还要求发展中国家也应当承担减排和限排温室气体的义务，带头破坏"共同但有区别的原则"的历史公正原则。

第三，环保科技的历史落差正加剧着新的不公平。防治生态环境问题的先进科技大都掌握在发达国家手中，它们本应对发展中国家进行环境保护的"技术扶贫"，《联合国气候变化框架公约》也承诺发达国家为发展中国家提供相关技术和资金，但与工业发达国家从昂贵的环保技术中获得的高额垄断利润相比，发展中国家能够得到的资金显然杯水车薪，在实现发展经济与生态平衡上力不从心，新的科技手段反而强化了旧的历史不公平。

第四，发展经济与保护生态环境具有复杂的对立统一关系，生态环境保护的直接投入会加大经济发展成本，同时生态环境的改善最终又能在人的生命健康质量、再生资源的利用等意义上提高生产力水平。如果处理得不好，生态环境的恶化又将消解、否定经济发展的意义和价值。

面对事关人类生死存亡的生态环境难题，国际社会进行了长达数十年的艰巨努力，可谓步履维艰。从1992年联合国制定通过《联合国气候变化框架公约》开始，缔约国先后召开了25届大会，经过复杂、艰苦、漫长的谈判，先后通过了《京都议定书》和《巴黎协定》两个里程碑式的法规性文件，缔约国接近200个，有180多个国家提交了应对气候变化"国家自主减排贡献"文件，涵盖全球碳排放量的90%以上。这表明无论是发达国家还是发展中国家，都认识到应对气候变化的重要性和紧迫性，展现出走绿色低碳发展道路的坚定决心。但让人匪夷所思的是，有的世界能源消耗超级大国，为了狭隘的本国利益而不惜危害天下，退出协定。2015年，在《巴黎协定》签字仪式上，时任美国国务卿的克里抱着孙女代表美国政府签了字，可谓意味深长。2017年，特朗普宣称为了保护美国和美国人民，美国退出《巴黎协定》，这使本来就十分艰难的全球减排合作雪上加霜。

（二）艰难挫折中的中国担当

中国知难而进，坚定兑现中国"国家自主贡献"庄严承诺，推动世界各国落实《巴黎协定》确定的各项目标，引领全球为消除"生态赤字"不懈努力。从发展正义的角度说，中国是工业化起步较晚的发展中国家，当我们

📖 阅读延伸

日本排放核废水

据日本共同社报道，当地时间2021年4月13日，日本政府召开相关阁僚会议，正式决定将福岛第一核电站核废水排入大海。尽管当地渔民与周边国家对此表示担忧，但日方表示，经评估，核废水不会对人体健康或环境造成负面影响。

北京时间4月13日，中国外交部发言人赵立坚在例行记者会上表示："福岛第一核电站发生了最高等级的核事故，其产生的废水同正常运行的核电站废水完全是两回事，否则这些年日方也没必要用罐子把这些水严密封装起来。"同时，赵立坚向日媒列举各方对核废水入海意见并强调，对于权威机构和专家的意见，日方应予以诚实回应，不能充耳不闻，更不能罔顾国际公共利益，将福岛核废水往海里一倒了之。

日本国内及东亚其它各国民众也纷纷表示抗议。当地时间13日，日本东京。日本民众在首相官邸前集会，抗议日本政府当天早上正式决定以海洋排放方式处置福岛核电站事故核废水。在日本驻韩大使馆前，韩国"首尔青年气候行动"和"青年多乐"等多个团体召开记者会，抗议日本政府决定将核废水排入海里。

开始工业化时就承受着发达国家给世界带来的生态环境问题的沉重历史包袱。1978年中国开始改革开放时，人口接近世界总人口的四分之一，而经济总量只占世界总量的1.8%。今天，我国虽然已经成为世界第二大经济体，但2017年的人均GDP还处在世界第71位，这大体上也是我国人均温室气体排放的世界排名。绝大多数国家都充分理解中国的这一实际，所以1997年《京都议定书》第一、二期承诺都没有对我国提出减排的约束性指标。然而中国却向《联合国气候变化框架公约》秘书处提出了具有大国担当的国家自主贡献承诺：二氧化碳排放力争于2030年前达到峰值；单位国内生产总值二氧化碳排放比2005年下降60%～65%，非化石能源占一次性能源消费比重达到20%左右；森林蓄积量比2005年增加45亿立方米左右等。欧美主要发达国家大体是在人均GDP为2万～2.5万美元（2010年价格）时达到人均二氧化碳排放峰值的，人均二氧化碳峰值排放量约为10吨～22吨。按照我国的承诺，我们可望在人均1.4万美元时达到二氧化碳排放人均峰值，且人均峰值可望使二氧化碳排放量保持在8吨左右的较低水平上。2020年9月22日，习近平主席在第七十五届联合国大会一般性辩论上提出，中国努力争取2060年前实现碳中和的宏伟目标。这是中国向全世界的郑重承诺，反映了一个发展中大国与人类共命运的责任感和使命感。

中国以推动构建人类命运共同体的天下情怀，把当代世界观推向时代前沿。习近平指出："保护生态环境，应对气候变化，维护能源资源安全，是全球面临的共同挑战。中国将继续承担应尽的国际义务，同世界各国深入开展生态文明领域的交流合作，推动成果分享，携手共建生态良好的地球美好家园。"[①]在这个世界上，各国相互联系、相互依存的程度空前加深，人类生活在同一个地球村里，生活在历史和现实交汇的同一个时空里，世界越来越成为你中有我、我中有你的命运共同体。面对人类遇到的各种挑战，没有哪个国家能够独自应对，也没有哪个国家能够退回到自我

---

① 习近平：《致生态文明贵阳国际论坛二〇一三年年会的贺信》，《人民日报》，2013年7月21日。

封闭的孤岛,这就要求一个国家在追求本国利益时必须兼顾他国合理关切,在谋求自身发展时必须同时促进各国共同发展,不断扩大共同利益汇合点。为此,中国倡导推动构建人类命运共同体,致力于建设一个持久和平、普遍安全、共同繁荣、开放包容、清洁美丽的世界,坚定地与各国一起,合作应对气候变化,保护好人类赖以生存的地球家园。

中国以保护生态环境就是保护生产力、改善生态环境就是发展生产力的绿色发展理念,把人类的生态价值观提到时代高度。取之于自然是人类生存的根本方式。自然给人类以无私的馈赠,也会给人类带来灾难。协调人与自然的关系,是人类面临的永恒课题。人类走过了敬畏自然的蒙昧时代,也创造了疯狂开发自然的工业文明。今天,应当是人类有能力、有条件与自然和谐相处的生态文明时代。生态文明建设不是走向自然中心主义,人类不需要、也不可能回归依赖"自然牵引带"的蛮荒时代,而是必须走生产发展、生活富裕、生态良好的文明发展道路。2017年5月26日,习近平在中共中央政治局第四十一次集体学习时指出:"生态环境问题,归根到底是资源过度开发、粗放利用、奢侈消费造成的。"据此,他将发展生产力与保护生态环境统一起来思考生态价值观,提出"保护生态环境就是保护生产力、

知识链接

碳中和

碳中和(carbon neutrality),节能减排术语,是指企业、团体或个人测算在一定时间内,直接或间接产生的温室气体排放总量,通过植树造林、节能减排等形式,抵消自身产生的二氧化碳排放,实现二氧化碳的"零排放"。简单地说,也就是让二氧化碳排放量"收支相抵"。而碳达峰则指的是碳排放进入平台期后,进入平稳下降阶段。

2021年3月5日,国务院政府工作报告中指出,扎实做好碳达峰、碳中和各项工作,制定2030年前碳排放达峰行动方案,优化产业结构和能源结构。

改善生态环境就是发展生产力"的科学论断,要求我们"要构筑尊崇自然、绿色发展的生态体系"①。他指出,当人类改造自然、控制自然的能力提高到今天的水平,人类再也不为填饱肚子忧虑的时候,就要有"绿水青山就是金山银山"的财富观;而当创造物质财富与生态环境发生矛盾时,我们"宁要绿水青山,不要金山银山"。

在参加十三届全国人大二次会议时,习近平强调:"要保持加强生态文明建设的战略定力。保护生态环境和发展经济从根本上讲是有机统一、相辅相成的。不能因为经济发展遇到一点困难,就开始动铺摊子上项目、以牺牲环境换取经济增长的念头,甚至想方设法突破生态保护红线。"②在这样的生态价值观和社会价值观指导下,他要求人们树立尊重自然、顺应自然、保护自然的生态文明理念;在索取自然时,坚持节约优先、保护优先、自然恢复为主的方针,形成绿色发展方式和生活方式。2013年5月24日,习近平在主持中共十八届中央政治局第六次集体学习时提出"走向社会主义生态文明新时代"。

(三)最全面、最严格的生态环境治理的中国方案

生态文明建设是关系中华民族永续发展的根本大计。习近平在庆祝中国共产党成立100周年大会上强调,坚持人与自然和谐共生,协同推进人民富裕、国家强盛、中国美丽。伴随着党和国家事业的蓬勃发展,我国生态文明建设和生态环境保护取得了显著成就,积累了丰富经验,形成了举世瞩目的中国方案,我国成为全球生态文明建设的重要参与者、贡献者、引领者。中国特色社会主义事业总体布局即"五位一体"和建设"美丽中国"目标,将生态文明建设置于社会制度和国家目标的本体论地位。任何一项事业只有融入社会制度,才能获得它在社会存在和发展理念中的本体论地位,才是不容撼动和漠视的;只有进入国家建设战略目标,才能获得实践保障。

---

① 中共中央文献研究室编:《十八大以来重要文献选编》(中),中央文献出版社,2016年,第697页。
②《习近平参加内蒙古代表团审议》,中国新闻网,http://www.chinanews.com/gn/2019/03-05/8772304.shtml。

从20世纪70年代开始,世界普遍意识到一个可持续发展的社会比无穷无尽的经济增长更为重要。但在资本中心主义与人类中心主义的尖锐矛盾中,西方发达国家的大资本家很快意识到保护生态环境的措施威胁到他们的财富增值所赖以建立的整个系统。于是,美国的大资本家不遗余力地阻止美国政府接受《京都议定书》。社会主义国家同样存在发展经济与保护生态环境的矛盾。中国社会主义建设初期,生产力水平低,为了多产粮食解决温饱问题,不得不毁林开荒、毁草开荒、填湖造地;改革开放后的一段时期,这一矛盾也十分尖锐。

中国共产党坚定地秉持以人民为中心的价值观,党的十八大把生态文明建设纳入中国特色社会主义事业"五位一体"总体布局,提出建设"美丽中国"的国家目标,党的十八届五中全会明确提出绿色是新发展理念中的一大理念,党的十九大又把第二个百年奋斗目标相应调整为"建成富强民主文明和谐美丽的社会主义现代化强国",把"坚持人与自然和谐共生"提升到新时代坚持和发展中国特色社会主义的基本方略的高度,将污染防治列入全面建成小康社会的三大攻坚战之一。"十三五"规划以国家顶层设计形式把生态文明建设融入经济建设、政治建设、文化建设、社会建设各方面和全过程,从而把节约资源和保护环境的基本国策提高到生态文明建设是中国特色社会主义制度本体的历史高度。"十四五"规划和2035年远景目标纲要中,"推动绿色发展 促进人与自然和谐共生"单独成篇,其分量之重可见一斑。2021年3月15日,习近平在中央财经委员会第九次会议上强调:"实现碳达峰、碳中和是一场广泛而深刻的经济社会系统性变革,要把碳达峰、碳中和纳入生态文明建设整体布局,拿出抓铁有痕的劲头,如期实现2030年前碳达峰、2060年前碳中和的目标。"

中国以最严格的生态环境保护制度,推进人类史无前例的生态文明体制改革。我国的"十一五"规划首次把单位国民生产总值能源消耗强度作为约束性指标,"十二五"规划提出合理控制能源消耗总量,"十三五"规划又提出实行能源、水资源、建设用地等总量和强度双控的硬措施,从而把资源消耗、环境损害、生态效益等体现生态文明建设的指标纳入经济社会发展评价体系。"十四五"规划提出"提升生态系统质量和稳定性""持续

📖 **阅读延伸**

洱海治理

2015年1月，习近平在云南调研时来到洱海边，殷殷嘱托大理干部群众"一定要把洱海保护好，让'苍山不墨千秋画，洱海无弦万古琴'的自然美景永驻人间"。

2016年以来，洱海边构建起层层截污治污体系：

——城乡一体生活污水收集处理体系，实现了"从农户到村镇、收集到处理、尾水排放利用、湿地深度净化"的生活污水全收集、全处理。

——生活垃圾收集处置体系，建立"户清扫、组保洁、村收集、镇乡清运、县市处理"的生活垃圾收集和无害化处置运行体系。

——环湖生态防护体系，完成临湖15米以内1806户7270人的生态搬迁，建设129千米环洱海生态廊道和万亩湖滨生态带修复，彻底杜绝"人进湖退"。

——清水入湖工程体系，整治无序取水，建成"三库连通"清水直补工程，实施城乡统一供水、入湖河道生态治理、海西清水疏导、末端拦截消纳，实现亿方清水入湖。

通过开展"美丽洱海"行动，大理主动融入了"以共抓大保护、不搞大开发为导向，以生态优先、绿色发展为引领"的长江经济带发展，让绿水青山转化为金山银山。一个环境优美、生态宜居的生活和生态空间展露容颜，清水绿岸、鱼翔浅底的画卷已经大美初成。

——中央人民政府门户网站

改善环境质量""加快发展方式绿色转型",为推动生态文明新进步,建设人与自然和谐共生的现代化指明了方向、明确了路径。

为此,党中央拿出壮士断腕、浴火重生的勇气,全面构建"四大体系":科学适度有序的国土空间布局体系、绿色低碳循环发展的产业体系、约束和激励并举的生态文明制度体系、政府企业公众共治的绿色行动体系,构建生态文明建设新体制;规划布局"三大空间":生产空间、生活空间、生态空间,确保给自然留下更多修复空间;明确划定"三大红线":生态功能保障基线、环境质量安全底线、自然资源利用上线,标示生态环境不容触碰的"雷区";统筹山水林田湖草沙冰一体化生态保护,实施重大生态修复工程,增强生态产品生产能力;用最严格的制度、最严密的法治保护生态环境,健全自然资源资产管理体制,加强自然资源和生态环境监管,推进环境保护督察,落实生态环境损害赔偿制度,完善环境保护公众参与制度;严格贯彻依法依规、客观公正、科学认定、权责一致、终身追究的原则,落实领导干部任期生态文明建设责任制,实行自然资源资产离任审计;专门成立国家生态环境部,负责制定并组织实施生态环境政策、规划和标准,依法开展生态环境监测和执法工作,组织中央生态环境保护督察等。

近年来,一起起破坏生态环境的责任单位和个人受到了法律和党纪的惩处案件,强力践行了"宁要绿水青山,不要金山银山"的铮铮誓言。

生态环境恶化是人类社会的癌症,天蓝、地绿、水清的生产生活环境是子孙万代的福祉。世人有目共睹,"美丽中国"正在变为现实;世界可待可期,中国担当、中国方案、中国行动必将引领世界走向生态文明新时代。

拓展阅读

1.中共中央文献研究室编:《习近平关于社会主义生态文明建设论述摘编》,中央文献出版社,2017年。

2.中共中央宣传部、中华人民共和国生态环境部编:《习近平生态文明思想学习纲要》,学习出版社、人民出版社,2022年。

3.习近平:《论人与自然和谐共生》,中央文献出版社,2022年。

专题九

追求共产主义理想之美

　　我们要全面掌握辩证唯物主义和历史唯物主义的世界观和方法论,深刻认识实现共产主义是由一个一个阶段性目标逐步达成的历史过程,把共产主义远大理想同中国特色社会主义共同理想统一起来、同我们正在做的事情统一起来,坚定中国特色社会主义道路自信、理论自信、制度自信、文化自信,坚守共产党人的理想信念,像马克思那样,为共产主义奋斗终身。

　　——习近平在纪念马克思诞辰200周年大会上的讲话,2018年5月4日

疑问与理解九

　　有人借口共产主义的遥远而论证它的虚无缥缈，有人罔顾事实，宣称"共产主义欺骗了中国几十年"。共产主义，一个几百年来依然充满活力和魅力的思想体系及其现实运动，与中国特色社会主义相接相通，它的理想性、美好性及现实性是不容否定的。一个改变了世界并将持续深刻改变世界的科学共产主义，任何人对它的否定、攻击和嘲弄，不是暴露其利益和立场偏见，就是由于其无知。

从世界第一位空想社会主义思想家莫尔1516年出版《乌托邦》这部描述空想社会主义的著作算起，共产主义已经有500多年历史了。500多年来，共产主义在思想传播和现实实践中，虽然有迷茫、有曲折、有挫折，但它却不可抗拒地走过了从空想到科学、从理论到实践、从运动到社会制度、从单一模式到多种模式的逐步完善的发展过程。今天，共产主义已经成为人类崇高理想境界的代名词。然而近年来，国内有人却借口共产主义的遥远而论证它的虚无缥缈，由虚无缥缈进而论证它的空想和幻想。有人甚至罔顾事实，撒弥天大谎，宣称"共产主义欺骗了中国几十年"。对共产主义的戏弄和消解，曾离散了一代人的理想信念，成为邓小平在20世纪末就意识到的"最大失误"。共产主义，一个几百年来依然充满活力和魅力的思想体系及其现实运动，它的理想性、美好性及现实性是不容否定的。一个改变了世界并将持续深刻改变世界的科学共产主义，任何对它的否定、攻击和嘲弄，不是暴露其利益和立场偏见，就是由于其无知。

知识链接

"共产主义"这个词语比"社会主义"一词出现得略晚一些，其词源有"公有""共同体"的含义。共产主义思想早已有之，但其概念源出19世纪30年代中期的巴黎秘密革命团体。英国学者科尔认为，法国人使用共产主义这个词语有双重意义：一是期望实现财产公有制，二是力求建立以"公社"为单位的基层自治组织。到了19世纪40年代，随着法国卡贝和德国魏特林共产主义思想的传播，共产主义一词也在欧洲进一步流行开来。

——参见秦刚：《社会主义、共产主义概念的源流梳理》，《科学社会主义》，2015年第5期。

一、创立共产主义的伟人之美

科学共产主义创始人以自己全部的生命谱写了人类社会发展的科学

真理。马克思恩格斯的成长经历、学术探索和革命实践，既是极为励志的成功之路，更是闪耀着共产主义光辉的伟人诗歌。马克思，一个世界上极富经济头脑的精明的犹太民族后裔，出生于官学显赫的家庭，一个因论文出色而无须答辩就获得学位的哲学博士，一个24岁就当上著名报纸《莱茵报》主编的成功人士，本可以与自己的既得利益阶级一同享有资产阶级统治的好处，而他却选择了一条为常人所百思而不解的道路：一生批判资本主义社会，屡遭驱逐追捕，颠沛流离，常常为付不起房租而遭房东的白眼，但他从未潦倒，矢志不移为创造财富却饱尝贫穷的劳动阶级寻找解放的真理。

科学共产主义的"第二小提琴手"恩格斯，出生于纺织工厂主家庭，因父亲逼迫经商而中学辍学，但他19岁开始发表论文，21岁开始出版一本本学术小册子，服了一年兵役却在37岁开始为《美国新百科全书》撰写军事学条目，可谓才智过人。他本可以与他的父亲一起做大自家产业，好好利用资本主义为企业主提供的发财致富的优越条件，而他却心系无产阶级和劳动人民的命运，与马克思一起甘受理论研究之艰难、经济拮据之困苦、政治围堵之凶险。

在科学批判中逐步建立起共产主义信仰和崇高理想。也许你不能想象，马克思在最初接触共产主义并对其发表意见和评论时，并没有欣然接受，而是表达出理性的怀疑。这是为什么呢？1841年4月，博士毕业后的马克思由于思想倾向、政治立场的问题，未能实现自己登上大学讲坛的愿望而赋闲在家。但马克思关心社会现实、关注社会热点问题，1842年初，他开始为当地的报纸《莱茵报》撰写《评普鲁士最近的书报检查令》《第六届莱茵省议会的辩论》等系列政论文章。准确的判断、鲜明的观点和犀利的言辞很快在莱茵地区乃至德国引发轰动，也引起了《莱茵报》的关注。1842年10月中旬，马克思来到德国科隆担任报纸编辑（主编），针对其他报纸对《莱茵报》的批评，他撰写了一篇关于"共产主义"的文章，即《共产主义和奥格斯堡"总汇报"》（1842年10月16日发表），第一次公开表达了他此时对共产主义的态度和主张。

1842年9月30日，《莱茵报》第273号刊登（转载）了莫·赫斯的《柏林的家庭住宅》，其中有关于共产主义的论述。赫斯认为，人的权利的不平等是产生贫困的原因，解决办法是废除财产权（《莱茵报》转载时，赫斯对这篇通讯作了删节，加了按语及标题，并对几处有关共产主义的论述作了修改）。紧接着，1842年10月7日《莱茵报》第280号刊登的有关斯特拉斯堡代表大会（第十次法国学者代表大会）的报道，扼要地介绍了通过立法是否能够改善工人社会状况的讨论，还报道了与会者关于社会主义和共产主义的演说。针对这两篇文章，1842年10月11日奥格斯堡《总汇报》第284号发表了该报主编古·科尔布的文章《共产主义者的学说》，以《莱茵报》刊登两篇文章为由指责《莱茵报》同情共产主义，并把"邻国的混乱"引进德国报刊。因此，马克思撰文予以批驳。他在文中并没有直接描述当时的共产主义理论，而是从这样四个方面表达了他的理论态度和思维方法：

一是《莱茵报》间接描述了英、法两国发生的工人运动："一无所有的等级要求占有目前掌握治国大权的中等阶级的一部分财产……这是事实，即使没有斯特拉斯堡的演说，也不论奥格斯堡如何保持沉默，它仍旧是曼彻斯特、巴黎和里昂大街上引人注目的事实"，而作为媒体只是进行了如实的报道，是"没有本事用一句空话来解决那些正由两个民族在解决的问题"的。①而《总汇报》的批评和指责表面看来没有理由，但事实上"是因为我们向群众毫无掩饰地介绍了共产主义真相"，是与这份报纸自身保守的政治立场有关，与他们维护国内封建统治有关。

二是共产主义与德国国内落后现实不相符合。马克思指出，包括《总汇报》在内的媒体们，一直用各种点缀来混淆共产主义的真相，就是害怕它会引发人们对德国国内落后现实的不满："在谈到共产主义的时候，你使我们了解到现在德国独立的人很少；十分之九的有教养的青年都为了自己的前途而向国家乞食；我们的河流枯竭，航运衰落，过去繁荣的商业城市失去了往日的光辉；自由的制度在普鲁士推行得缓慢无比；我国过剩的人口无依无靠地流浪四方，在其他民族中渐渐丧失德国人的特征。然而，对于所有这些问题，你们既没有提供一个方案，也没有作任何尝试，去

---

① 参见《马克思恩格斯全集》（第一卷），人民出版社，1956年，第131～132页。

'寻求实现'那能使我们摆脱这一切罪恶的伟大事业的'途径'！"①他们要把包括社会主义—共产主义思想在内的所有妨碍统治的理论都控制起来，这才是《总汇报》和普鲁士当局的政治目的。

三是应采取冷静理性的态度审慎对待共产主义。马克思指出，《莱茵报》的报道只是提出了"和平的态度"对待工人运动和共产主义，而且"'莱茵报'甚至在理论上都不承认现有形式的共产主义思想的现实性，因此，就更不会期望在实际上去实现它，甚至都不认为这种实现是可能的事情。'莱茵报'彻底批判了这种思想"，而对当时像勒鲁、孔西得朗的著作②，特别是蒲鲁东的著作《什么是财产？或关于法和权力的原理的研究》，更不能"根据肤浅的、片刻的想像去批判，只有在不断的、深入的研究之后才能加以批判"③，是因为后一类著作和思想家，对于德国现实来讲更加接近和符合实际一些。

四是要进一步深入研究共产主义思想。马克思坚信，共产主义所构成的真正威胁并不是来自它发生于英法的现实运动和"实际试验"，而是它的"理论论证"：如果进行大量的实际试验，一旦成为直接威胁统治的东西，就会受到镇压、"得到大炮的回答"；而征服我们心智的、支配我们信念的、我们的良心通过理智与之紧紧相连的思想，是"一种不撕裂自己的心就不能从其中挣脱出来的枷锁"，是一个"魔鬼"，"人们只有先服从它才能战胜它"。马克思要寻找的是一种真正能够通过理智而征服人的思想，这是一种真正先进的思想，这是他的理想和追求，是他基于改变德国落后现实而萌发的一种信仰，而这时的马克思在共产主义思想中看到了这种潜能。

从此时马克思对共产主义的态度方法中，我们能够发现三个闪光的思想：首先，彻底的批判精神，要把一切都放在理性的审慎考察和论证中衡量；其次，要发现、创造解释世界的科学理论、先进思想，这种思想的特

---

① 《马克思恩格斯全集》（第一卷），人民出版社，1956年，第132页。

② 参见皮·勒鲁的《驳斥折衷主义》和维·孔西得朗的《社会命运》《法国政治最后破产的必然性》《实证政治基础：傅立叶所创立的协作学派宣言》。——编者注

③ 《马克思恩格斯全集》（第一卷），人民出版社，1956年，第134页。

征是"撕裂人心"的魔鬼,是"只有先服从它才能战胜它"的一种思想理论;最后,科学理论、先进思想的价值在于改造德国落后的现实,"战胜它"的途径就是将它应用于实践的过程中改造世界。从现在看来,正是《莱茵报》时期因为对"物质利益问题发表意见的难事",马克思坚决地走向寻找先进思想、解释世界的艰苦理论探索:在1843年的《〈黑格尔法哲学批判〉导言》中,马克思对理论的彻底性有了更加科学的表述,科学理论是通过对"武器的批判"获得的,这样的理论因为彻底也就是"抓住事物的根本""就能说服人";"理论只要说服人,就能掌握群众",而"理论一经掌握群众,也会变成物质力量",①这种物质力量是摧毁旧世界、改造世界的最终决定性力量,也就是工人阶级、无产阶级和人民群众。这个过程,马克思在1845年初的《关于费尔巴哈的提纲》中将它表述为"解释世界"和"改造世界"的辩证关系,也为他与恩格斯探索共产主义信仰奠定了坚实的思想根基和方法论基础。

知识链接

　　《关于费尔巴哈的提纲》是马克思于1845年春在布鲁塞尔写成的批判费尔巴哈的11条提纲,马克思生前未曾发表。原题为《关于费尔巴哈》,论述的中心是实践问题。马克思在批判费尔巴哈和一切旧唯物主义的基础上概述了自己的新的世界观,最早发表于1888年,恩格斯在《路德维希·费尔巴哈和德国古典哲学的终结》的序言中称这个文件为"关于费尔巴哈的提纲",并作为该书的附录首次发表。它被恩格斯称为"包含着新世界观的天才萌芽的第一个文件","历史唯物主义的起源"。《关于费尔巴哈的提纲》和《德意志意识形态》一起被公认为是马克思主义哲学,特别是唯物史观创立的基本标志。

---

① 《马克思恩格斯文集》(第一卷),人民出版社,2009年,第11页。

在马克思恩格斯对共产主义信仰、共产主义理论探索的整个历程中，他们始终坚持唯物主义精神，从现实的人、社会实际特别是资本主义社会现实出发，按照事物的本质如实地进行科学解释。而共产主义、社会主义只能建立在资本主义发展的基础上，甚至在第一阶段的社会主义社会中，它还会在经济、道德和精神方面都"带着它脱胎出来的那个旧社会的痕迹"①，但这并不妨碍人们对共产主义的信仰和对这一崇高理想的追求；始终坚持理性的、彻底的和永恒的批判精神，这是辩证法的精髓，即"不崇拜任何东西，按其本质来说，它是批判的和革命的"②，这是根本的思想方法要求；始终坚持人民立场，只有无产阶级和人民群众才是历史的创造者，他们在改造世界、推翻资本主义的过程中挣脱枷锁，成为未来社会的真正主人。作为科学共产主义的创始人，马克思恩格斯身上还有无数让我们去挖掘的伟人之美，这些已经全部融入到他们那博大精深的理论大厦之中，成为广大人民群众投身国际共产主义运动、建立社会主义和信仰共产主义的指路明灯。

二、探索共产主义的科学之美

恩格斯在《在马克思墓前的讲话》中饱含深情地回忆了与其并肩战斗的伟大战友马克思，他说，像达尔文在自然界发现进化规律一样，"马克思发现了人类历史的发展规律"，不仅如此，他还发现了"现代资本主义生产方式和它所产生的资产阶级社会的特殊的运动规律"③，这就是剩余价值规律。人的一生能发现其中一个就已经足够幸福了，而马克思却发现了两个，更何况他在很多领域都不是浅尝辄止的。恩格斯指出，正是因为历史唯物主义和剩余价值学说的发现，才使得社会主义学说从空想变成了科学。在把空想学说转变成科学理论、展现科学之美的道路上，马克思恩格斯实现的是一场人类思想史上的理论革命和精神变奏。

①《马克思恩格斯文集》(第三卷)，人民出版社，2009年，第434页。
②《马克思恩格斯选集》(第二卷)，人民出版社，2012年，第94页。
③《马克思恩格斯选集》(第三卷)，人民出版社，2012年，第1002页。

首先,马克思恩格斯对科学共产主义的探索经历了复杂、艰苦的思想历程。提起共产主义(社会主义),人们会不由自主地想到西方思想史上1516年莫尔的《乌托邦》,也会想到中国古已有之的"大同社会""桃花源"等。很显然,科学共产主义同人类以往的这些思想都代表了人类对未来美好社会的向往、憧憬和设计,但这两类思想之间有着本质的区别,科学之光是科学共产主义的精髓和本质精神,而马克思恩格斯为了给未来社会奠定科学之基,始终把他们对共产主义的理论与实践框定在科学的轨道上,这个历程中有这样四个关键点:

一是人学思想背景下科学共产主义初露端倪。从1843年3月退出《莱茵报》到1844年8月,马克思恩格斯由于共同受到莫泽斯·赫斯(1845年发表《论货币的本质》)尤其是费尔巴哈人学思想的影响,几乎同步进入到一个人学思想发展的阶段,这直接影响了他们对共产主义的认识。在1843年"德法年鉴"时期发表的《论犹太人问题》和《〈黑格尔法哲学批判〉导言》中,马克思一方面论证了无产阶级的历史使命,另一方面正式在理论上认可共产主义的理念,但这种共产主义是"哲学与无产阶级"的变奏曲,是一种以高度抽象和思辨的人学思想为基础的"哲学共产主义";而在被很多人奉为圭臬的《1844年经济学哲学手稿》中,马克思以人学异化史观为主导,对历史上曾经出现

莫泽斯·赫斯(1812—1875),德国哲学家、社会主义者,工党犹太复国主义建立者之一

的各种"共产主义原始形式、历史性质和理论形态"进行了深刻的批判,在私有制批判基础上与之划清界限,但同时又在人的异化、复归逻辑中,将共产主义作了人学的理解:"这种共产主义,作为完成了的自然主义,等于人道主义,而作为完成了的人道主义,等于自然主义"①,这样"应有-现有"的人学逻辑影响着马克思恩格斯科学认识的进一步发展,这不是真正的历史,更不是科学的理论。对此,马克思自己都提出一个难以理解和回答的问题:"现在要问,人是怎样使自己的劳动外化、异化的? 这种异化又是怎样由人的发展的本质引起的?"②也就是说,如果人类真的曾经生活在伊甸园中,那又怎么会背离本质、离开幸福而出走的呢? 这种人学逻辑中的共产主义真的只能是可望而不可及的海市蜃楼吗?

路德维希·费尔巴哈(1804—1872),德国旧唯物主义哲学家,从人本学角度批判了基督教

二是唯物史观理论新地平上共产主义的现实性、实践性和过程性特征。马克思恩格斯最可贵的科学品质就是敢于怀疑一切,对待自己的理论也是如此,有疑问就深究,有问题就必须找到科学的答案。从1845年初到1848年,马克思恩格斯在完成的《关于费尔巴哈的提纲》《德意志意识形态》《哲学的贫困》和《共产党宣言》中,同自身的旧世界观进行了最激烈的斗争,完成了最深刻的世界观革命和理论变革,初步完成了唯物史观的创立,其间形成了对共产主义重大问题的总体性认识:比如,共产主义必须建立在"现实的人"的发展和社会实践的基础上,它不是远离尘世的空中楼阁;共产主义是建立在人类社会已经提供的历史基础之上的,特定时代、特定实践、特定生产方式(生产力和生产关系)直接决定了共产主义,它是历史的产物,是资本主义的直接后继者和真正替代者;共产主义的建立和实践是一个不能回避、不可急于求成的现实的运动过程,即"那种消灭现存状况的现实的运动"③。

---

① 《马克思恩格斯文集》(第一卷),人民出版社,2009年,第185页。
② 同上,第168页。
③ 《马克思恩格斯选集》(第一卷),人民出版社,2012年,第166页。

三是工人运动实践视野中的共产主义总体框架。经历了将近20年的经济学研究、工人运动和革命实践的洗礼，马克思恩格斯终于在19世纪70年代之后又一次集中阐发他们的共产主义（社会主义）理论，这次出手是有决定性意义的。在《法兰西内战》特别是《哥达纲领批判》中，科学共产主义的总体框架几近完成：广义共产主义包括社会主义（第一阶段）和共产主义（第二阶段，也称高级阶段）两个阶段；共产主义具有显著的历史性特征，在它最初建立时各方面都带有刚刚脱胎而来的旧社会的痕迹；在作为第一阶段、过渡阶段的社会主义发展时期，必须通过彻底打碎国家机器等暴力手段、建立无产阶级专政来掌握政权，确保社会主义胜利果实和人民的权利；社会主义的公有制、计划经济、按劳分配与之后作为高级阶段的共产主义还是有区别的；真正的共产主义是建立在生产力高度发达基础上的，劳动成为第一需要的新社会和实现人的自由全面发展的新社会，是人类社会历史性发展的新纪元；等等。

四是科学共产主义理论的开放性空间。即使建立起总体框架，但马克思恩格斯的认识非常清醒，科学共产主义理论的探索必须随着时代、实践和问题的发展不断充实和完善：他们的理论建立在西欧发达资本主义社会现实的基础上，东方国家如何进行革命需要深入研究和探索；在帝国主义时代，共产主义革命面临新的形势，革命和建设又将出现哪些新特点；随着世界历史的拓展，社会主义革命和共产主义对殖民地国家的具体针对性和实践指导性也需要全面拓展；等等。现在看来，马克思恩格斯从未间断对自己理论的冷静分析和发展延伸，他们在后期关于共产主义（社会主义）理论思考中提出的一系列问题，成为20世纪上半期的重大问题，保持了理论的开放性、发展性和当代性的空间，展现出科学理论独特的魅力。

其次，科学共产主义的创立是人类理想探索的理论变革，是资本主义制度内在矛盾运动的必然趋势。科学共产主义是资本主义自我否定的历史必然。工人阶级和广大劳动人民与新兴资产阶级一起推翻封建统治阶级，建立了资本主义社会，实现了人类历史的巨大进步。资产阶级创造了巨大的生产力和物质财富，"资产阶级在它的不到一百年的阶级统治中所创造的生产力，比过去一切世代创造的全部生产力还要多，还要大"；资本主义彻底破坏了封建关系,在资产阶级取得了统治的地方,一切封建的、宗法的和田园诗般的关系都被破坏了,"起而代之的是自由竞争以及与自由竞争相适应的社会制度和政治制度、资产阶级的经济统治和政治统治"①;资本主义按照自己的要求改造了世界,它把一切民族甚至最野蛮的民族都卷到所谓资本的文明中来了,它迫使一切民族——如果它们不想灭亡的话——采用资产阶级的生产方式,迫使它们在自己那里推行所谓文明,即变成资产者,一句话,"它按照自己的面貌为自己创造出一个世界"②。但是资本主义取代封建主义后的高歌猛进并没有欢笑到底,它很快暴露出自己的基因缺陷。

最后,马克思对许多人都看得到的资本主义的病症,诊断出了它的病灶、病根和病理,并开出了彻底改造资本主义社会的药方。马克思指出,资本主义发展的局限就在于资本本身。

一是财富生产的荒诞悖论。资本主义之为资本主义,就在于它以生产资料私有制为基础,生产的根本目的是榨取剩余价值。它不是满足人们的需要,而是刺激虚假需要;它不是创造富有,而是制造短缺;它不积累社会财富,而是通过否定现存物的有用性而为新商品找到销路。

二是人与物关系的本末颠倒。在资本主义社会,对财富的占有决定着人们的社会地位、社会权益和人生价值,财富成为人与人之间尊卑贵贱的根源,人类创造的财富非但未能成为人全面发展的条件,反而使人成了物的工具。

三是市场原则的社会泛化。资本主义市场经济交换原则的社会化,使得"人们一向认为不能出让的一切东西,这时都成了交换和买卖的对象,都能出让了。这个时期,甚至像德行、爱情、信仰、知识和良心等最后也成了买卖的对象"③。这就使资本主义社会成为一个全面异化的社会。

四是资本发展的自我否定。以榨取剩余价值为生产的根本目的,使社会越来越多的人缺乏应有的购买力,从而使资本再生产出的产品没有

①《马克思恩格斯选集》(第一卷),人民出版社,2012年,第405页。
② 同上,第404页。
③《马克思恩格斯全集》(第四卷),人民出版社,1958年,第79~80页。

销路,以产品过剩为特征的周期性经济危机的再现是必然的。开拓国际市场、借贷消费、实行货币宽松政策、创造金融衍生品,都不过是鸦片式的镇痛疗法,从长远看,无异于饮鸩止渴。所有这一切使得"资本主义生产本身由于自然变化的必然性,造成了对自身的否定","它本身已经创造出了新的经济制度的要素,它同时给社会劳动生产力和一切生产者个人的全面发展以极大的推动;实际上已经以一种集体生产方式为基础的资本主义所有制只能转变为社会所有制"。①资产阶级在创造了强大生产力的同时,也创造了自己的掘墓人——现代无产者,这就使得资产阶级的灭亡和无产阶级的胜利同样是不可避免的。因此,社会主义必然胜利是资本主义必然灭亡的历史结果。

知识链接

异化劳动是马克思在《1844年经济学哲学手稿》中首次提出的概念,又称劳动异化。马克思用它来概括私有制条件下劳动者同他的劳动产品及劳动本身的关系。他认为,劳动(自由自觉的活动)是人类的本质,但在私有制条件下却发生了异化。具体表现是:人同自己的劳动产品相异化;人与劳动活动相异化;人同自己的类本质相异化,即人同自由自觉的活动及其创造的对象世界相异化;人同人相异化,因为当人同自己的劳动产品、自己的劳动活动以及自己的类本质相对立的时候,也必然同他人相对立。马克思借助异化劳动概念,初步探讨了人类历史发展的客观规律,通过异化劳动的扬弃来说明共产主义的历史必然性,在马克思主义形成史上起过重要作用。在马克思成熟时期的著作中,虽然还曾讲到异化劳动,但已不再作为说明历史的理论和方法,而是作为客观描述资本主义社会中雇佣劳动和资本对抗关系的概念。

①《马克思恩格斯文集》(第三卷),人民出版社,2009年,第465页。

三、追求共产主义的精神之美

共产主义的科学之真,确证了其理想价值的崇高之美,成就了人类历史上为崇高理想奋斗的政治组织——共产党的先进性,而信仰缺失是党员干部政治素质修养中一个极大的问题。习近平总书记2013年1月5日在新进中央委员会的委员、候补委员学习贯彻党的十八大精神研讨班开班式上的讲话中,通过展示社会主义500年波澜壮阔的历程与逻辑,揭示了在共产主义旗帜下中国特色社会主义创立的历史必然性和中国共产党人的卓越政治智慧。

共产主义的强大魅力根源于它所揭示的人类社会发展规律。

其一,社会生产目的的历史性反转。"在资产阶级社会里,活的劳动只是增殖已经积累起来的劳动的一种手段。在共产主义社会里,已经积累起来的劳动只是扩大、丰富和提高工人的生活的一种手段。"[1]一句话,在资本主义社会,人是财富增殖的手段;在共产主义社会,财富是扩大、丰富和提高人的生活的条件。社会的生产目的、人的生活目的都出现了本体性颠倒。

其二,人的社会自由的真正实现。资本主义鼓吹自由的价值观,但是马克思认为,资本主义自由的核心是贸易自由,因而是资本的自由或资产阶级的自由,对于无产者来说,在名义上自由的背后,是他们不得不出卖劳动力这种残酷的社会强制。共产主义就是要破除资本主义社会关系对人的自由的强制,成为一个充满自由的社会。在《德意志意识形态》中,马克思恩格斯曾经用一个十分形象幽默的方式描述共产主义社会,他们写道:"在共产主义社会里,任何人都没有特殊的活动范围,而是都可以在任何部门内发展,社会调节着整个生产,因而使我有可能随自己的兴趣今天干这事,明天干那事,上午打猎,下午捕鱼,傍晚从事畜牧,晚饭后从事批判,这样就不会使我老是一个猎人、渔夫、牧人或批判者。"[2]这并不是说未

---

① 《马克思恩格斯选集》(第一卷),人民出版社,2012年,第415页。
② 同上,第165页。

来社会不再有渔夫和猎人，而是说使一个人不得不成为渔夫、猎人、牧人、批判者，或必然使一些人成为统治者、剥削者的社会关系，再也不能继续存在了。因而，共产主义是一个自由人的联合体。

其三，生产资料私有制和财富占有观念的彻底转变。要实现生产目的的根本反转和人的社会自由，必须实现生产资料私有制向社会所有制的根本转变，必须实现人们对财富占有观念的根本转变。在《共产党宣言》中，马克思恩格斯表述为"两个决裂"，即"共产主义革命就是同传统的所有制关系实行最彻底的决裂；毫不奇怪，它在自己的发展进程中要同传统的观念实行最彻底的决裂"①。所谓传统的观念，主要是与私有制相适应的私人占有观念，用后来法国马克思主义哲学家安德烈·高兹的话说，在资本主义社会，人的富有不是一般的"够了就好"，而是"越多越好"，一言以蔽之，别人拥有的我都有，别人没有的我还有。换句话说，人无我有，人有我优，人少我多。所以在《德意志意识形态》中，马克思恩格斯提出，无产阶级在改造旧世界的同时，需要不断摆脱"旧社会遗留在他们身上的肮脏的东西"，摒弃私有观念和拜物教，走共同富裕之路。

共产主义在历史规律中找到了科学而崇高的社会公正观。共产主义坚持社会所有制，消除剥削、压迫和一切社会不平等的经济基础，从而也消除传统私有观念产生的根源，社会成员对生产资料共同占有、共同使用、共建共享，各尽所能、各取所需，建设平等、自由、尊严、富裕、和谐的社会。这一百多年来让人为之心驰神往、奋不顾身的社会理想及其崇高价值观，是基于人民群众是历史的创造者、社会财富的创造者的事实判断，揭示了无产阶级同整个人类利益的一致性，建设社会主义、共产主义与人类整体文明的统一性，从而确证了无产阶级和劳动人民创造财富与享有财富、创造历史与主导历史进程相统一的公正原则。这就是马克思主义的新公正观，共产主义社会就是这种公正社会，随着资本主义这一人类历史上最后一个对抗性社会经济形态的终结，人类为物质生活资料而竞争厮杀如同动物般的历史就终结了，人的历史才真正开始。

---

① 《马克思恩格斯选集》（第一卷），人民出版社，2012年，第421页。

四、实现共产主义的实践之美

科学共产主义一经创立,就从马克思恩格斯的案头走向工人运动,从德国走向整个欧洲,从欧洲走向亚洲、走向世界,成为马克思主义政党进行自身建设和开展实践的理论指南,形成改造资本主义和整个旧世界的声势浩大的社会运动。世界上曾先后建立了数以百计以马克思主义为旗帜的政党和组织、50多个信仰社会主义的国家,20世纪六七十年代,出现了社会主义与资本主义平分秋色的世界局面。当今世界,仍有100多个政党和组织以马克思主义、社会主义、共产主义为自己的信仰。苏联、东欧的改旗易帜虽然给马克思主义、社会主义、共产主义信仰造成重创,但同时也使共产主义信仰更具免疫力。苏联解体、东欧剧变恰恰向世界宣示了一个真理:共产主义是不能背离的,否则就会大难临头。中国特色社会主义的强劲发展,书写了世界马克思主义、共产主义凤凰涅槃、浴火重生的东方故事。

马克思恩格斯反对把共产主义视为一厢情愿的"应当",更反对共产主义的盲目与狂热,依据他们创立的唯物史观,"每一历史时代主要的经济生产方式和交换方式以及必然由此产生的社会结构,是该时代政治的和精神的历史所赖以确立的基础"①。因此,要改变人性、人的思想观念、人的社会主张,就不能像人本学唯物主义者那样诉诸人的"类本质"或求助"爱的宗教",而应当改变决定人的本质的社会关系;要改造社会的政治结构和文化精神,就必须从根本上改造社会的经济关系。因此,"对实践的唯物主义者即共产主义者来说,全部问题都在于使现存世界革命化,实际地反对并改变现存的事物"②。用邓小平的话说,"世界上的事情都是干出来的,不干,半点马克思主义都没有"③。可是,马克思提醒共产主义者,"两个必然"与"两个决不会"是一个问题的两个方面,资本主义必然灭亡、社会主义必然胜利,但是"无论哪一个社会形态,在它所能容纳的全部

①《马克思恩格斯选集》(第一卷),人民出版社,2012年,第385页。
② 同上,第155页。
③ 中共中央文献研究室编:《十六大以来重要文献选编》(下),中央文献出版社,2008年,第874页。

生产力发挥出来以前,是决不会灭亡的;而新的更高的生产关系,在它的物质存在条件在旧社会的胎胞里成熟以前,是决不会出现的"①。无产阶级只应该提出历史发展过程中应当解决且能够解决的时代问题。

专家观点

　　马克思主义则把关注的重点放在人类社会中。对社会的关注所形成的研究成果就是社会观(静态上说)或历史观(动态上说),或合称社会历史观。社会历史观是马克思主义的强项,是共产主义信仰所主要依托的领域。如果说马克思主义理论体系中有哪一部分是最具特色和创新的,那就是唯物主义历史观或历史唯物主义。由于有了充分的社会历史观,因而就形成"世界观—社会历史观—人生观"的连续体系,通过社会把个人与宇宙(世界)联结了起来,形成以社会为中心的理论体系和信仰体系。这是马克思主义信仰的重要特征,也是它的特色和优势所在。

　　——刘建军:《马克思与信仰》,《北京日报》,2018年5月7日

　　共产主义道路蜿蜒曲折,波澜壮阔。黑格尔说过,哲学上从一个概念到另一个概念的推论,只是两个语词之间的逻辑转换(比如马克思主义者揭示出人类社会形态更替是从原始社会到奴隶社会、封建社会、资本主义社会、社会主义社会、共产主义社会),但是每一个概念所指称的历史过程的实际演变,则需要几年、几十年、几百年,甚至上千年。恩格斯晚年告诫马克思主义者,从资本主义走向未来社会,需要对人和环境进行持续的双重改造,实现作为一种社会形态的共产主义社会,需要经过无数个历史的"中间站"。然而共产主义的美好和共产党人为理想奋斗的政治抱负,容易使革命者犯"急性病",列宁领导苏俄时期的"战时共产主义"、毛泽东时代发生的"大跃进",都是共产主义运动中因缺少经验而出现的冒进。以邓小平同志为主要代表的中国共产党人,总结中外社会主义建设的经验教训,

---

① 《马克思恩格斯选集》(第二卷),人民出版社,2012年,第3页。

冷静地认识到中国社会主义建设所处的初级阶段的基本国情,理性地探索实现科学社会主义理论逻辑与中国社会发展历史逻辑辩证统一的内容、程度和方式,将国际共产主义运动史上的悲壮之美转化为雄壮之美。

共产主义为人类贡献了迄今为止最绚丽的精神文明之花。历史必然性不是自然界的四季轮回、花开花落,而是历史主体对历史规律的把握、对历史发展大势的顺应、对不合理事物的改造要求和对合理事物的革命创造。因此,革命战争年代,在共产主义坚定信仰的支撑下,共产主义者有着舍我其谁的历史担当和大无畏的爱国主义精神,表现出舍生取义的牺牲奉献精神,使他们"千磨万击还坚劲","咬定青山不放松"。面对"主义"与"生命"的抉择时,他们大义凛然,"砍头不要紧,只要主义真;杀了夏明翰,还有后来人"。抗日战争和解放战争中,中国共产党和广大军民创造出了"延安精神""西柏坡精神",激励了广大人民群众积极投身革命。在共产主义崇高理想的激励下,中国人民推翻了"三座大山",翻身得解放,以更大的热情投入到社会主义建设、改革的伟大事业中,迎来了从站起来、富起来到强起来的伟大飞跃,铸就了"两弹一星"精神、"大庆精神""红旗渠精神""抗洪精神""载人航天精神""改革开放精神"等。从战争年代到社会主义革命和建设、改革开放年代,中国人民在追求共产主义崇高理想、投身共产主义的伟大实践中,创造出独特的共产主义、社会主义先进文化成果,展现出共产主义信仰的实践之美、人性之美和文化之美。

五、与共产主义崇高理想相通相接的中国特色社会主义

共产主义理想是世界的、共同的,但不同民族走向共产主义的道路一定是特殊的、具体的。中国特色社会主义与共产主义崇高理想相通相接。马克思恩格斯的科学社会主义的历史前提是发达资本主义,高度发达的社会生产力是社会主义的基础,也就是说,仅就物质财富层面而言,社会主义是在社会富裕的基础上所实现的社会的"共同富裕"。但是马克思明确强调,他的结论是基于对西欧社会的研究,不能把这种具体结论变成"一般历史哲学",即"一切民族,不管它们所处的历史环境如何,都注定要

走这条道路"，如果谁这样做，"会给我过多的荣誉，同时也会给我过多的侮辱"。①马克思主义活的灵魂是具体问题具体分析，而一般历史哲学却往往把具体结论当作"超历史的"。恩格斯强调："马克思的历史理论是任何坚定不移和始终一贯的革命策略的基本条件；为了找到这种策略，需要的只是把这一理论应用于本国的经济条件和政治条件。"②

中国在曲折的历史进程中选择了社会主义。中国共产党成立后，随即投入推翻反动阶级的黑暗统治，实现社会主义革命，最终实现共产主义的工人运动。党在实际斗争中很快认识到，中国的社会生产力相对落后，工人阶级比较弱小，在半殖民地半封建社会的条件下，不首先进行反对帝国主义侵略、封建军阀统治的斗争，国家就不能独立，人民就不能解放，也就谈不上社会主义、共产主义理想。于是，党转而坚持"二次革命论"，用"国民革命"代替了"民主革命"。党的三大提出，中国工人阶级尚未成为一个"独立的社会力量"，"中国国民党应该是国民革命之中心，更应该立在国民革命之领袖地位"，党的重要任务是帮助国民党壮大组织，要求党的各级组织，在"国民党有组织之地方，如广东，上海，四川，山东等处，同志们一并加入"，"国民党无组织之地方，最重要的如哈尔滨，奉天(今沈阳)，北京，天津，南京，安徽，湖北，湖南，浙江，福建等处，同志们为之创设"。③

然而这种真诚的"二次革命论"却被国民党打断了。1927年4月12日，蒋介石公然背叛孙中山联俄联共的方针，发动反革命政变，四川、江苏、安徽、福建、广西和广东等省的国民党和反动军阀也以"清党"为名，掀起反共狂潮，包括党的创始人李大钊在内的大批共产党人和革命工人惨遭屠杀，而且这些行动得到大资产阶级和一部分民族资产阶级的支持，上海商业联合会致电南京国民党当局，攻击共产党，并表示"对于当局清党主张愿为后盾"。国民党叛变革命和资产阶级的态度表明：在中国，无产阶级政党想走西方议会道路，与资产阶级一起完成资产阶级民主革命的

---

①《马克思恩格斯文集》(第三卷)，人民出版社，2009年，第466页。

②《马克思恩格斯文集》(第十卷)，人民出版社，2009年，第532页。

③中共中央党史研究室：《中国共产党历史·第一卷(1921—1949)》(上册)，中共党史出版社，2011年，第113页。

道路走不通。以毛泽东同志为主要代表的中国共产党人不得不重新思考"开展什么样的革命、怎样取得革命胜利"这一中国革命的首要问题,坚信中国革命必须由中国共产党领导,它的任务是反帝反封建并过渡到社会主义革命。从此,中国社会发展才最终摆脱迷茫并迎来光明前景。鲁迅先生这时也摆脱了彷徨,望着那支爬雪山、过草地、到达陕北的英雄红军队伍,献上自己的衷心祝福:在你们身上寄托着中国和人类的希望。经过28年艰苦卓绝的奋斗,中国人民实现了民族独立和人民解放。历史证明,只有社会主义才能救中国。

知识链接

"四一二"反革命政变

1927年4月12日,以蒋介石为首的国民党新右派在上海发动反对国民党左派和共产党的武装政变,大肆屠杀共产党员、国民党左派及革命群众,使中国大革命受到严重摧残,标志着大革命的部分失败,是大革命从胜利走向失败的转折点。同时,也宣告国共两党第一次合作失败。经过"四一二"反革命政变,国民党基层组织基本瘫痪,共产党在群众中的影响迅速扩大。经历了深刻的锻炼和严峻的考验,共产党初步积累了正反两方面的经验,为领导中国人民把斗争推向新的更高阶段准备了条件。

中国社会主义建设在曲折中发展。中国在特殊的国内外主客观条件下走上了社会主义道路,可巩固和发展社会主义却遇到了生产力发展的瓶颈。五星红旗升起时的中国,历经近代一百多年东西方列强的百般蹂躏、疯狂劫掠,满目疮痍、一穷二白。以毛泽东同志为主要代表的中国共产党人,笑对西方政客们的冷嘲热讽,带领全国各族人民为实现伟大的理想开始了新的长征。经过社会主义改造,建立起社会主义基本制度,并以只争朝夕的精神全力推进社会主义建设,建立了独立的、较为完整的工业体系和国民经济体系,各方面建设都取得了巨大成就。

然而由于中国共产党对迅速到来的新生的社会主义社会和全国规模的社会主义建设事业缺乏充分的思想准备和科学研究,在工作指导上出现了失误,许多艰苦探索出的宝贵认识也没能得到贯彻落实,致使社会主义建设道路出现曲折。30年的社会主义建设再次给中国共产党人提出一个历史性问题:在生产力水平极其落后的东方大国,建设什么样的社会主义、怎样建设社会主义。以邓小平同志为主要代表的中国共产党人通过总结国际共产主义运动的经验教训,提出"社会主义的根本任务是解放和发展生产力"的历史性判断,通过改革开放,开创和发展了中国特色社会主义。中国特色社会主义的开创,使我们前进的脚步收回到现实的生产力水平之上:我们突破单一的公有制,建立了公有制为主体多种所有制经济共同发展的基本经济制度;我们告别平均主义的分配方式,实行按劳分配为主体多种分配方式并存的分配制度;我们改变高度集中的计划经济体制,建立和完善社会主义市场经济体制等。我们不能不承认,从生产关系上看,借用列宁的话说,这是为了前进而采取的"退却",是"策略"而不是方向,更不是"最终目标"。

但是不少人在物质主义四溢的市场经济环境里,忘记了共产主义理想,包括一些党员干部,在解放思想中忘记了共产党人的历史使命、理想目标和宗旨性质,在他们心目中共产主义理想成了幌子、成了单纯的旗号,在探索"中国特色"时忘记了"社会主义"本体。面对一些人在中国特色社会主义建设中的方向性迷失,习近平铮铮之言掷地有声:"中国特色社会主义是社会主义而不是其他什么主义,科学社会主义基本原则不能丢,丢了就不是社会主义。"①他告诫全党,中国特色社会主义的方向和前途是共产主义。中国特色社会主义不仅要坚持解放和发展生产力、坚持改革开放,而且要坚持人民主体地位、坚持维护社会公平正义、坚持走共同富裕道路、坚持促进社会和谐、坚持和平发展、坚持党的领导;要全面深化改革、全面依法治国,目的不是放弃社会主义,而是完善和发展社会主义,使我们这个社会主义国家的制度更加完善和巩固,实现治理体系和治

①《习近平谈治国理政》(第一卷),外文出版社,2018年,第22页。

理能力现代化。所有这些既反映社会主义本质属性的要求，也是未来共产主义的新生因素，从而使中国特色社会主义与共产主义相通相接。

习近平指出，"共产党员特别是党员领导干部要做共产主义远大理想和中国特色社会主义共同理想的坚定信仰者和忠实践行者。我们既要坚定走中国特色社会主义道路的信念，也要胸怀共产主义的崇高理想"，"没有远大理想，不是合格的共产党员；离开现实工作而空谈远大理想，也不是合格的共产党员"。①以共产主义为方向和前途，绝不是跑步进入共产主义，而是脚踏实地干好中国特色社会主义的每一件工作，实现好不同历史阶段的具体目标，通过立足社会主义初级阶段而终结初级阶段，通过建设富强民主文明和谐美丽的社会主义现代化国家而不断接近共产主义远大理想。

共产主义作为一种精神、一种理想、一种运动，就在共产党人日常的追梦中，共产主义者每做一件事，共产主义因素就多一分。共产主义的思想和共产主义的实践早已存在于我们的现实生活中。那种认为"共产主义是渺茫的幻想""共产主义没有经过实践检验"的观点是完全错误的。今天，中国特色社会主义进入了新时代，社会主义制度下的新生活本身就包含着共产主义，也更离不了共产主义。共产主义伟大实践正以其强大的生命力诠释出它的精神魅力，拒斥着对它的各种疑惑、嘲弄和诅咒。

拓展阅读

1.《习近平谈治国理政》(第一卷)，外文出版社，2018年。

2.《习近平新时代中国特色社会主义思想学习纲要(2023年版)》，学习出版社、人民出版社，2023年。

3.习近平：《论党的青年工作》，中央文献出版社，2022年。

①《习近平谈治国理政》(第一卷)，外文出版社，2018年，第23页。

主要参考文献

一、著作类

（一）中文著作类

1.《习近平谈治国理政》（第一卷），外文出版社，2018年。

2.《习近平谈治国理政》（第二卷），外文出版社，2017年。

3.《习近平谈治国理政》（第三卷），外文出版社，2020年。

4.《习近平谈治国理政》（第四卷），外文出版社，2022年。

5.习近平：《在纪念中国人民抗日战争暨世界反法西斯战争胜利75周年座谈会上的讲话》，人民出版社，2020年。

6.《马克思恩格斯文集》（第二卷），人民出版社，2009年。

7.《马克思恩格斯文集》（第三卷），人民出版社，2009年。

8.《马克思恩格斯文集》（第八卷），人民出版社，2009年。

9.《马克思恩格斯文集》（第十卷），人民出版社，2009年。

10.《马克思恩格斯选集》（第一卷），人民出版社，2012年。

11.《马克思恩格斯全集》（第一卷），人民出版社，1995年。

12.《马克思恩格斯全集》（第三十九卷），人民出版社，1974年。

13.《毛泽东选集》（第二卷），人民出版社，1991年。

14.《毛泽东选集》（第四卷），人民出版社，1991年。

15.《邓小平文选》（第三卷），人民出版社，1993年。

16.《江泽民文选》（第一卷），人民出版社，2006年。

17.本书编写组：《中国共产党简史》，人民出版社、中共党史出版社，2021年。

18.陈晓律等：《15世纪以来世界主要发达国家发展历程》，重庆出版社，2004年。

19.顾海良主编：《马克思主义如何改变世界》，中国人民大学出版社，2013年。

20.金冲及：《二十世纪中国史纲》（第四卷），社会科学文献出版社，2009年。

21.《李大钊文集》（第三卷），人民出版社，1999年。

22.李强:《自由主义》,东方出版社,2015年。

23.《林伯渠传》编写组:《林伯渠传》,红旗出版社,1986年。

24.罗荣渠主编:《从"西化"到现代化》,北京大学出版社,1990年。

25.《孙中山全集》(第九卷),中华书局,1986年。

26.王立新:《苏共兴亡论》,中共中央党校出版社,2007年。

27.中共中央党史研究室:《中国共产党的九十年》,中共党史出版社、党建读物出版社,2016年。

28.中共中央文献研究室:《江泽民思想年编(1989—2008)》,中央文献出版社,2010年。

(二)中文译著类

29.[美]丹尼尔·贝尔:《资本主义文化矛盾》,赵一凡、蒲隆、任晓晋译,生活·读书·新知三联书店,1989年。

30.[法]德里达:《马克思的幽灵》,何一译,中国人民大学出版社,1999年。

31.[英]冯·哈耶克:《致命的自负》,冯克利等译,中国社会科学出版社,2009年。

32.[美]弗朗西斯·福山:《政治秩序与政治衰败:从工业革命到民主全球化》,毛俊杰译,广西师范大学出版社,2015年。

33.[德]黑格尔:《法哲学原理》,范扬、张企泰译,商务印书馆,1961年。

34.[美]理查德·尼克松:《领导者》,尤勰等译,世界知识出版社,1983年。

35.[法]米歇尔·波德:《资本主义的历史》,郑方磊、任轶译,上海辞书出版社,2011年。

36.[德]维尔纳·桑巴特:《奢侈与资本主义》,王燕平、侯小河译,上海人民出版社,2005年。

37.[澳]约翰·德赖泽克:《地球政治学:环境话语》,蔺雪春、郭晨星译,山东大学出版社,2008年。

38.[美]詹姆斯·奥康纳:《自然的理由——生态学马克思主义研究》,

唐正东译,南京大学出版社,2003年。

二、文章类

1. 习近平:《思政课是落实立德树人根本任务的关键课程》,《求是》,2020年第17期。

2. 习近平:《关于坚持和发展中国特色社会主义的几个问题》,《求是》,2019年第7期。

3. 习近平:《加强对五四运动和五四精神的研究 激励广大青年为民族复兴不懈奋斗》,《人民日报》,2019年4月21日。

4. 习近平:《在2018年春节团拜会上的讲话》,《人民日报》,2018年2月14日。

5. 习近平:《共同构建人类命运共同体——在联合国日内瓦总部的演讲》,《人民日报》,2017年1月20日。

6. 习近平:《在哲学社会科学工作座谈会上的讲话》,《人民日报》,2016年5月19日。

7. 陈兴亮:《国外左翼学者对新自由主义的批判》,《马克思主义研究》,2018年第7期。

8. 高和荣:《揭开新自由主义的意识形态面纱》,《政治学研究》,2011年第3期。

9. 何秉孟:《再论新自由主义的本质》,《当代经济研究》,2015年第2期。

10. 何秉孟:《新自由主义:通向灾难之路——兼论新自由主义与自由主义的渊源和区别》,《马克思主义研究》,2014年第11期。

11. 李慎明:《当代中国特色社会主义面临的机遇与挑战》,《毛泽东思想研究》,2014年第3期。

12. 刘迎秋:《国际金融危机与新自由主义的理论反思》,《经济研究》,2009年第11期。

13. 任仲平:《筑就民族复兴的"中国梦"》,《人民日报》,2013年4月1日。

14.张纯厚:《当代西方的两种新自由主义——政治新自由主义与新保守主义的对立》,《政治学研究》,2010年第3期。

15.中国历史研究院:《用正确历史观看百年党史》,《求是》,2021年第3期。

后

记

　　理解中国，方能热爱中国。本着这样的初衷，我在2015年萌生了开设一门大学选修课的念头，课程名就确定为"理解中国"。如何引领新时代青年正确理解中国？先得找到他们真正关注的、有疑惑的问题，把这些问题分门别类研究透彻，进一步深入探究种种错误认识背后的思想根源，进而直面各种错误观点和思潮，旗帜鲜明进行剖析和批判，最后把事实和道理一条条讲清楚。基于此，"理解中国"课程聚焦当代中国重大现实问题，贯穿对形形色色错误社会思潮和错误观点的批判，力图在比较中回答学生的疑惑，引导学生全面客观认识当代中国、看待外部世界，在批判鉴别中明辨是非，增强中国特色社会主义的信念和信心，提高建设国家的使命感责任感，点燃献身民族复兴大业的青春激情。眼前的这本书，就来源于教学过程中的种种思考。

　　本书的体系结构由我提出，经由徐军教授、朱彦振教授共同研讨确定。书稿的主体内容由我和徐军教授完成，我提供了专题一、专题五、专题七、专题八和专题九的初稿，徐军教授提供了专题二、专题三、专题四和专题六的初稿。朱彦振、黄璐、王洋与我们一起完成了结构完善、初稿补充、内容修订以及校对工作。具体分工如下：专题一、专题五、专题七（何畏），专题二、专题三（徐军），专题四、专题六（朱彦振），专题八、专题九（黄璐、王洋）。此外，先后担任过"理解中国"课程助教的研究生郭小凡、李哲、荆顺吉在案例选取、图片表格的编辑制作等方面做出较大贡献，我的研究生丁雪、于静雯、方珈瑶、陶纪锟参与了最后一稿的引文校对。

　　陪伴，是最长情的告白。思想政治教育，原本就是一场用心、用情、用理的思想陪伴。而一支跨界团队的7年携手前行，本身就是一场关于信仰的双向奔赴。本书的撰著，离不开"理解中国"课程团队老师们的倾力支持，他们是：阙愚、唐志文、于国强、康冲、陈雷、沈晓海、钟伟。他们虽然没有直接参与书稿的撰写工作，但本书无疑是团队多年来交流碰撞的集体智慧结晶。此外，衷心感谢赵万忠、潘时龙、陆春松等做客"理解中国"课堂的每一位重量级嘉宾，他们都是各自领域杰出的青年学者，每次的跨学科对话都能激起学生最热烈的回响。

　　本书获批江苏省"十四五"重点教材立项，并得到江苏省高校优秀青年思政课教师"领航·扬帆"计划的支持。本书的出版得到天津人民出版社的大力支持,特别感谢郑玥老师从不远千里来课堂听课约稿,再到出版过程中不厌其烦地悉心指导。在编写过程中,本书还得到了学界诸多专家学者的指导和帮助,并广泛听取了部分高校同行及学生的意见和建议。本书撰写过程中,大量参阅、吸收和借鉴了国内外相关著述的研究成果,在此一并表达崇高的敬意。

由于作者水平能力所限,本书难免存在一些不尽如人意之处,对于这些不足之处,恳请师友不吝赐教。

何畏

2023 年 5 月 5 日于科苑花园